方をしていたのかを知るためのヒントを織り込んでみたいと思ったからである。

私は、中世という時代の信仰、秩序、人間、社会的態度などに関する既成概念を根本から覆そうとして、このような考え方を中世的心像に当てはめてみようとしたわけではない。映像的想像力はいろいろな場面でこれらのテーマについて情報を提供しており、その解釈に新鮮なニュアンスを与えてくれているのである。

考えを本にまとめ上げていくうえで、キャスリーン・ケーシー、ウォレン・ホリスターのお二人とオックスフォード大学出版局のハーバート・マン氏からはありがたい励ましをいただいた。研究助手のポール・ゴードン、シンシア・トゥルーアント、ヴァレリー・ソーファー、ピーター・サトリスにも貴重なお手伝いをいただいた。そして最後に、カリフォルニア大学と大学院神学ユニオン（The Graduate Theological Union）の図書館からはいつものように豊富な資料を借用し、利用させていただいた。

一九七四年一〇月　　カリフォルニア・バークレーにて

キャロリー・エリクソン

もくじ

凡例

❶本文行間の算用数字（1）（2）（3）…は訳者による脚注である。

❷本文行間の＊付き算用数字（＊1）（＊2）（＊3）…は巻末の引用出典である。

❸原著者による脚注は（原注1）（原注2）（原注3）…として示し、訳者による脚注と区別した。

❺「　」は原則として原著の（1）引用符に囲まれた語句、（2）斜体字による強調表現、（3）論文のタイトルや聖書に収められたそれぞれの「書」を表示するのに用いた。

❺『　』は作品や著作物を示す。

❻［　］は訳者による補記として用いた。

❼地名、人名等の固有名詞は、原則として各国語ごとの原音表記を心がけたが、複数の表記法がある場合には慣例を優先させた場合もある。

❽原著の索引にない項目も一部本文から補足して網羅的なものとした。

中世びとの万華鏡——ヨーロッパ中世の心象世界——

The Medieval Vision :
Essays in History and Perception
By Carolly Erickson

This translation of *The Medieval Vision,* originally published in English in 1976, is published by arrangement with Oxford University Press, Inc.

本書は *The Medieval Vision*（原書1976年刊）の日本語訳であり、原出版社オックスフォード大学出版局（米国）との契約により刊行されたものである。

第1章

魔法にかけられた世界

一三世紀後半に書かれたある写本には、「天と地が接する場所を探そうと、一緒に旅に出ることにした三人の修道士たち」の話が登場する。中世の世界地図には、彼らの目的地である地上の楽園の所在地が記載されていた。もっとも、その正確な所在地は地図によってまちまちで、たとえば東インド沖の島であるとする地図があるかと思えば、極北《テューレ》(1)としているものもあるし、さらにはエチオピアの地とするものまであった。しかし、もっとも一般的であったのは、今だかつて誰も訪れたことのない世界最東端の地であった。

三人の修道士の長旅が始まった。まずティグリス川をわたり、ペルシャを通過して背教者ユリアヌス(2)が殺害されたアジア平原に至った。三人はさらに四ヶ月間旅を続けて、ペルシャの都市ケティスフォドを通ってインドに入った。ところが、ここで彼らはスパイと間違えられて投獄されてしまった（この旅行記が書かれるほんの少し前、四人のフランシスコ会士がインドで殉教しており、彼らの悲運は広く世に知れわたっていた）。幸い、この三人の修道士たちは原住民（記録にはエチオピア人と記されている）によって命を助けられることになるのだが、旅行記にはなぜ三人が助命されたのかという理由は何も書かれていない。何はともあれ、かろうじて三人の修道士たちはこの国から抜け出ることができた。そして、気がつくと彼らは未知の土地に足を踏み入れていたのである。

まず、食べ物が豊かな土地に辿り着いた。ここで彼らは体調を回復することができたが、

（1）古代人が極北の地と考えた所。世界の果て。

（2）（332～363）ローマ皇帝になると自分は異教徒であることを公言し（背教者の呼び名はこれに由来する）、古い異教の祭儀を復活させようとした。

その先には岩場に住居を構えているチャナン族の国があった。そこから、さらに一〇〇日間旅を続けると、体長が二フィートにも満たない「ピチチ族」の土地に至った。しかし、彼らはこの旅人たちに遭遇するとパニックを起こして逃げ去ってしまった。

　彼方には荒涼とした山岳地が控えていた。そこには竜《ドラゴン》、バシリスク(3)、ユニコーンがひしめきあっていた。これよりさらに高い山岳地にはゾウが生息しており、その先には一面暗黒の地が広がっていた。三人は、這這《ほうほう》の体でこの暗黒の地から逃れると、アレクサンダー大王(4)の名が彫り込まれた石柱に遭遇した。

　三人は、それ以後四〇日間また旅を続けた。そして、恐ろしい責め苦の悲鳴で満ち満ちた場所に辿り着いた。ここでは、キリストを否定したために、ヘビのうごめく毒々しい沼で溺れる定めにある罪人の悲痛な叫び声が聞こえてきた。また、岩の柱の間で鎖でつながれた巨人が絶え間なく業火に責められるかと思えば、とぐろを巻いたヘビが罪深い女を岩場に足止めにして、女が口を利こうとするとその舌に噛みついていた。こうした恐ろしい光景を目の当たりにしながら通りすぎると、三人の修道士たちはついに天界の地が間近であることを示す標《しるし》に辿り着いた。

　さらに歩みを進めてある谷まで辿り着くと、人間の言葉を話す鳥のような動物が絶え間なく神をあがめていた。この谷の彼岸には、宝石をちりばめた冠をかぶり、黄金の掌尺《パーム》をもった四人の老尊者《ろうそんじゃ》が立っていた。三人が聞いたところでは、彼らは道を警護するために

(3) アフリカの砂漠に住み、ひとにらみ、あるいは一息で人を殺したとされる伝説上の爬虫動物。

(4) (356B.C.～323B.C.) マケドニア王。

そこに立たされているということである。三人は老尊者たちの許可を得てその道を通り、甘美な空気に歌声が満ち満ちている美しい国に入った。さらに歩みを進め、ある不思議な教会に近づいてゆくと、馴染みの太陽の光よりも七倍も明るい光が射し込んできた。そして、教会の中にある大きな祭壇からは乳白色の物質が噴き出していた。

三人は、さらに一〇〇日間旅を続けた。そして、修道士たちは別の小人の住む土地を通り、巨大な川を横断して大きな洞穴に辿り着いた。そこで彼らは、自らを聖マカリウスと名乗る長い白髪をたくわえた老人に出会った。かつてはこの老人も「地の果て、極地の果て」を目指して旅をしていたが、ある天使に導かれてこの洞穴までやって来たとき、この旅を最後まで続けてはならないというお告げを夢によって知らされた、と三人に語った。目的地まではほんの二〇マイルであることを老人から知らされたが、三人はこの聖人が受けた警告に従い、これまで辿ってきた道を取って返すことにした。そして、驚異の地を通り抜けてインドとペルシャに至り、ついには自分たちの修道院に戻ってしまったのである。

三人の旅の様子を綴ったこの旅行記は、本格的な地誌として編まれた『世界の様相（*Imago mundi*）(5)』の写本の一つに残っているが、その内容は現実世界にまつわる幾つかの異質な次元を一つの連続した地形につなぎあわせて描いたものである。まず第一に、三人の旅には時間旅行としての次元がある。皇帝ユリアヌスが殺害された場所、アレキサンダ

（5）ピエール・ダイイ（Pierre d'Ailly）の著書。本章の訳注（9）を参照。

ー大王の記念碑、古代神話に登場する生き物との遭遇などは、エデンの園における「時の始まり」まで歴史年表を遡る旅である。

　また、この旅行記は霊的な巡礼の旅でもある。そこには旅の目印として地獄、楽園、到達不可能な「天と地が接する場所」などが登場し、罪人、尊者、聖マカリウスが描かれている。このような神学的地勢図には、幻視者が恍惚状態や仮死状態の深い眠りにあったり夢を見ているときに、地獄や天国を垣間見る様子を描いた中世の幻視文学の地勢図にきわめて類似するものがある。ちなみに、この旅行記では霊的地理は局所化されて現実にある地上の地理の一部として扱われているのに対して、幻視文学ではこのようなことはほとんど見られない。

　最後に、この三人の修道士たちの旅は、既知の世界をめぐる実際の、あるいは想像上の地理を辿る現実の旅でもある。ここでは、すでに現実として知られているさまざまな地域が、古《いにしえ》の旅人の伝承や古代・中世初期から伝わる伝説上の架空の地域と一体となっている。そしてそれが、さらに（時間旅行的次元としての）歴史的地勢図や（巡礼の旅としての）霊的地勢図と一体となって溶け込んでいるのである。三人が目指した場所は天と地がつながる所、すなわち楽園への入り口ではあったが、彼らは決して旅の途中で現世を離れようとはしなかった。したがって、彼らが目にしたすべてのものは日常の現実世界で起きていることであり、意識がゆがめられた状態、あるいは超自然的な啓示の中で見たものではなかったのである。

この修道士たちの旅の背景を構成しているさまざまな姿をもつ現実は、あたかも想像と現実の境界がたゆまなく変化する「魔法にかけられた世界」にたとえることができる。あるときには、時間と空間の現実の範囲がはっきり認識される場合もある。また、ある場合には、無視されたり、ある意味では超越してしまうこともある。しかし、このように目に映った現実の範囲が拡大したり縮小したりすることは、中世においてはあまりに日常的かつ機械的に認識されていたことであるために、とくに中世の作家たちの目にとまることもなく注意を喚起することもなかった。むしろ、このような現象はすべての中世文化に当てはまる暗黙の行動様式であり、世界を認識する行為そのもの以上に基本的なことであったため、はっきりと意識されることがほとんどなかったのである。

もちろん、中世に生きた男も女もこのように柔軟な心像をもっていたからといって空想と現実を区別できなかったということにはならない。ましてや、目に見えるものと見えないものとの違いに当惑したり、惑わされたりしていたということでもない。むしろ、この点に関して、われわれ現代人の理解を妨げているのは、われわれの精神がもつ感性、すなわち実体をもって目に見えるものは実在のものであると思い込んでしまう感性なのである。現代人にとっては、目に見えず実体のないものは、五官によって認識できるような裏づけデータによってその実体が証明されないかぎり非現実のものとされてしまう。一方、中世びとは決して軽信的ではなかったものの、一般的には現代人のように目に見えないものに対して不審を抱くことはせず、五官以外の手段で実体を認証していたのである。

　ということは、中世的感性には現代人とは異なる現実認識観があったことになる。このような現実観は、まさに魔法の世界のような変形された現実にたとえることができる。中世を通じて、この現世には目に見えない真理が存在する場所があると信じられていたことは、このような現実認識の特徴をなすものである。たとえば、祠《ほこら》は聖人の徳がその遺骨の周辺に存在していることを示している。さらに、中世の人々は聖地への巡礼や十字軍の遠征を通して、神という実体のない現実が実体のともなったイエスに変化する場所を目にしたり、手で触れることができた。また、古代から畏怖と好奇の念に駆られて、たとえばアイルランドのロッホ・デルグ[6]などような地獄の入り口を詣でようとした人々も多い。そこから異界に降りることができると信じられていたからである。

地獄の入り口に聖パトリックを案内するイエス

　このことと密接にかかわっているのが、前述

（6）アイルランド人にキリスト教を速やかに広めることができるようにと、神が聖パトリックに深淵を見せ、煉獄への入り口を示したとされる場所。そこで、24時間過ごせばあらゆる罪が浄化されるという。

のメソポタミアの修道士たちの旅が示しているように、実際の探検と居住という経験を通して知り得た地理の情報と、人から聞いただけで実際には目にしたことのない地理情報とを一切区別しない「中世びとの」地理に対する考え方である。

このような想像上の地域としてもっともよく知られていたのが伝説的な大西洋諸島である。たとえば、「アンティリア島」という名は、ゴート族(7)がスペインに侵攻した際に七人の司教が信徒集団とともにこの島に逃れたという逸話からスペイン史に残ることになった。また、ある民間伝説で「不死人《ふしびと》の島」と考えられていたブラジルは、ゴールウェイ沿岸から目にすることができる大洋の大きな島として知られていた。

さらに、これらの島々に加えて、聖ブランダン島、メイダ、七都市の島、悪霊島などの不可解な島々も、プトレマイオス(8)が大西洋にはおよそ二万七〇〇〇の島々が存在するという記述を残していることから実際に存在しているかのように思われていた。また、アメリカ大陸が発見されてからかなりの長い時間が経過しているにもかかわらず、権威ある地図製作会社の地図には、これらの島々の多くが実在するものとして記載され続けていたのである。

こうして、異郷の地理に関する伝説の背後には実際にそのような地域が存在しているとすぐに信じてしまう中世びとの心性は、やがて探検熱となって現れることになった。たとえば、一三世紀にはジェノヴァ人がカナリー諸島を発見しており、さらにのちにはアジア

(7) 南スカンジナビアとゴートランドを居住地にしていた東ゲルマン部族。
(8) 2世紀のアレクサンドリアの天文・地理・数学者。
(9) (1350～1420) 神学者。パリ大学の総長。地球は丸く、東インド諸島へはヨーロッパから東へ航海しても，西へ航海しても到達できるという説を支持した。

に至る西回りの航路も発見している。また、一二九一年には、ウゴリーノ・ヴィヴァルドがジェノヴァ人の探検隊を指揮して「海路経由でインドの地域に辿り着いた」ということがある。

後代、海洋探検が西ヨーロッパ諸国の経済政策に取り込まれるようになっても、昔の心性は相変わらず残っていた。一五世紀初めにフランスの騎士ジャン・ド・ベタンクールがカナリア諸島を再占領したときの様子は、彼の従軍司祭たちによって中世ロマンス風の語りで「冒険に出掛ける騎士の探求」と記されている。また、コロンブスが最初の航海に出たときの一〇年間に、イングランドの町ブリストルの船員たちは毎年数隻の船を出してブラジルや七都市の島を探査させていたが、コロンブス自身も一説によると乗組員の一人にブラジルの伝説に詳しいゴールウェイ人を加えていたという。

彼と同時代の人々と同じように、コロンブスが「海洋探検に対して」抱いていた期待をつくり上げていたものは、伝説上の地域は必ず実在しているとする中世的心性と、地上の楽園に関する神学的地勢図であった。実際、コロンブスが所持していたピエール・ダイイ[9]の『世界の様相（*Imago mundi*）』の写本では、この楽園の場所に関する記述に彼は注意深く印を付けていたのである。のちにコロンブスは、自らの航海記を執筆する際に、楽園の所在地は東洋であると記述したセビリアのイシドルス[10]、ベーダ[11]、ストラボン[12]の文章を引用しており、さらに次のように述べている。

(10)（560～636）スペインの聖職者。『語源集（*Etymologiae*）』を著す。
(11)（672？～735）アングロ・サクソンの学者・歴史家・神学者。『英国教会史（*Historia ecclesiastica gentis Anglorum*）』を著す。
(12)（64B.C.～A.D.23）ギリシャの地理学者。『地誌17巻』がある。

私は、きっと東洋に地上の楽園が見つかると確信していた。ただし、神の御心がなければ、何人たりともそこには辿り着くことはできないかもしれないけれども。

中世的感性に関するもう一つの特徴は、これまで述べたことよりもさらに捉えどころのないものである。すなわち、中世びとは、彼らすべてが共有する「認識の図案」に基づいて、包括的で多元的な現実を認識する傾向があったということである。「包括的」というのは、経験や知識のいずれをとってもキリスト教的啓示のパターンに馴染まないものはないと感じられていたからであり、「多元的」というのは、個々の事物をたくさんの異なったアイデンティティで捉えることが中世文化の慣習だったからである。また、中世びとが同じ「認識の図案」をもっていたという点に関しては、現実世界に対して同じような信仰をもち、期待を抱き、物事を想定するというネットワークが共通項として存在していたために、中世びとにとって自分たちの生きる精神文化が容易にわかりやすいものとなっていたということである。

本章の冒頭で述べた修道士たちの語りには、このような認識の定型を見てとることができる。この語り手は行程の地理を記述する際に、断片的な歴史の知識、神話、聖書の知識、地理に関する情報、伝説、聖人伝などを盛り込んで一つの包括的な地形図にまとめ上げているのであるが、これはわれわれ現代人にとっては矛盾だらけのデータの羅列にすぎない。

しかし、これは中世的認識の範囲内においては包括的なものである。さらに、旅そのものが三つのアイデンティティをもっている。霊的な意味では巡礼の旅であり、また物理的な旅でもある。同時に、時間軸をさかのぼる旅でもあった。したがって、これは、多元的アイデンティティというパターンにぴったりと当てはまっている。そして最後に、修道士たちが何のために旅をし、それぞれの陸標《ランドマーク》にはどのような意味があるのかを規定しているキリスト教的真理という大前提を、語り手はいかなるときも決して見失うことはなかったという点を挙げることができる。

以上のような考え方をもう少し簡単にまとめれば、常識的ではあるが、中世の世界観は「全体論」的であるということである。しかし、このように難解な用語を使ってしまうと中世的感性のもっとも重要な特徴を見逃してしまうことになる。すなわち、中世びとは視覚的な想像（力）を驚くほど重要に考えていたという点である。このテーマについては次章で扱うことにし、ここでは中世びとの感性に関する議論からひとまず離れて、その感性を形づくることになった主要な影響力について述べてみたい。

「魔法にかけられた世界」のルーツとは何だったのだろうか？　このような問題を提起すると、もう一つ難しい問題を提起しなければならなくなる。すなわち、この「中世的感性」という表現は、誰の意識に対して当てはまるものなのかという問題である。便宜上、「中世的感性」という表現は、ある意味では、幼児、老人、心神喪失者などを除いたすべての中世人に当てはまる総括的な意識として扱ってはいるが、この総括的意識は個々の人間の個性差を考慮しない「つくり物」である。だから、その前提となっているのは、たとえば、ラテン語の読み書きができない一一世紀の十字軍兵士の感性が一四世紀のボローニャの弁護士の感性と同じであったということであり、あるいは、パリで働く刺繍工女はフランドルのベギン会[13]信者と同じ現世観をもっていたということなのである。

事実、中世の文字史料からは、中世総人口のかぎられたごく一部の人々の心性についてしかはっきりとしたことが分からない。しかも、中世びとがどのように行動し、普通の人々がどのようなことを考えていたかを記録した史料——主に、年代記、伝記、書簡、遺言など——のうち、ほとんどのものは聖職者が書いたものであるため、一方的な偏向が避けられない。加えて、このような記録を書いた中世の聖職者たち自身の出自や気質がさまざまに異なっているうえに、彼らが受けた古典教育、修道生活者であるか在俗の聖職者であるか、特定の組織あるいは政治との結びつきがあるか否かなどによっても、彼らの見方は一定の偏向を示している。また、一部のごく有名な例外を除いて、ほぼすべての中世史料は男性によって書かれたものである。

ということは、中世の感性について記述したものはどのようなものであれ、せいぜい、ごくかぎられた量の、甚だしく偏向のある史料に基づいて導かれた仮説にすぎないということになる。言い換えれば、それは、圧倒的にラテン文盲で、世俗的で、異分子集合体的

(13) 12世紀のオランダに出現した半俗半僧の女子修道会。修道誓願はせず、集団で自活しながら、修道生活を送った。

な中世びとのもつ世界観を、均質的で、かろうじてラテンの素養があり、主として聖職にかかわっている人間たちの目というフィルターを通して得た解釈であるということである。すなわち、それはあたかも、二一世紀の学者が一九世紀ヨーロッパの工場労働者や農夫の心性を調査しようとして、その地域の好古家《こうこか》協会の議事録を調べるようなものである。

たしかに、ある程度まではそうである。というのは、一度これらの史料のもつ限界が確認できれば、史料として本物の中心部分が残るからである。中世的感性ということに関して導かれた結論がいかなるものであっても、実際のところそれは、ある特定の同時代人たちが記録に値するものとして書き残した「意識」を知る手掛かりという程度の結論である。このことが理解できれば、分析の焦点は移ることになる。すなわち、目的はもはや個人の集合体としての全体的な意識を把握することではなくなり、中世の作家たち自身があえて特筆しようとした集合体の意識がもっているさまざまな特徴を分離することに移るのである。

このように考えると、「魔法にかけられた世界」という考え方は、一つの大きな集団としての中世の作家たちがつくり上げた概念に触れることによって（二次的に）形成された一つの構成概念ということになる。言い換えれば、本書で述べようとしている「中世的感性」という視点とは、広範な種類の史料に見られるさまざまな中世的な感性から抽出されたある特定の視点ということである。この抽出物を中世びとが実際に考えたり感じたりしていたことと混同してはならないけれども、ある程度それらを理解するガイドとしてはかなり価値があるものかもしれない。

もう一つ問題がある。無学文盲の一般大衆の意識を記述するのに学識者の書いた論文史料を引用する際の難しさである。一二世紀に生きたある市民が、地球の形や天球の動きについてある程度のことを知っているのはマクロビウス(14)やカルキディウス(15)を読んだからである、などということは馬鹿げている。それよりは論理を逆にして、より高度な文化とは、それまで一般大衆の間で信じられていたことから派生・発展したものであると見なすことの方が現実性のある考え方である。

このようにとらえると、マクロビウスが中世に広く読まれていたのは、実は、彼の宇宙解釈が当時すでに広く既成事実となっていた世界観と一致していたからであるということができる。もっと端的に言えば、中世のある特定の時代の学識教養のある作家たちが信じていたことと、彼らと同時代に生きた無学文盲の人々が信じていたこととの間に大きな隔たりがあったといっても決して馬鹿げたことではないのである。学問を身に着けるということは、思考に対して人工的な態度や制約を強いることになるが、だからといって、その学問を身に着けた人間は完全に自分の時代から切り離されてしまうことにはならない。高度な教育を受けた人々と無学の人々の意識が一致する点——また、両者のもつ文化意識の微妙なずれ——は基本的な認識にかかわる事柄において起こることであり、これらは無数

(14) 5世紀のローマの作家。新プラトン主義の哲学者。キケロの『スキピオの夢』の注釈書を著す。

(15) 助祭。400年頃に活躍。プラトンの『ティマイオス』をラテン語に翻訳、注解した。本章の訳注(17)を参照。

に存在する。少なくとも、以上のようなことが本書の前提としていることである。

これまで述べてきた認識の仕方の特徴を形成するのに影響を与えたもののなかで、ある複合思想がひと際目立っている。プラトンが源であるといわれる考え方が中世的世界観の中心をなす思想である（その下敷きとなっているプラトンの思想の多くは、新プラトン主義者[16]たちのプラトン解釈から借用されたものであり、プラトンが実際に書いたものとはまったくといってよいほど共通するところがない）。そして、その考え方は、カルキディウスによる未完の『ティマイオス（*Timaeus*）』[17]に関する註解やマクロビウスの『スキピオの夢（*Somnium Scipionis*）』[18]に関する註解――これはキケロ[19]の『国家について（*De re publica*）』の抜粋――など若干の史料に見ることができる。これらの作品はさまざまなテーマ（以下で検討するように、マクロビウスの講評は夢や幻視に関する中世の主要な参考資料であった）を扱っているが、なかでもこれらの作品が与えたもっとも根本的な影響は、間断なく続く神の天地創造の行為に関する図示的なモデルを描き出したことであった。

そして、すべての被造物がどのようにして創造されたのかを描いたこのテクストでは、古典古代から用いられてきた哲学用語が漠然としたキリスト教の天地創造観と一緒になったのである。それは、前述のメソポタミアの修道士の旅行記に見られる中世的感性の特徴と完全に一致していた。また、それは肉体をもたない存在がもつ影響力の優位性を強調したり、すべての被造物の間には密接な関係があることを強調するような包括的な説明でも

(16) 3世紀にアレクサンドリアのギリシャ人（プロティノス）たちの興した哲学。ヒッポのアウグスティヌスやボエティウスにも影響を与えた。
(17) プラトン（427B.C.～347B.C.）の著作。神は世界と人間の創造に際し、純粋なイデアに従って、最良の形を与えて創造する者として描かれている。

あった。さらに、創造主とその創造の過程を描くために視覚の暗喩《メタファー》を用いるなどして、創造の原理を視覚的なイメージと強く結びつけていた。以下は、マクロビウスの説明である。

神は……自らを源として心（Mind）を創造された。Nousと呼ばれるこの心は、そのまなざしを父（the Father）に向けているかぎりは、その創造主と瓜二つのままでいることができるが、目をそらして下の方に目をやると、自らを源として霊魂（Soul）をつくるのである。反対に、霊魂は、父（the Father）を熟視しているかぎりは霊魂であり続けることができるが、注意力が散漫になればなるほど、それ自身肉体をもたないにもかかわらず肉体をもつ存在に堕落してゆくのである。（＊1）

マクロビウスの説明によると、人間は創造的な「心（Mind）」に加わったのだという。ほかの動物と異なり、人間は直立の姿勢をしているために「天に向かって手を差し伸べ、地を遠ざけ」さらに「簡単に天国を見ることができる」からである。一方、「上を見ることが困難な」動物には感覚的な認識力と成長しかなく、したがって「心（Mind）」はないという。

したがって、「心」は崇高なる神から発現し、「霊魂」は「心」から発現し、そして

(18) キケロの著作。本章の訳注(19)を参照。

(19)（106B.C.～43B.C.）ローマの政治家・雄弁家・哲学者。

「心」はそれ以下のすべての存在をつくり、それに命を与える。また、「心」は森羅万象を照らす一条の輝きであり、一列に並ぶたくさんの鏡に反射する顔でもある。また、万物は途切れることなく上から下へと連なり、下に行くほど品格が下がる。このために、子細に眺めてみれば、崇高な神から最下等に位置する宇宙の塵《ちり》に至るまで一つにつながっており、その関係はそれぞれの存在をつなぎ合わせ、絶対に途切れることはないということが理解できよう。これがホメロスのいう黄金の鎖というものであり、彼によれば、神が天から地に向かって垂らすように命じた鎖なのだという。[*2]

現世とは何かということについて、この文章が意図している主張は次のようなことである。

第一に、被造物のなかでは、偉大であればあるほど、また強大であればあるほど不可視の存在であるという点を明らかにしようとしていることである。神のみならず、「心」や「霊魂」や人間と「霊魂」の中間に位置するそのほかたくさんの存在は目に見える肉体をもたない。だから、「肉体を有すること（corporeality）」は、神からの距離が遠く離れていることを直接的に示しているだけではなく、それだけ神を崇める行為が不完全であることを表すものでもある。しかし、肉体をもつことは存在するためには必ずしも必要なことではなく、被造物のスケール上で下等な位置を占めていることを示しているにすぎない。

第二の点として、神と人間との間には無限のレベルの存在があり、そこには、人間よりは非有体的（noncorporeal）であるが神よりは有体的（corporeal）である存在がひしめいているということである。スケールの上では人間より高い位置にあるこれら無数の存在は、人間より悟りに近いとはいえ、本質的には人間にとって理解できない存在である。こうして、彼らは神秘的で、人間にはほとんど知られることのない霊的集団を構成することになり、人間の運命に影響を与えるほど強大な力をもつのである。

第三の点として、新プラトン主義的宇宙観では、いわゆる「無生物」と呼ばれるものも含めてすべての被造物は創造の連鎖に組み込まれており、すべてがその法則に従おうとしていることである。この定義では、生命は知覚能力や生殖能力以外のものであり、木や天使などのような生物性をもつものはもちろんのこと、石や水や火など、すべての無生物が共有する「存在」という逃れがたい本質を指すことになる。したがって、すべての被造物には生命があり、この生命が生物と無生物とのいわく言いがたいつながりをつくり出しているのである。

第四番目の点として、新プラトン主義的な万物創造の解釈では、用いられている術語から判断すると神の万物創造にかかわるもろもろの力は、視覚の力が介在することによって活性化されるというものである。この解釈では、視覚は経験を受動的に記録するものととらえるのではなく、一つの創造的なエネルギーと考えるのである。だから、「心」が下位に位置する存在に視点を移すことによって「霊魂」を創造し、「霊魂」が神から注意を逸らすことによって、さらに下位の存在を創造するのは視覚の行為を通してであった。しかし、視覚は単なる創造的エネルギーにとどまらない。それぞれの存在を神とどのぐらい似たものにするか、その度合いをも決定するのである。人間が神の意向にどれだけかかわることができるかを決定するのは人間のもつ視覚能力である、とマクロビウスは書いている。

以上のような「存在」に関する新プラトン主義的理論は、アウグスティヌス以来、一四世紀および一五世紀の神秘神学者に至るまでの一連の重要な中世の思想家たちの著作に取り込まれている。この思想は蜻蛉的《かげろうてき》な教義ではなく、中世文化の中心をなすものである。この考え方のために、中世びとにとってはありとあらゆる種類の存在物が実在するものとなってしまったが、ほとんどの場合は目で確認できる存在物ではなかったのである。

こうして、中世びとは、目に見えないのものが実際に存在するということを強く信ずるようになった。このことは、中世びとが神秘的かつオカルト的な手段を通じて現世に対応しようとする性癖を裏打ちしている。その結果、秘儀的な方法で森羅万象を統率する生命原理をつくり出すことになるのである。このために、視覚的な想像力が現世に対する理解と啓示に至る中心的なチャンネルとして正当化されることになった。すなわち、魔法にかけられた世界のドアを開けたのである。

バイランド修道院

イングランド王リチャード二世[20]の治世に、ヨークシャーにあるバイランド修道院の修道士は、在郷の人々が超自然的存在に遭遇した事件のことをいくつか書き残している。その一つに、「スノーボール」という名の仕立屋が肉体離脱した亡霊に遭遇し、自分自身はもちろんのこと、隣人や地域の聖職者までがいつ果てるとも分からないトラブルに巻き込まれてしまったという話がある。

ある晩、馬の背に揺られて家路を急いでいると、スノーボールは不吉の前兆とされる一羽のワタリガラスが頭上を旋回し、やがて命絶えるかのように地面に落下するのを目撃した。カラスの両脇から閃光が走ったと思ったとき、彼の眼前には亡霊が存在していた。彼はすぐさま十字を切り、神の名においてその亡霊が自分に危害を加えないように祈った。そのときは、この亡霊は叫び声を上げながら飛び去っていった。しかし、さらに彼が家路を急いでいると、再び彼に襲いかかり、側面から一撃を加え、彼を馬から投げ飛ばしてし

(20)（1367〜1400、在1377〜1399）。黒太子エドワードの次男。祖父エドワード３世の王位を10歳で継承。

まったのである。さらに、「気を失い、しばらくは恐怖心で死んだようになって横たわっていたが、ついに彼は起き上がり、神の加護を強く信じて刀をとって亡霊と戦った」と話は続いている。そして、戦い始めると亡霊は姿を変え、泥炭《ピート》の山になってしまった。スノーボールは、再び神の名においてその亡霊が自分に危害を加えないようにと祈った。

こうして、この仕立屋はまた家路を急いだが、恐怖心から刀の十字型の柄を前方にかざしながら歩みを進めていった。すると、三度《みたび》この亡霊が彼の前に現れた。今度は鎖の首輪がはめられた犬の姿をしていた。スノーボールは、「三位一体《トリニティ》の名において、またキリストの五つの傷から流された血の功徳により」意を決っしてこの亡霊に向かい、正体を明かした上で、なぜ罰を受けているのか、どうすればその罪をあがなうことができるのかと、強く促した。

すると、亡霊は喘ぎ、うめき苦しみながらこのように語ったのである。

「これこれ云々の罪を私は犯しました。そのため、私は教会から破門されたのです。ですから、どなたか信頼できる司祭様のところに出向いて、私の罪を赦免していただけるようお願いしていただきたい。ただし、私の罪のあがないには一八〇回のミサを行っていただかなければなりません。さらに、これから申し上げる二つのうち一つを選んでいただかなければなりません。ある特定の夜に、あなたお一人で私のいるところに戻ってきて、私がお教えする名前の人たちの返事を私に伝えていただくということです。そうすれば、私はあなたがどうすれば健康でいられるかをお教えしますし、また、その間は火を見ても恐れる必要はなくなります。(原注1)二つの選択とは、これを受けていただけるか否かということです。受けていただけなければ、あなたの肉体は腐り、皮膚は乾燥して見る見るうちに体から完全に剥げ落ちてしまいます。もう少しお教えしますと、私がこうしてあなたにお会いできたのは、あなたが今日ミサにも出ず、またヨハネの福音書もお聞きにならず、われらが主イエス・キリストの血と肉体の聖体変化もご覧になっていなかったからなのです。そうでなければ、こうしてあなたの前に現れる力など私にはなかったのです」

こうして仕立屋と話しているうちに、この亡霊は火に包まれたようになり、体の内臓が口を通して見ることができた。亡霊はその内臓を舌の代わりに使って言葉を話したのである。(*3)

最後に、今度戻って来るときには、「四福音書と勝利の代名詞ナザレのイエス」を携えてくるようにと仕立屋に告げた。そして、この亡霊は、近くにもう二つの亡霊が浮遊していることを彼に警告し、一つの亡霊は常に火や灌木の姿に身を変えており、もう一つの亡霊は猟師の姿をしていることを告げると、ミサを挙げてくれる司祭以外には絶対に自分の

（原注1）霊と遭遇したあとに光を見ると害が及ぶと信じられていた。

正体を明かすことのないように誓約をさせ、彼から離れていった。

何日かして、スノーボールは教区の司祭たちに会った。亡霊との遭遇以来、彼は健康を害していたが、回復するとすぐに彼はこの亡霊を破門した当の聖職者に接見した。この聖職者は、さらに三人の教会聖職者に相談してから、最終的にスノーボールに正式な赦免状を渡すことに同意した。そして、彼はこの赦免状をこの亡霊の肉体が眠る墓の頭部に埋めたのである。赦免は合法的であることをある修道士から知らされると、彼は「ヨークにあるすべての托鉢修道会」に連絡し、この破門された霊魂のためにミサを挙げるように働きかけた。ミサは三日間で終了し、仕立屋は再びこの亡霊と話をするために出掛けていった。指定された場所に来ると、彼は四福音書とほかの聖なる文言を身に着けて、「十字架のある大きな円を描いた」。そして、円の中心に立って、聖遺骨箱を十字の形になるように並べていった。箱の上には護符が書かれていた。

亡霊が現れた。初めは雌のヤギの姿で、次に、「異様に背丈がたかく、恐ろしい形相の痩せた男の姿」で現れてきた。亡霊は、仕立屋の努力が首尾よく行ったことや、ずっと自分を苦しめ続けてきた三つの悪魔からようやく解き放たれたことを告げた。そして、「次の月曜日」には、ほかの三〇の亡霊たちと一緒に「永遠の至福」の世界に入ることができると語った。仕立屋が先日警告されたほかの二つの亡霊のことを尋ねると、一つの亡霊は、妊婦を殺害したために口も目も耳もない去勢牛の姿に変えられてさまよい続けるという罰を受けた外国の兵士で、もう一つは幽霊猟師の姿で現れる修道士の亡霊であると告げた。そして、二番目の亡霊はやがて祈祷してもらえるだろうとも付け加えた。

最後に、仕立屋は自分自身の置かれている状況と未来についてこの亡霊に尋ねた。というのは、このことは彼らが初めて遭遇したときにこの亡霊が彼に約束していたからである。そこでこの亡霊は、彼がこの近辺にいつまでもとどまると騒ぎが起こることを警告し、遠く離れることをすすめた。そして、「そうすれば富がついて来る」とも言った。やがて、「これ以上ここにとどまって、あなたと話を続けることはできません」と告げると、亡霊は、「眠りに落ちるまで頭のそばから護符を離さず、少なくとも今夜だけは火を見ないように」とスノーボールに注意して姿を消してしまった。

この二度目の出会いの後もスノーボールは体に変調をきたしてしまったが、数日で回復した。その後、彼がどうなったのかはバイランドの修道士の話には記録されていない。

この幽霊話のあらすじには特段に中世的といえるものはないが、その背景となっているものは、きわめて信仰深かったこの時代の特徴をはっきりと表している。亡霊との遭遇はありがたいものでもなければ、歓迎すべきものでもなかった。仕立屋は避けられるものならば避けていたことだろう。ましてや、この亡霊との出会いは、二〇世紀に生きる英国人には信じられないことであっても、中世びとにとっては「信じがたいこと」ではなかったのである。亡霊を見ることはありそうもないことではあったが、だからといってまったく考えられないような状況ではなかったからである。そういうことは、十分に起こりうる可能性があったのである。そうでなければ、どうしてスノーボールは自分の身を守るのに、あのような祈りの言葉を正確に使い、あのように亡霊に対して呪文を唱えることができたのであろうか？　仕立屋は、以前に自ら似たような体験をしていたか、そのような経験をした人々の話を聞いてどう対処すべきかを知っていたことは明らかである。

亡霊から身を守ることは、ほとんどの民間伝承に見られるテーマと同様に中世びとにとって普遍的なテーマであった。スノーボールの幽霊話の場合、亡霊から身を守ったときの手段には、キリスト教信仰には力があるという考えに加えて加護を求めて神に祈る行為やオカルト的慣行が交じりあっていた。すなわち、神学、神、呪術信仰――これら三つの領域からの救済策が亡霊に対抗するために同時に用いられたのである。なぜならば、これら三つの領域のいずれにおいても亡霊は存在すると考えられていたからである。

亡霊と霊的な対峙をするときの儀式をスノーボールが知っていたということを考えると、彼は、ヨークシャーの仕立屋というよりは「熟練した呪術師」と呼んだ方がより適切であるように思われる。だからといって、まじないやオカルト的伝承の力学について、近所の仲間より彼の方が熟知していたと考えるのは正しいとはいえない。彼は、亡霊から身を守るのに「有効な名前」やほかの聖書の言葉を正確に知っていた。また、自分の未来に関する情報と引き換えに破門の赦免を取り付けてやるという交換条件を亡霊と交わすこともしているが、おそらくこのヨークシャーの男は専門的な知識というよりは平均的な知識——すなわち、ファウスト的大胆不敵な言動というよりは、霊の存在を慣習的に信じていた中世びとのきわめて俗な知性——を示しているにすぎないといえるのである。

しかし、このように霊の存在を当たり前に信じていたからといって、仕立屋が恐怖を感じなかったというわけではない。というのは、たとえ中世びとが霊的な存在を信じていたといっても、それらが人間にとって有益な存在であるとは考えていなかったからである。しかし、そこにはオカルト的、宗教的な対抗手段があったので絶望を感ずることもなく、目に見える世界と見えない世界との間の調和がそれなりにできていたというわけなのである。教会も、ある特定のオカルト的知識は糾弾したものの、事実上、この調和を保つことに積極的に協力していた。

というのは、仮に新プラトン主義が中世的感性を生み出す一つの井戸であったとしても、聖書に基づく天使や悪霊の解釈はこれとは関係がなかったからである。「神のような存在や天使のような存在の数に比べれば、人間の数などは無に等しい」(＊4)と、聖ヒエロニムス(21)は書いている。ヒエロニムスの言葉はセビリアのイシドルスが『語源集（*Etymologiae*）』に取り入れており、もう一つの作品『言葉の違いについて（*De differentiis verborum*）』では、悪霊を次のように定義している。

(21)（347〜419？）ラテン教父。「ウルガータ」と呼ばれるラテン語訳聖書を完成させた。

悪霊は五官を乱し、感情を消沈させ、生活を撹乱し、睡眠中に騒音を起こし、病をもたらし、心を恐怖心で満たし、手足をゆがめさせ、くじの当たり方に影響を与え、トリックを使って神託を語るふりをし、情欲を起こさせ、激しい強欲をつくりだし、聖像を隠れ蓑とする。かかわってしまうと、出現し……さまざまな姿に身を変え、ときには天使の姿で現れることもある。(＊5)

トマス・アクィナス(22)は天使も被造物の一つの階位であることを認めており、そのおかげで被造物の全体像が分かりやすくなった。すなわち、天使は「分離された実体」であり、それは、自存の神から物質という創造力のない最小の要素に至るまでの、すべての被造物が創造された因果のネットワークをまとめている存在なのである。

非有体である霊的存在は神学上確たる位置を占めているが、それが民間の考え方に影響を与えたのは、それぞれの霊的存在が細かく分類されていたからではなく、キリスト教の聖典に含まれていたという単純な事実のためである。

亡霊、悪霊、天使は、魔法にかけられた世界ではもっともよく知られた存在である。その歴史は中世以前にまでさかのぼり、中世びとの思考に対していかに大きな影響力をもつ

(22)（1225〜1274）イタリアの神学者・スコラ哲学者。『神学大全』を著す。

存在であったかを理解するのに想像力などはほとんど必要ではない。むしろ、この中世的心性《メンタリティ》がもつもう一つの特徴の方がわれわれのより強い想像力を駆り立ててくれる。すなわち、有魂化《アニマイズ》しようとする傾向である。

無生物の物体に名前を付けることは、中世びとの精神のもつこのような性癖をもっとも原始的な形で表している。たとえば、古代人と同じように、中世びとは自分たちの国、家、舟、武器に名前を付けた。ある年代記作家は、百年戦争のときに黒太子《ブラック・プリンス》がフランス遠征で使った船の名前を記録しており、そのなかには、たとえば、ジリアン、ジェームズ、マーガレット・オブ・ザ・タワーなどの人名が付けられているものがあるかと思うと、グレースデュー、トリニティ、セント・メアリーボートや、サン・エスプリ（黒太子自身の船）などの宗教的な呼称が付けられている船もあった。さらには、フォーコン、クロニファー、グライスなどのような騎士道に由来する名前も見られる。また、刀にもたいてい名前が付けられおり、十字軍兵士たちは攻撃用の武具にまで洗礼名を付けていたほどである。たとえば、第三回十字軍(23)では、フィリップ王の強力な投石器には「邪悪な隣人」という名が付けられていた。

教会の鐘――尖塔に取り付ける前には、洗礼式のような、聖油を使った聖別の儀式が行われた――にもほとんど常に名前が付けられていた。たとえば、セント・オールバンズ修道院の大きな鐘は、一四世紀の初めに一度破壊されたあと、修道士たちの捧げる不断の聖

(23) 1188年から1192年にかけて行われた遠征。このときキプロスが西ヨーロッパの支配下に入り、1571年まで続いた。

歌と祈りとともに修道院の聖具室で新たに鋳造されたものであるが、この鐘には修道士たちによって「アンフィバルス（Amphibalus）」という名が付けられた。

われわれ現代人の思考パターンにとってさらに馴染みの薄いものが、人間や動物の特徴を概念や地名に込めた言語的な比喩表現である。たとえば、セビリアのイシドルスは世界がどのような形をしているかという問題に言及して、「北の地域に向かって高く盛り上がるのだから、南に行けば低くなっていく。すなわち、いわば、その頭と顔が東であり、背中の部分は北である」と述べている。

マンドのデュランドゥスの『宗務論』の１ページ

また、古代および中世の都市には動物の形をしたものがあるとしばしばいわれていた。たとえば、ローマはライオン、カルタゴは雄牛、トロイは馬の姿をしているとティルベリーのジャーヴェスは書いている。もちろん、トロイが馬の姿に擬えられるのは、この都市のもっとも有名な伝説を「有魂化」したものであり、それを象徴した呼び名でもある。『宗務論（*Rationale divinorum officiorum*）』(24)という著作のなかで、教会学者マンドのデュランドゥス(25)も同じように動物の形と象徴的イメージを混合した表現を使って、聖堂の内部構造を人間の肉体にたとえている。

建物としての聖堂の構造は人間の体の構造に似ている。祭壇のある場所、すなわち内陣は人間の頭にあたる。翼廊（**transept**）は手と腕である。残りの部分、すなわち西に延びた部分は人間の体の残りの部分と同じである。聖餐の犠牲は心の誓願を表している。(＊6)

無生物に対して生物的比喩を当てはめることがさらに進み、実際に無生物にも命があるのだと考えるようになるのにはさほど時間はかからなかった。一二世紀の天文学者バースのアデラード(26)は「星は、大気圏を通して天界という純粋な世界に吸い上げられた土と水とを食べて生きる神聖な生き物である」と書いている。さらに彼は、「土と水は天界に運び上げられる過程で清められるために、これらを食べて生きる星という生物の知力が阻害されることはない」とも指摘している。

森羅万象、いかに不完全な形であっても、すべてが創造主の生命にかかわりをもつという新プラトン主義的思想の影響があったために、中世びとは、自然物にも人間の創造物に

(24) 典礼に関する知識を寓意的解釈を用いて解説した概論書。
(25)（1230～1296）教会法の指導的解釈者。典礼研究に大きな貢献をした。
(26)（1090～1150）イングランドの聖職者。ギリシャ・アラビアの学問知識を北西ヨーロッパに紹介した。

もすべてにさまざまな力が備わっているという宇宙観を抱くようになった。たとえば、鐘には悪霊を追い払い、嵐を鎮める力があると考えられていた。また、セント・オールバンズ修道院の修道士たちは、修道院尖塔の先端にローマ教皇のシールを取り付けて落雷を避けようとした。

「グラストンベリー修道院の聖堂はあまりに巨大なので、その近くに建物を建てても、聖堂の影が礼拝の霊光を遮ることになり、すぐに廃墟になってしまう」と、マームズベリーのウィリアム[27]は書いている。

しかし、これら万物のもつ力によって人間界の物事に実際の変化が起こらない場合は、人間以外の生物、無生物の双方に変化が現れると考えられていた。たとえば、ある年代記作家の記述によると、あるイングランド王がなくなる前夜に池の魚が数千匹死ぬことがあり、このことが王の運命を物語っていたという。また、ウェールズのジェラルドは、ディー川[28]をじっくりと観察していればウェールズとイングランドの国境紛争の行方を占うことができると述べている。ウェールズ人とイングランド人との間で繰り返されてきた戦闘がどのような結末を迎えるかは、ディー川の流れの変化に現れているからだという。（ちなみに、ヘンリー一世[29]がフランドル人をウェールズに移住させたとき、一緒にもう一つ別の占い方がもち込まれた。これは、未来の出来事は、ゆでてから肉をとってしまった子羊の右肩の骨を見ると占うことができるというものである）。

(27)（1090～1143）イングランドの年代記作家。ベネディクト会士。『イングランド諸王の偉業（*Gesta regum Anglorum*）』を著す。
(28)ウェールズ北部の川。グワイニード州南部のバラ湖（Bala）に源を発する。
(29)（1068～1135）ウィリアム1世征服王の第3子。

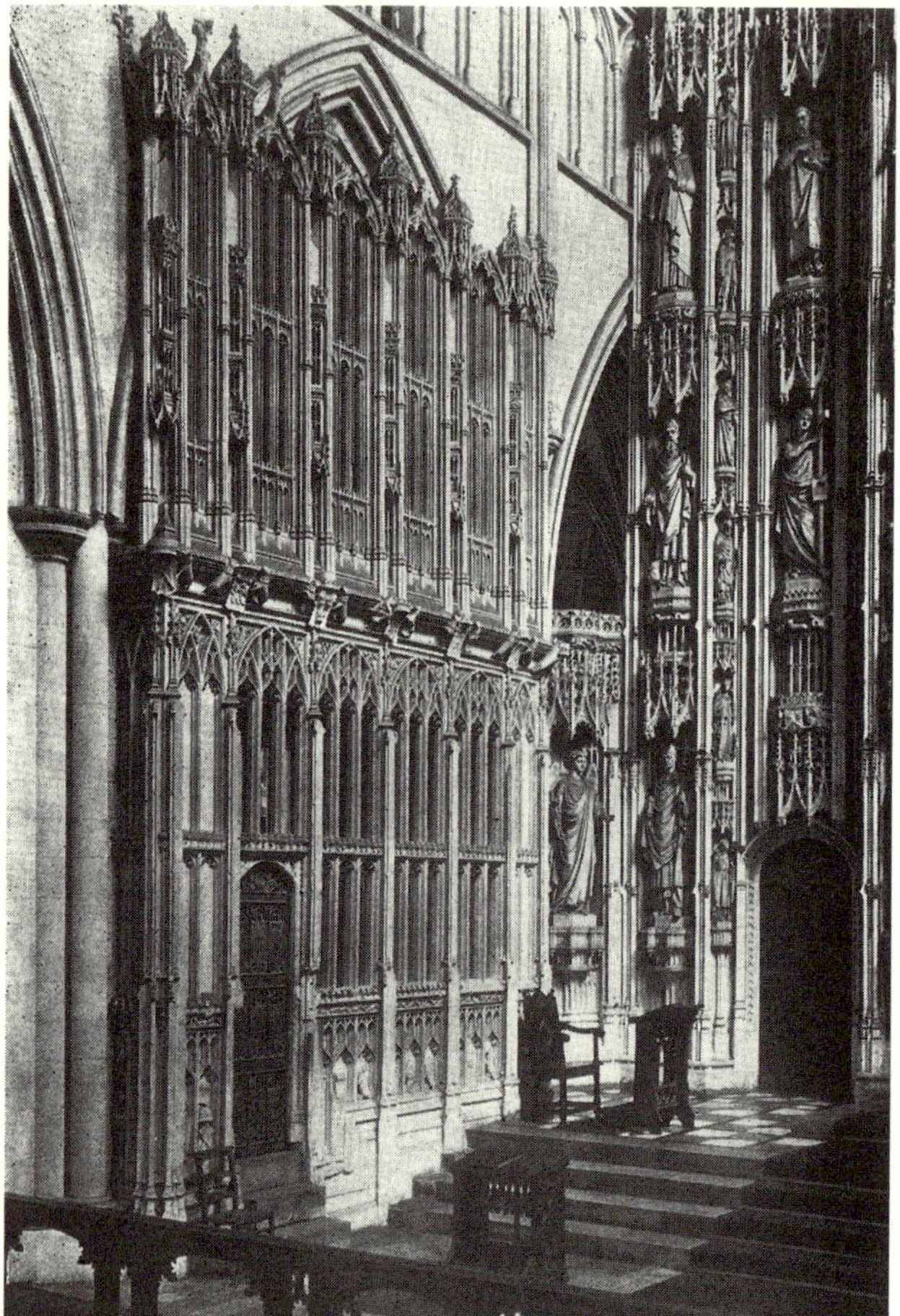

セント・オールバンズ修道院

自然界と人間界の出来事には相関関係があると考える信仰は、魔術の根底をなす伝統的な論理であり、それがゆえに中世の時代には魔術に関するカタログがいくつもつくられた。たとえば、一四世紀のあるボローニャの教授は当時行われていた「禁じられた科学」のいろいろな形態をリストにして著している。そのなかには数十にも及ぶ魔術の名称が挙げられており、具体的には、土占い、空気占い、水占い、火占い、降霊、死者交霊、卜占《ぼくせん》、毒占い、くじ占い、手品、加持祈祷、象徴魔術、天文占い、手相占い、易断、魔法、霊薬の調合、色占いなどが含まれている。また、彼と同時代に書かれたほかの史料にはさらに別の魔術の例があり、たとえば、錬金術、文字占い、護符や御守の作製などが挙げられている。

ヘンリー1世

以上の例から、一二世紀以降はこれらの魔術のほとんどが広く行われており、ほとんどの人々が祈祷された物品のもつ通力に依存して日常生活を送っていたことが理解できる。旅人たちは、不意の襲撃から身を守るために、神聖な名前や聖書の文言が書き込まれた護符《ごふ》を携行していた。たとえば、イエスという名前や聖ヨハネの福音書のはじめの文言、あるいは、旅の安全を象徴するような韻文などが一般的で、「イエスが彼らのなかを通りすぎてゆかれた」という文言などは、イングランド人旅行者がしばしば携えていた護符であった。(原注2) また、中世の兵士たちは、いろいろな香草を調合したものや御守石などのほかに魔力をもつとされる文書を肌身につけていた。このことが理由で、一四世紀、一五世紀のイタリアでは、傭兵隊の隊長が戦いに勝利することを魔術に依存しているとして弾劾されることがあったほどである。

公正な決闘の勝者たちは、魔よけのしるしを身に着けていたり、ときには頭にオカルト的シンボルを刺青したり描いたりすることもあった。あるときソールズベリー（ストーンヘンジのある平野）で、司教側の代表と伯爵側の代表の間で決闘試合を勝ち抜いてきた勝者同士の最終試合が行われることになった。戦いを前に双方の戦士は、不法な武器を携帯していないかどうか調べられた。その結果、司教側の戦士の着衣に「祈祷文と魔よけの呪文」が縫い付けられていることが判明した。決闘は中止となり、司教は立場を失うことになってしまったが、その理由は判定人が護符を譴責《けんせき》したからではなく、護符のもつ力のために試合が不公平なものになってしまうと判断したからである。

もう一例を挙げると、イングランドのある首席裁判官が一三八八年に反逆罪で死刑を宣告されたとき、この男は、衣服をまとっているかぎり、自分を殺すことはできないと豪語した。そこで死刑執行人が調べてみると、「天国の印に似せるかのように描いた偶像、悪

（原注2）「ヨハネによる福音書」の冒頭の表現には、偉大な霊的能力を具現化する働きがあり、特定の日にこの文言を聞くと、その日は様々な害悪から逃れられると思われていた。スノーボールの出会った亡霊が「初めに言葉ありき……」の話をしていたことを想起されたい。

魔の頭の絵、たくさんの悪魔の名前がある羊皮紙」がこの裁判官の上着に隠されているのを見つけた。すぐさま彼はこの羊皮紙を剥ぎ取られ、絞首刑にされてしまった。

指輪も、魔法をかけたり悪霊などから身を守るための道具としてよく使われた。指輪にはめ込まれた宝石には病などを癒す効力があるとされていたし、実際に、傷や病気を治すことができると信じられている指輪もあった。マンスの司教パッサヴァンは十字軍の遠征に出掛けるときにそのような指輪を付けていった。そして、その力で多くの人々を治した。ほかには、ミニチュアの聖遺物入れとしての指輪もある。たとえば、使徒ペトロ[30]の髪の毛一本が収められたダイヤモンドの指輪がある。これは、ローマ教皇グレゴリウス七世[31]がノルマン人のイングランド侵攻を促すためにノルマンディーに送った指輪とされるものである。

一方で指輪は、超常的な霊の力を呼び出すのにも使われた。ジャンヌ・ダルク[32]は敵を征圧するのに魔力をもつ指輪を使った廉《かど》で弾劾された。また、一四〇七年にはオルレアンの公爵が殺害されるという事件が起きたが、その理由はこの公爵が「悪魔の名において」呪いをかけた指輪を使って国王に対する陰謀を企てたからであった。さらに、エクスの大司教ロベルト・モーヴォワゾン[33]は日ごろから手相や易断などを含めてさまざまな魔術に強い関心を抱いていたが、あるとき、無病息災と幸運招来を願ってユダヤ人の占星術師に占いを依頼し、自分の司牧指輪に象徴的な彫り物をほどこしてもらった。

(30)（？〜67？）12使徒の１人。祝日は６月29日。ローマカトリックの初代教皇。
(31)（1020〜1085）ドイツ皇帝ハインリッヒ４世を破門。教皇権の強化が進んだ。
(32)（1412〜1431）百年戦争で国難を救ったフランスの聖女。
(33)（在1294〜1303）聖俗両面で教皇の霊的権威の至上性を主張した。

魔術を告発したり告発されたりすることは一四世紀、一五世紀においては日常的であり、教会と国家の対立やほかの政治的紛争には常に見られる特徴でもあった。たとえば、フランス王フィリップ四世（一二六八〜一三一四）は、ローマ教皇ボニファティウス八世（一二三五〜一三〇三）とパミエール司教の二人を「悪霊崇拝」の廉《かど》で弾劾している。また、テンプル騎士団(34)がフランスで鎮圧されたときの告発理由も、彼らが悪魔を降霊したからというものであった。さらに、ローマ教皇ヨハネス二二世（一二四五〜一三三四）は、カオールの司教ユーグ・ジェローには毒や共感呪術(35)を使って自分を暗殺するために遣わされた魔術師がついていると思い込み、前任のローマ教皇クレメンス五世(36)から受け継いだ、毒物に反応する「蛇の角」でつくったナイフを、用心のために常に食卓の上に置いていたという話も残っている。また、一二七六年にルイ王の王太子(37)が亡くなったり、その後の一〇〇年間のカペー朝とヴァロア朝の王たちが相次いで死んだという事実の背後には毒物と霊の力がかかわっているといううわさがフランス宮廷で広がったことがあった。

これらは、政治的魔術の告発例としてはもっともよく知られたものであるが、ほかにも毒物と霊に対する恐怖心を示している似たような例がこれ以前にも中世宮廷の記録には残されている。たとえば、イングランド王ヘンリー三世（一二〇七〜一二七二）の時代には、ヒューバート・ド・バラが毒殺魔術師として告発された。さらに、トレジリアンも同じように処刑されたが、この場合には、ずっと前から彼の降霊魔術が反逆罪になるようにでっ

(34) 戦士活動を行う修道会の一つ。聖地国家の常備軍として活動するとともに、西欧各地に所領をもったために銀行業務にまで従事した。1312年に解散。
(35) 物事が非物理的結びつきで離れた物事に影響を及ぼすという信仰による呪術。
(36) (1260〜1314) リヨンで教皇に即位。アヴィニョンに教皇庁を移す。

ち上げられていたのである。

魔術は正しい占星術的影響力のもとで行われるときにもっとも信用できるものであるとロジャー・ベーコン(38)は述べている。偶像や呪文は、それに適した星座が現れ出てくるときに用いられて初めて、星そのものの力を獲得することができる。そして、その力が人に向けられることになるのである。オカルト科学のなかでも、占星術ほど中世的想像力に広範で長い影響を与えたものはない。

ヘンリー3世

西ヨーロッパの各地で記録を続けていた年代記作家たちは、一一八〇年代半ばに占星術上のパニックが全キリスト教圏を襲ったことを記録している。占星術師のなかには、てんびん座で惑星の合《ごう》(39)が起きるのは自然災害、破壊、犯罪が発生する前触れであると述べる者がいた。また、イングランドのチェスター城主に雇われていたある占星術師は、「土星と竜座の尾という二つの

(37) 王太子。1349～1830年のフランス皇太子の称号。

(38) (1220～1292) イングランドの哲学者・科学者。教皇クレメンス4世のために書いた科学論説『大著作 (*Opus Majus*)』がある。

(39) 惑星と太陽とが黄経を等しくする時。

悪の間で動きが阻まれ、制約されている火星の位置からは、不幸、闘争、懸念事、大災害、殺人、財産略奪」が将来起こることが読み取れると警告している。一方、接近しつつある星団に対するサラセン人たちの解釈はこれに比べると穏やかなものではあるが、「コルンフィラ」と呼ばれる占星術師の行う警告はきわめて恐怖心をあおるものであった。たとえば、どこそこの国には地震が起こるとか、エジプトやエチオピアなどの砂漠地帯に開かれた都市はやがて住むのに適さなくなるなどと予言したのである。しかし、コルンフィラは良いことも二つ予言していた。聖地ではフランク人が勝利し、サラセン民族は滅亡するだろうということと、星座が去った後、人類の寿命が延びるだろうということである。ところが、ゲルマン人の土地ではこのような予言は知られていなかったようである。というのは、マールバハ(40)で書かれた年代記には、人々は地下に穴を掘って避難し、聖職者たちは通常のミサ以外にもミサを何度も行って、もはや不可避と思われた災いを神が軽減してくれるよう祈ったと書かれているからである。

一一八七年にサラディン(41)によってエルサレムというキリスト教王国が破壊されても、また人間の寿命が以前よりも延びたという兆候がまったく見られなくとも、これらの予言の信用が失墜することはなかった。むしろ、箒星（すい星）が出現するに及んで占星術の予言は中世を通じて警告を出し続けることになった。「魔法にかけられた世界」のさまざまな次元――超自然的な存在に対する信仰、すべての階位の被造物は相関しているという信

(40) ドイツ南部、バーデン・ビュルテンベルク州中部の都市。
(41) (1137〜1193) エジプトのアイユーブ朝の開祖。十字軍を悩ませたことで有名。

仰、不可視の存在に関する運命論的な解釈——では、占星術という民衆的で形式的な科学から得られる都合のよい説明が利用されていたのである。聖職者たちは、個人の未来や社会全体に起こりうる災害を予言するような、いわゆる「天罰占い」としての占星術をしばしば弾劾したが、一方では価値ある科学として関心をもって受け入れていた。そのため、占星術師たち——その多くはムーア人、ユダヤ人、サラセン人——は多くの王宮で重要な役割を担うことになり、占星術に基づいて、戦いやほかの重要な行事を遂行するための適・不適の時期を決定していたのである。

占星術の擁護派は、星座の科学がいかにキリスト教の大義を説明するのに役立ったかを好んで引き合いに出した。ロジャー・ベーコンは、アラブの偉大な(占星術の)権威アルブマサール(42)を引いて、すべての大宗教誕生の陰には木星とほかの惑星との合《ごう》がかかわっていることを示した(ちなみに、西欧占星術の知識のほとんどはこの人物の著作に基づいている)。たとえば、ユダヤ教は木星が土星と合を成したときに誕生し、イスラム教は木星と金星が合《ごう》を成したときに生まれた。キリスト教は木星と水星が合《ごう》を成したとき——これは、東方の三博士にキリストの到来を告げる出来事である——に生まれたが、やがて木星が月と合《ごう》を成せばアンチキリストの到来を告げることになる。

スコラ学者(43)たちの間で知られていたある伝説によって、プラトンの思想がキリスト教的啓示の枠組みに取り込まれることになった。これにより、プラトンの思想から異教という

(42) Abu Ma'shar(787～886)アフガニスタン，バルフ生まれの占星術師。
(43) 西欧中世哲学者の総称。この名称は、12世紀から15世紀に都市の学校の教場(スコラ)において活動した哲学者たちの独特の討論形式に由来する。

烙印が消されることになった。この伝説によると、プラトンの墓が開けられたとき遺体には金文字の碑文が書かれており、その内容は「処女より生まれ、人類に代わって受難し、三日後に復活するキリストを我は信ず」であった。こうして、プラトンがキリストを知っていたというつくり話（フィクション）によって正式にキリスト教から認知されたのである。

同様に、聖書に描かれている人物や聖人が占星術の知識を使って天変地異を予知し、奇跡までも行ったという主張が出現することにより、占星術は正当なものであるということがますます認知されるようになった。イタリア人占星術師グイド・ボナッティは、ある論考で、教父たちもキリスト自身も占星術の知識を活用していたということを述べている。また、ロジャー・ベーコンは、一二宮が地上のさまざまな地域に影響を及ぼしているということを最初に記述したのはヘブライ人であると述べている。たとえば、モーセ(44)は、影響力の強い星座が現れる時期に魔力をかけた指輪を使ってエジプトでの戦争を回避しており、またソロモン(45)は「謎めいた表現形式で書かれた」オカルト的な占星術の知識を書き残しているが、この知識は以後ヘブライの祭司階級によって乱用されるようになった。このような内容に加えて、「さらに重要なことは、聖性と占星術の力を利用する理性的人間が一つになったおかげで、多くのキリスト教の奇跡が起きたという事実である」と、ベーコンは書いている。

(44)紀元前13世紀のイスラエル民族の指導者。「出エジプト記」では、ヘブライ人の奴隷を率いてエジプトから逃れ、シナイ山で十戒を授けられた人物として描かれている。
(45)紀元前10世紀のイスラエルの賢王。ダビデ王の子。

というのは、星よりも高貴な階位にある理性的人間の目的、欲求、力が天の力と調和しているとき、この世界の物事を変えるすばらしい力をもった言葉あるいは何かが必然的に生まれ出てくる……このことは、奇跡を起こした聖人の場合にはっきりと見てとることができる。なぜならば、この世界の構成要素が、聖人たちの言うことに従ったからである。(＊8)

このように、性格の異なる二つの超人的能力――すなわち、聖性のもつ奇跡能力と占星術のもつ学問的知識――が一つに織りあわされた状態になっていたということが、占星術が全体としてスコラ学の主流に取り込まれていたことを示す唯一の証《あかし》である。

天体の動きに関する研究という狭義での天文学は、もちろん長い間中世のカリキュラムの一部であった。しかし、アラブの学問が流入するようになって、天体現象の予言的意味やオカルト的魔力に関する研究としての占星術もこの定義に含まれるようになると、それまでの天文学全体が地上の出来事と星の動きにかかわるメカニズムを説明するための学問と再定義されるようになった。そして、天文学は、新プラトン主義のいう被造物の鎖をつなぎあわせることで、互いに影響を与えあう原因となっている神秘的な関係を明らかにすることができる鍵になると考えられるようになった。こうして、一方では天文学の知識それ自体は熱心に追求され続けたものの、それは占星術という予言術に従属する立場になったのである。

人間界で起こることは星座に基づいて予言することができるという占星術の基本的前提は、新プラトン主義思想の置き換えとして理解することは容易なことである。星座や惑星はすべての被造物と同様に生命をもっているので、その動きのなかにほかの世界の活動を反映していたのである。したがって、これを否定することは全宇宙の構造そのものに対して疑義を呈することと同じであった。こうして、占星術の考え方は、それまでの主要な宇宙論の主張と簡単に調和していった。一二世紀の註解者たちは一二宮のもつ影響という観点から『ティマイオス』に註解をつけた。恒星が一日をかけて東から西に動き、惑星が一年で西から東に動くという、これら二つの運動の相乗効果が原因となって地上の出来事が起こるというアリストテレス(46)の教義も占星術の理論の裏打ちとなっていたと考えられる。

イタリアでは、占星術が急速に重要な知的職業となった。ボローニャ、ミラノ、パドゥアの大学すべてに占星術の講座が開設され、その研究者たちによって大量の研究書が書かれた。しかし、イタリアでもっとも著名な占星術師だったチェッコ・ダスコリ(47)が異端審問によって一三二七年に火刑に処せられたことが発端となって狂乱が発生し、占星術の知識を身につけることに対する偏見が生まれた。何の咎もなく無傷で活躍していた数多くの職業占星術師たちに比べれば、チェッコの過酷な運命は異例なことであった。

チェッコはイエスの誕生、貧困、死が占星術的な影響のためであるとしたために罪に問

(46)（384B.C.～322B.C.）ギリシャの哲学者。マケドニア王の侍医の子としてカルキディケのスタゲイラに生まれる。

(47)ボローニャ大学で占星術を学ぶ。

われることになったが、これは何の処罰も受けなかったほかの占星術師たちも頻繁に書いていたテーマであった。六〇年後、あるボローニャの法律家が占星術の視点で解釈したイエスの伝記を著したが、一五世紀初頭の偉大な神学者ピエール・ダイイ、はこの本に書かれているイエスの誕生に関する占星術的解釈に対して論評を書いている。

ダイイはさまざまな作品を著して占星術の予言と歴史・神学を調和させようとしているが、「この学問は迷信的に信仰すべきでもなく、また傲慢に弾劾すべきものでもない」と結論づけている。占星術に関して彼が示した判断の寛大さは、多くの同時代人が共感するところとなった。イタリアの学問的占星術に対する関心に比べれば北ヨーロッパのそれはさほどのことでもなかったが、だからといって北ヨーロッパの学者たちがまったく占星術の知識に疎かったというわけではない。というのも、彼らが星のもつ影響に関していろいろな書物で言及する機会は、一四世紀から一五世紀にかけて驚くほど増えていったからである。

アラブの影響を受けた地域では、占星術は世界観に関する一つの固定された分野である。ポルトガル人の年代記作家アズララが、エンリケ航海士王子（Henry the Navigator、一三九四～一四六〇）がなぜアフリカ沿岸の探検を企てたのか、とその原因を調べたとき、そこには一二宮の影響が顕著に現れていることが判明したのである。

エンリケの東昇点(48)は白羊宮、すなわち火星の宮と太陽の最高星位にあり、くだんの火星は土星の宮であるみずがめ座にあります。したがって、王子が入っている宮である土星の奸知《かんち》に従えば、殿下が偉大な征服者になり、他人には見えない物事を発見することができる探険家であることは明らかなことであります。

「新しい世界」の入り口には、「古い世界」の魔法にかけられた心像が横たわっていたのである。

中世的感性の特徴は、同時にたくさんの異質な現実が共存するという包括的な意識である。現実世界のさまざまな境界は目に見えない存在をも取り込み、ときにはその地域を特定化するために曲げられることがあった。そして、すべての認識を決定していたものは中世びとが相互に共有していた世界観であり、それは存在に関する究極の説明を宗教的真理のなかに見いだしていた世界観なのである。このような認識――現代に生きる人間には理解しがたいという意味においては魔法にたとえることができる――は、非有体の存在には影響力があり、その数は人間の数をはるかにしのぐということ、無生物の被造物にも生命が存在すること、また創造する力としての視覚や人間を理解する方法としての視覚のもつ意味が大きいなどの考え方をもつ新プラトン主義の思想に後押しされて形成されたものである。中世びとが生きた世界の認識では、非有体の存在は人間にとって馴染みのある存在

(48) 誕生時など、特定の時に東の地平線にかかる黄道上の位置。

であり、神学や民衆文化でも認めるその霊的能力に対しては、ある程度まで対応することができると思われていた。中世びとは、これらの非有体の存在と無生物の物体を人事に影響を与えるために利用することができると考えて、日常生活のなかでさまざまな魔術をつくり上げたり、オカルト的な防衛策や占星術に頼ったりしていたのである。

しかし、「魔法にかけられた世界」にはもう一つの領域があった。それはまさにこのような現世観を助長し育んできた領域、すなわち「幻視的想像力」という領域である。映像《ヴィジョン》は既知の世界と不可知の世界、発見可能なものや啓示されたものの間の断絶を消し去ってくれた。そして、多元的な現実を結びつけ、見えない世界を見えるようにしたのである。すなわち、隠されていた真理の姿を明確に示したのである。

第2章

幻視的想像力《ヴィジョナリー・イマジネーション》

『世界の様相』に登場するメソポタミアの修道士たちは、何年ものうんざりする旅の末、ようやく目的地から二〇マイルほどのところまで辿り着いた。そこは、まさに天と地が接する地点だった。しかし、せっかくここまでやって来たというのに、彼らは目的地に到達することを断念した。夢《ヴィジョン》による緊急警告を受けたからであった。

修道士たちが直接その夢を見たわけではなかった。彼らをもてなした聖マカリウスが、夢でこれ以上旅を続けないようにと警告されたのである。修道士たちはその警告を真摯《しんし》に受け止め、帰途に就いた。もちろん、この夢の挿話のおかげで、語り手は天と地が接する地点そのものについては語らずにすんだ。しかし、夢が物語の仕掛けだったとしても、中世の読者がなぜ夢を真実だと信じたかということまではわからない。

夢を真実であると信じるのは、幻視的想像力が中世びとの意識のなかでは中心的役割を果たしていたからである。中世の人々はものを見るとき、視覚について特殊な習慣が作用する傾向があった。つまり、魔法にかけられた世界を現実と理解したのである。言い方を換えれば、特殊な条件下で形のない人の群れを垣間見るとき、彼らはそれを本物の人々であると信じる心性があった。そのため、彼らの視覚による理解は質的な影響を受けた。中世の人々の視覚はわれわれとは本質的に異なっていた。彼らは我々が見る以上のものを見ていたのである。

そのうえ、中世びとは、見たものに対して現代人とは異なる反応を示した。仕立て屋のスノーボール同様、この種の変幻自在な亡霊にいきなり遭遇したら、並の現代人ならばおそらく、例外なくどうしようもない恐怖に呆然とするだろう。そして、超自然的光景そのものより、現実認識が打ち砕かれたことで一層困惑したことであろう。中世びとにとっても、形をもたない何かが現れることは恐ろしいことではあるが、そのこと自体が彼らの知覚の根幹そのものを揺るがすことはない。仮に揺るがしたとしても、中世びとは、それをこの世を見る見方に何らかの示唆を与えるものとして受け止める感性があった。現代の辞書的知識によれば、ヴィジョンというのは、神秘性、不合理性、オカルト、非実用性、狂気と結びつくものである。現代的視点に立てば、ヴィジョンを見る者とは存在しないものを見る者のことであり、そのような者が見る事柄は現実とは乖離している。しかし、中世時代ではヴィジョンが現実を規定するのである。

このようなわけで、現代と過去の知覚の実態は異なる。現代人が中世びとの知覚を共有しようとしても、これは基本的に不可能なのである。両者を隔てる障壁が現実世界で実体をもつことはない。しかし、少なくとも、障壁があると認識することはできる。中世という過去の時代を理解しようとすれば、ある知見と折り合いをつけざるを得なくなる。ところが、その知見とは現代の教育がほとんど信用できないとして切り捨ててきたものなのである。中世時代におけるヴィジョンに対する想像力は、合理的精神に拠って立つ歴史家にとっては、長らく厄介で困惑の種でしかなかった。しかしそれは、中世時代には異常などではなく、ごくありふれたことだった。超自然ではなく、自然で当たり前のことだった。これこそが、筆者が魔法にかけられた世界といった教化的幻影を見せるレンズの一番はっきりした特徴である。

中世時代という過去はヴィジョンに満ちている。異常な物体の出現、すなわち自然物の異常な現れ方、目に見える前兆、死者からの夢によるメッセージ、神や地獄からの警告、知的啓明、未来のヴィジョンなど、肉眼による視覚を補うものが至る所にあった。年代記作家は、ヴィジョン体験者の奇跡的出来事を綴る。彼らの記す歴史的記述には、そうした出来事が模様のように織り込まれている。年代記には、形のない物体や物質界では不可能な出来事についての記述があふれている。ヴィジョンを用いた比喩は、さまざまな折に記される正式な書式のなかにすらみられ、これはありふれた修辞的技法であった。寓喩や黙示文学のなかで現実として描かれるさまざまな出来事は、一二、一三、一四世紀の人々にとってはごく馴染みのあるものだった。

だが、これらの資料が提供しているヴィジョンに対する想像力について、無理に類型的な分類を当てはめようとすれば誤謬に陥る。というのは、ヴィジョンの真実性を証明しようとするのでなければ、中世の人々は受け止めたヴィジョンを分類するようなことはしなかったからである。しかし、予言的幻視と、日常生活のなかで肉眼が見がちな、似て非な

（1）（ルカ2：21）誕生後8日目に律法に従って割礼を受け、イエスと名づけられた。1月8日、祝日。

（2）聖アルバヌスの下に匿われていたとされる修道士たちのこと。ジェフリー・オブ・モンマスによってそう呼ばれた。

るものを事実を歪めることなく区別することはできる。また、このいずれも、精神に啓《ひら》きを与える、あるいは浄化するという特性と識別することができる。中世の思考においては、この啓《ひら》きあるいは浄化は、さまざまの形で繰り返し起こったものである。

一三世紀の年代記は次のように語っている。

主の割礼の日(1)の真夜中ごろ、月の満ち欠けでいえば八日目のことであった。蒼穹には星が散りばめられていた。大気はまことに穏やかだった。そのとき、空に現れた。言葉では実に見事なとしか言いようのない、大きな船の形をしたものが。形の美しい、際立って珍しい設計と色をした、船の形をしたものが現れたのだ。祝日を祝うため聖アンフィバラス会(2)の宿舎に滞在していた聖アルバヌス会(3)の修道士たちは、この幻のようなものを見た。彼らは朝課(4)の祈りを唱える時間かどうかを星で知ろうと、じっと空を見ていた。すぐに屋内にいる者に呼びかけた。それで、仲間もほかの者たちも突然現れたすばらしいものを見たのだった。その船は、長い間そこにいた。まるで絵に描かれているかのように。本物の板で建造されているかのように。やがて少しずつ形が崩れ、消えた。結局、それは雲だったのだろうということになった。とはいえ、実にすばらしく驚くべき光景であった(*1)。

(3)聖アルバヌス（304年頃没）はイングランド最初の殉教者。聖人。異教徒であったが、ローマ皇帝に追われていた司祭を匿い、その感化によって改宗した。そのため捕えられ処刑された。殉教を追悼し、400年頃には祠堂が建てられ、ベネディクト修道院も建立され、セント・オールバンズと名づけられた。

天空に船を見た修道士たちは、文字通り正確に時を計算するため、つまり時刻を知ろうとして星を見ていた。異常なものを求めて眺めていたのではない。にもかかわらず、星や雲以上のものを見た。船とおぼしきものを見たのである。幻の船などではなく、堅固な木材を使い、色まで塗られた、「板で建造されている」船である。それは、象徴的な幻影などではなかった。特別な意味やメッセージを伝えるものではなかった。だから、時がたつと雲のように崩れて消えた。しかし、彼らは目にしたものが船ではなく雲であったという結論にいたっても、なおそれは「すばらしく驚くべき」雲であるということで一致したのである。

修道士たちには、普通ではない特別なものに遭遇したいという強い気持ちはあったが、そのために自分たちが見たもの、とても普通とは思えない雲の形体について、もっとも自然な説明を下す判断力まで失うようなことは決してなかった。超自然的なものを受け止めることに馴染んではいたが、それに目をくらまされて、ごく自然で当たり前の可能性まで見失うということは確かになかった。とはいえ、彼らが疑い深く、超自然的次元での可能性を受け入れないということでもなかった。これが筆者のいう、「それ以上のことを見る」ということの意味である。当時の人々が知覚する領域は現代人よりも広く、現代人が知覚する以上の可能性を受け入れる。そのようなわけで、想像できないからという理由で、どのような可能性であれ、その可能性をすべて放棄するということはなかったのである。

（4）聖務日課（毎日定められた時間に歌い唱える詩編、賛歌、祈り、聖書朗読、霊的読書の組み合わせ）の最初の定時課。真夜中を過ぎたのち の早朝、2～3時頃に歌われた。

この世の現象に奇跡の可能性を認める感性は、アニミズム的傾向とともに中世びとの思考形態の大きな特徴である。彼らの思考に従えば、自然界は超自然的現象を通して、折々に真理を生みだす場である。彼らはその確信のもとに自然界を見守り、真理を問い続けているのである。この挿話の場合、常識的な説明も超自然的な説明もともに妥当といえるだろう。

『ウェールズ旅行記（***Itinerarium Cambriae***）』のなかでウェールズのジェラルド(5)は、「ブレケイノイ」あるいは「スリン・サヴァダン」と呼ばれるヴィジョンが現れることで有名な魔法の湖について書いている。それによれば、この湖はときには緑色になり、またあるときは「朱に染まる。全体が染まるのではなく、まるで、一部、静脈か小さな水路から血が流れるように染まる」。その湖近くに住んでいる人々は、ときどき、水面から建物や牧場や庭が立ち昇ってくる光景を見た。また、湖が氷に覆われたときには、なんとも不思議な物音が聞こえてくるのだった。

冬、湖が一面に凍りつき、湖面が氷殻になったとき、湖では身の毛もよだつ音がする。まるで、多くの動物が集まって苦しみ悶えて咆吼《ほうこう》しているかのような。しかしこれは、五官には知覚できないが、おそらくは、氷の殻が突然に割れて、その微細な隙間から空気が徐々に噴出していくことによるものであると思われる。(＊2)

（５）（1146～1223）南ウェールズ生まれの聖職者・歴史家。

雲の船の場合と同じように、物音に対しても、自然現象的な説明とともに少し想像を働かせた説明が与えられる。しかし、ジェラルドはどちらが正しいとは言わない。つまり、ヴィジョンを望む強い熱意に突き動かされて、注意深い観察を無理にゆがめて決着をつけるというようなことはしないのである。むしろ熱意は、さらに注意深く事象を観察する方向に作用する。

ウスターのジョンは、一一三〇年二月、ヘレフォードの天空で、さまざまな人々に目撃されたあるものについて非常に詳細に記している。「夏至に、尋常でない輝きが日の没する方向、太陽が傾く地点あたりに」現れた。その中心には屋根の形をした雲が、矢のように流れる三角形の光を滲み出させていた。それは、「満月の色、そして輝く炎の色に彩られていた」。それから、平らな板が雲の上に浮いたまま、まず雲そのものを光らせ、次に北の空の下方一帯を光らせた。近くで見ていた者はそばにいる者に呼びかけた。だが、光はすぐに薄れ、やがて光り輝く痕跡が見えるだけとなった。年代記作家は次のように締めくくっている。

> ヘレフォードの村の聖グスラク[(6)]教会の司祭、羊飼い、それからブレコン城の門衛がこの光景を見た。私は、彼らの言葉を書きとめた。キリストの恩寵がわれらを救わんことを。[(*3)]

（6）イングランドのメルシア王エセルレッドの兵であったが、24歳のときレプトンの修道院に入る。2年後、ウェランド川沿で厳しい生活を営む。714年に帰天。

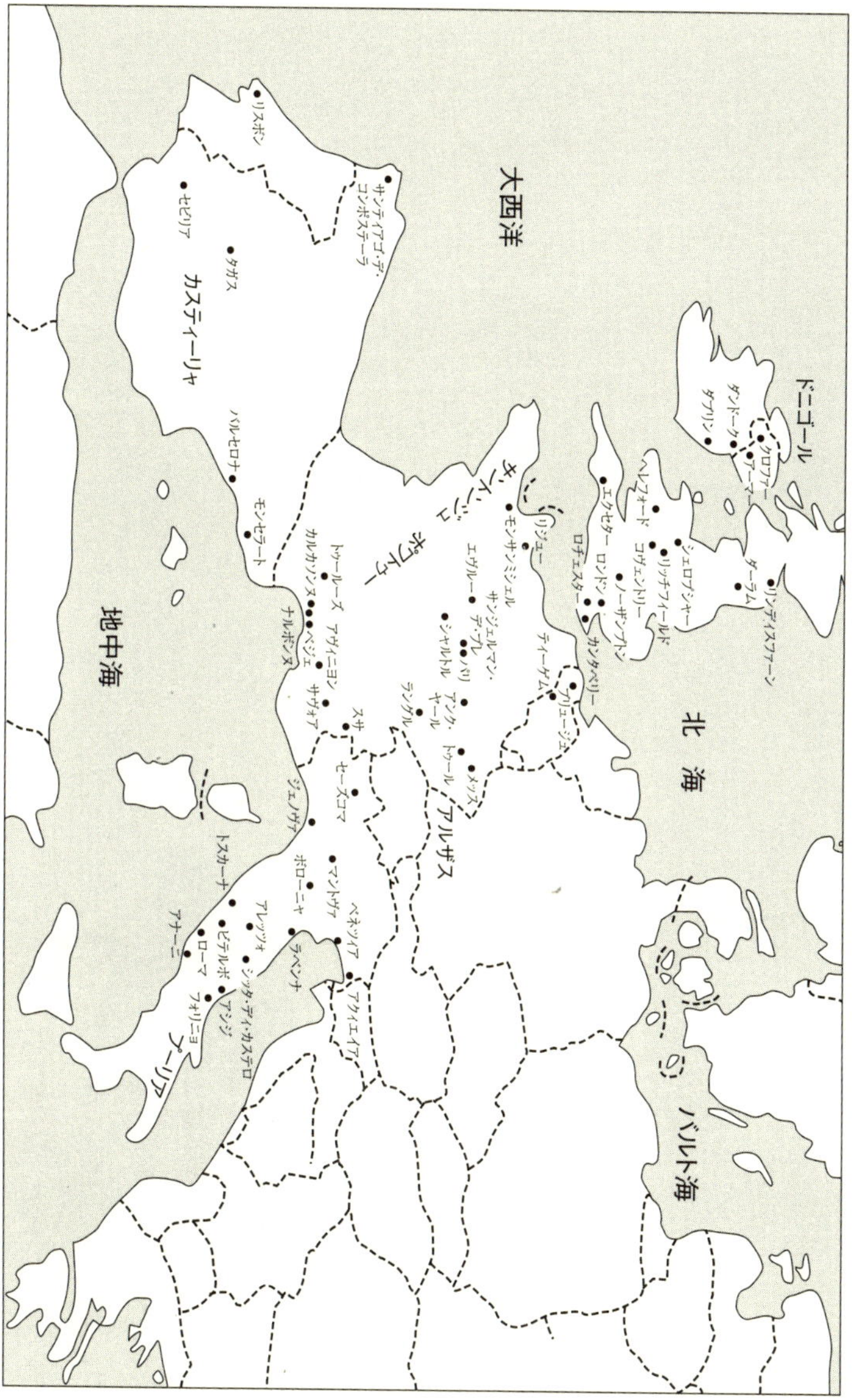
大西洋
地中海
北海
バルト海
カスティーリャ
リスボン
セビリア
タガス
サンティアゴ・デ・コンポステーラ
バルセロナ
モンセラート
ドニゴール
ダンドーク
ダブリン
クロファー
アーマー
ヘレフォード
エクセター
ロチェスター
ロンドン
コヴェントリー
シェロプシャー
リッチフィールド
ノーザンプトン
カンタベリー
ダーラム
リンディスファーン
ティーゲム
ブリュージュ
リジュー
モンサンミシェル
エグルー
サンジェルマン・デ・プレ
パリ
シャルトル
ラングル
トゥール
メッス
アルザス
ポワトゥー
トゥールーズ
カルカソンヌ
ナルボンヌ
アヴィニヨン
ベジエ
サヴォア
スサ
ジェノヴァ
トスカーナ
ボローニャ
マントヴァ
ベネツィア
ラベンナ
アクイレイア
アレッツォ
ビテルボ
ローマ
アナーニ
シッタ・ディ・カステロ
アシジ
フォリニョ
プーリア

〈ヨーロッパ主要地名図〉

この記録は二つの理由で重要である。一つは、非常に詳細に記されていることである。このヴィジョンの記述は、本書で要約したものよりかなり詳しい。もう一つは、このヴィジョンは特別の意味があるわけでもないのに丹念に記されていることである。光り輝く屋根状の形、雲、そして広がる光が何かの前兆、超自然的なことの現れ、あるいは神の徴《しるし》と説明されたわけではない。しかし、これを見た者はこれらの意味のうちのどれかかもしれないと信じたゆえに、その形をじっと見つめ、その形が変わったことに注目し、見たことのすべてをあとで記したのである。

十字軍の騎士

ヘレフォードのヴィジョンの逸話で留意すべきことは、イメージの受け止め方の質である。彼らは視覚がとらえて引き起こす感興をおおらかに受け止める。その受け止め方ができたからこそ、中世人の視野ははるかな広がりをもつことができた。年代記作家によれば、ヘレフォードでヴィジョンを見た者たちは、その奇妙な形に「呆然自失となるか恐怖」を感じたという。しかし、彼らにはまた期待感もあったに違いない。なぜなら、ほとんどのヴィジョンには重要な意味が込められていたからである。正しい意味を知るかそうでなくとも気をつけていれば、危害に対して前もって警戒するなり、災害を防ぐことができる。しかし、気をつけていなければ致命的な運命に見舞われるかもしれない……。

第二回十字軍の一部隊として、ムーア人支配下のリスボンに派兵されたキリスト教徒の騎士軍がいた。彼らは遠征の間、勝利の保証をはっきりと目で見たいと熱心に求めた。船がタガス（現タホ）に入港したとき、ようやくその徴《しるし》が現れた。

空にすばらしい前兆が現れた。見よ、ゴール(7)の方角からわれらとともに動いている大きな白い雲を。この雲は、大陸からやって来るもう一つの黒く汚れた大きな雲にぶつかった。左翼の雲と密集体勢を形成し、戦場で整然としかれた線形体勢をとったかのような形になった。信じられないほどの凄まじい勢いで二つの雲は衝突した。ある雲は右翼左翼で小競り合いでもしているかのように攻撃し、それから線形体勢のところまで飛びのいて後退した。また、ある雲は活路を開こうとほかの雲をとり囲んだ。また、別の雲はほかの雲間をまっすぐに切り分けて進んだ。すると、敵対していた雲は蒸気のように消えて空《くう》となった。ある雲は下方へ押しつけられ、今はほとんど水面に触れんばかりだった。また、ある雲は上方へと押し上げられ、今は蒼穹のただなか

（7）ゴール階地層のこと。恐らく、イギリス南部の方角。

にあって視界から消え去ろうとしていた。

　ついに、われらの方角から大きな雲がやって来て、大気を汚していたすべてのものをすっかり運びさり、天空のこちら側は完全に清浄な紺碧の空となった。大陸からやって来た敵方の雲はみな押しやられた。まるで、勝利の女神が目前の戦利品を追いたてているかのように。わがほうの雲は、その間ずっと制空権を掌握していた。敵方の雲はすべて文字通り雲散霧消するか、散り散りとなって町のほうへと逃走しているかに見えた。われらは、みな叫んだ。

「見よ、われらの雲は勝利した！　敵は混乱に陥っているぞ。主が逃走させてくださったのだ！」

　やがて嵐は静まった。しばらくして、その日の第一〇時（午後四時頃）に町に到着した。そこは、タガスの町の門からさほど遠くなかった。(＊4)

　十字軍の騎士たちは、我が身の運命を知りたがり、嵐を視覚による戦いの寓喩《アレゴリー》にしてみせた。つまり、渦巻く嵐の雲に騎士や軍隊の動きを重ねて見たてたのである。この種のヴィジョンは、実のところ占いに近い。並外れた驚くべき光景そのものを見ているのではなく、ヴィジョンによって働く想像力を駆使し、人間の未来について何らかの類型を自然界から読みとろうとしているのである。

(8)（1120頃～1180、在1137～1180）フランス王（若年王）。アリエノール・アキテーヌと離婚したが、彼女がヘンリー２世と再婚したことから、フランス南東部がプランタジネット家の支配下に入ることになった。

(9)ルイ７世の十字軍遠征記を著した人物。

第二回十字軍のときのことであった。ルイ七世(8)の軍勢は先頭に王をいただかずに行軍していた。あるとき、彼らは王が危険にさらされているのではないかという結論にいたった。それは、嵐に渦巻く雲を見たときと同じ推測の結果であった。「その日のほとんどの間、半ローフのパン状の太陽」を見て、ドゥイユのオド(9)はこう記している。彼らは、「ギリシア人が裏切り、王の栄光がいくぶんなりとも奪われた」状態にあるのではないかと恐れたのであった。

戦いの結果が問題となるとき、ヴィジョンによる予知を強く待ち望むというのは、確かにわかりやすい。しかし、そのような場合だけではなかった。ヴィジョンによる救援策というのは、いかなる難局に対応できるものであった。ヴィジョンは、難局にも平時にも現れる。警告、説得、勧告を与える種々のヴィジョンは、非常によく理解されていた。これは、中世時代の現実における多様な次元を結び、特別な伝達を可能にするネットワークであった。

クリュニーの修道院長、尊者ピエール(10)は、ローマ教皇庁に滞在しながら、彼が依託されている修道院の業務にあたっていたことがある。あるとき、睡眠中にヴィジョンが現れた。クリュニーで先ごろ亡くなった副修道院長であるギョームが彼の面前に現れたのである。以下、二人の間で交わされた会話である。

(10)（1092頃～1156）クリュニー修道院長。12世紀の修道院・文芸ルネサンスに影響を与えた。クリュニー精神を擁護し、改革を始めた。アベラールに有罪を宣告し、かつ調停した。キリスト教会における相談役・文通者として重んじられ、「尊者」と呼ばれた。

ピエール　ごきげんよう、いかがでいらっしゃいますか。
ギョーム　たいへん元気にしております。
ピエール　神様にはもう会われましたか。
ギョーム　はい、いつもお会いしております。
ピエール　たしかに、真のことでありましょうか。神様について私どもが信じていることは。そして、私どもが真理であると信じている信仰は。何の疑いもないものなのでしょうか。
ギョーム　これほど真実なこと、確かなことはほかにはありません。
ピエール　あの噂、世間で言われていることは誠でありましょうか。つまり、あなた様がご存知の者たちの手にかかったというのは。
ギョーム　確かに、本当のことです。

クリュニー修道院

ことの真実を確かなものにしたいと思い、以上の会話はすべて二度以上繰り返された。
それからギョームは消えた。
先の、聖マカリウスが報告した地の果てに至ろうと旅をした修道士たちの見た夢の記述と同様、ピエールの夢も、特別の目的、すなわち副修道院長を殺すという悪事を公表するために保存された。しかし、この記録はそれ以外のことも伝えている。すなわち、ピエールが受け取ったと確信している啓示――あるいは少なくとも、起こったと考えているその会見――がどのようなものであったかということが記されているのである。亡霊に尋ねた四つのうちの三つの質問は、副修道院長を殺めた者とはかかわりがない。キリスト教信仰が真実であることを証明しようと意図された質問である。死後のギヨームの慰めと心の状態、神を見る能力、神学的真理の証言、これらがピエールの疑問に対する答えであった。彼の答えは、現世の人間の能力を超えた確信に裏打ちされている。

現代人は、このような出来事は現実世界から程遠い領域にあるものと考えるが、中世びとはそれを現実の中心にすえる。現代人は、ヴィジョンのもつ畏怖の念を起こさせる意味をたやすく認識することはできない。中世びとにとってヴィジョンは、確かであればだが、真実を伝える逃れようのない最終的な仲介物である。ヴィジョンを見る者は、どのようにして本物の啓示と悪夢を、神の教化と悪魔の幻惑を見分けるのだろうか。古い時代のヴィジョンの理論をよく知っている学者は、マクロビウスの夢の分類と、よく引用されるアウグスティヌス(11)の視覚の段階に関する理論に向かうだろう。『スキピオの夢』の解釈のなかでマクロビウスは夢を五つに分類し、次のように定義している。

(11)（354〜430）ヒッポの司教。ラテン教会の４大教父の一人。聖アンブロシウスによってキリスト教徒に改宗。キリスト教神学者、哲学者として最もよく知られる。『告白（*Confessiones*）』、『神の国（*De civitate Dei*）』などの著書がある。

・不可解な夢　Somnium（ギリシア語の oneiros）
・予知夢　Visio（ギリシア語の horama）
・神託的夢　Oraculum（ギリシア語の chrematismos）
・悪夢　Insomnium（ギリシア語の enypnion）
・幻影　Visum（ギリシア語の phantasma）

このうちの「悪夢」と「幻影」は、夢を見る者の心にその源がある。「悪夢」は、日々の心配事や望みを映しているにすぎない。「幻影」は「眠りの最初の雲」のなかで、まどろみと目覚めの間でとらえられた精神がごまかされて現れる。しかし、「神託的な夢」、「予知夢」、「不可解な夢」は未来を予言するときの助けとなり、行動方針に決定的な導きを与える。神託的な夢は、尊者あるいは聖職者（あるいは異教の神）がこれから起こるはずの出来事を示し、夢見る者に、それに対してどう備えたらよいかを助言する。「予知夢」は、未来そのものを垣間見る。「不可解な夢」は、何か特別なメッセージは伝えられているが、「奇妙な形をしたものの陰に隠され、曖昧さというヴェールに包まれている」ため、その意味が不明なのである。

マクロビウスの一覧表は夢についてであり、ヴィジョンについてではない。覚醒したまま見る啓示については何も説明されていない。そのうえ、神々は彼の扱う範疇から排除されていないまでも、宗教的な啓示については遠まわしにしか触れられていない。彼の構想では、精神にとっての真実は夢を扱う際の第一の対象ではなかったのである。大事なことは、マクロビウスは夢による情報は信頼しがたいということを承知していたということである。彼は次のように書いている。

すべての前兆と夢はある一つの規則に従っている。すなわち、その告知、あるいは切迫した不幸についての威嚇や警告は常に曖昧であるということである。したがって、ある場合には警告によって窮状を乗り越えることができ、ある場合には懇願や和解で避けることができる。しかしなお、ときには、いかなる技や力によっても追い払うことも避けることもできない。(＊6)

ヴィジョンによって伝達された内容に対するこの運命論者的な姿勢には、神にも憐みがあると考える余地はほとんどない。しかし、マクロビウスの夢の分類は、場合によってはキリスト教の見解とは対立しているにもかかわらず、中世の思想家たちによってあますところなく繰り返し引用されてきた。

しかし、これを聖書のヴィジョンによる教えにあてはめようとすると、マクロビウスには欠けているものがある。コリント後書(原注1)のある一節の解釈のなかで、アウグスティヌス

（原注1）具体的には「コリントの信徒への手紙2」の12章2～4節の部分。アウグスティヌス『創世記逐語解（*De Genesi ad litteram*）』の第12章を参照。

はマクロビウスの説を補い、ヴィジョンについて理論的な公式を与えている。アウグスティヌスは、「楽園にまで引き上げられ」、「第三の天に」置かれた人間について語っているパウロ(12)の言葉を解釈し、第三の天とは人間の視覚にある三種類の機能のことであると説明している。

・肉眼による視覚（Visio corporealis）――肉眼による知覚を通して霊的なものを見ること。
・霊的あるいは想像による視覚（Visio spiritualis あるいは imaginativa）――夢で見るように、霊的なものを形として見ること。
・知的視覚（Visio intellectualis）――霊的なものや映像をもたない概念を直観すること。

マクロビウスは、それぞれの夢について質的な判断はせずに、ただその視覚的な長所を定義した。だが、アウグスティヌスは、三つの明確な序列をもった視覚の機能として考えた。前に位置するものほど感覚的である。彼は理論的帰結による段階を公式化したのである。その理論によれば、視覚が明晰さを増すのは、真理をどれだけ認識できるかということによる。新しい筋立てで視覚を見なおすならば、マクロビウスの夢の分類は、アウグスティヌスのいう第二のレベルの視覚に従属する。それは、霊的視覚と呼ばれている。この新しい枠組みで何より大きな特徴は、人間の視覚が新プラトン主義で創造のモデルについて述べられている視覚と一致するということである。それによれば、霊魂または霊的視覚

(12)（紀元前後～60頃）キリスト教を世界的宗教にする端緒を開いた伝道者。激しいキリスト教迫害者だったが、復活のイエスと出会い、キリスト教徒となった。

の能力は神の幻視的助力を得て、潜在であったものが実在へと成長していくのである。同じように、アウグスティヌスの記すところによれば、人間はこの視覚の力によって物質界を理解し、それによって非物質的存在を知覚する段階へと上り、ついには形のないイデアと神自身を理解するに至るのである。こうして、視覚による知覚は精神的発展の重要な指標となり、視覚そのものが救済の一つの型に統合される可能性をもつことになる。

　アウグスティヌスが視覚を理論化したことによって、ヴィジョンにかかわる想像力にキリスト教的説明が与えられることになった。しかし、それによって、偽りのヴィジョンや妄想という問題を解決するということにはならなかった。神学領域では、この問題に満足のいく解決を与えることは、実際、どうしてもできなかったのである。一三世紀の神学者、アルベルトゥス・マグヌス(13)は、悪魔は占星術の力で視覚を惑わす幻影をつくりだすことができるという一般的見解を受け入れていた。アクィナスは『オカルト（*De Occultis*）』のなかで、黒魔術によって幻影を呼びだすことのできる邪悪な「解体されたもの」、邪悪な力をもつ形ないものについて詳細に記している。

　しかし、中世びとは、人間がつくりだす幻覚については虚偽と真実を判断する術《すべ》があった。超感覚的現象に与えられる権威は大きすぎるゆえに、ヴィジョンに対する非難は避けがたいものであった。つとに知られていることだが、イングランドの王ウィリアム・ルーファス(14)はヴィジョンに対して極度に懐疑的であり、それは並々ならぬものであった。彼は

(13)（1193頃～1280）中世ドイツの哲学者。シュヴァーベンで生まれ、パドヴァで学びドミニコ会に入る。トマス・アクィナスに影響を受ける。レーゲンスブルクの司教となる。「全科博士（doctor universalis）」として知られる。

エドワードIII世

---

(14) (1056頃〜1100、在1087〜1100）ノルマン朝のイングランド王。ルーファスは、顔が赤いところからきた呼称。冷酷な支配によって国民の恨みをかった。

(15) (1312〜1377、在1327〜1377）イングランド王。フランスとの百年戦争におけるイングランドの絶頂期をもたらした。1348年にガーター勲章を創設。

(16) (1292〜1358）エドワード2世の王妃。フランス王フィリップ4世の王女。愛人モーティマーとともに王軍と戦い、王を廃位させ、殺害する。息子エドワード3世の摂政となるが貴族の反感を招く。1330年、エドワード3世のクーデターにより引退させられた。

(17) (初代マーチ伯）(1287頃〜1330）エドワード2世時代の有力貴族。エドワード2世に反逆、脱獄してフランスに逃れ、王妃イザベラの愛人となる。王妃とともにイングランドに戻り、王を廃位し、殺害した。エドワード3世を即位させてしばらく実権を握るが、エドワード3世に反逆し、エドワード2世に対する反逆罪で1330年に逮捕され、絞首刑に処された。

夢を見るのは修道士で、修道士というのはみなそうだが、金銭をほしがる夢を見るものだと言った。彼は、啓示的予知夢の知らせを退けたことがある。教皇庁に届けられたエドワード三世(15)の一通の手紙には、ルーファスのヴィジョンに対する非難を支持している一節がある。そのなかで王は、彼が即位する直前に起こった出来事について説明している。

王妃イサベラ(16)の愛人モーティマー(17)が、イングランドの支配者としてエドワード二世(18)に取って代わった後、エドワードの弟ケント伯はモーティマーに王の生死について問い合わせた。実際にはエドワードはすでにこの世の人ではなかったが、モーティマーはまだ存命であるとの言質を与えた。伯爵はこの言葉を疑い、オカルトの能力で知られている托鉢修道士のもとを訪ねたが、この托鉢修道士はモーティマーからはしかるべく報酬を受けていた。そこで伯爵に対し、「ヴィジョンが現れ、そこに聖人が立たれました。その言葉によれば、王様は本当に生きておいでとのことでございます」と答えた。伯爵はこの知らせに野心をくすぐられ、謀反を企て、そのため反逆者として処刑された。伯爵は、死ぬ前にその裏切りについて打ち明けた。そのことが、エドワード三世の手紙に記されていたのである。

托鉢修道士の裏切りが、イザベラとモーティマーの宮廷から金銭で買われたものであろうとなかろうと、このことは聖職者や教会関係者が幻視《ヴィジョン》による啓示を信じる人々の心を利用していたということを表している。しかし、聖職者自身も同じやり方で利用されていたのである。一二世紀、ある助祭長はローマに行く途上で債権者に行く手をふさがれ、借金

(18) (1284～1327、在1307～1327) プランタジネット朝のイングランド王。1301年、最初のイングランド系ウェールズ君主となる。浪費と愚考ゆえに国政を誤った暗君といわれる。王妃とモーティマーによって廃位させられ、殺害される。

てこう言った。
の廉《かど》で投獄された。ある夜、牢にあって倦み疲れていたとき、主だった債権者がやって来

心正しい助祭長様、どうぞ絶望しないでください。神様が、今夜、あなた様を祝福してくださいました。私はヴィジョンで、あなた様がたいそう立派な地位、高い階位に挙げられているのを拝見しました。それから考えまして、あなた様はきっとこの難事を克服おできになると確信したのでございます。(＊7)

この助祭長は解放され、再び旅を続けた。それまでに残っている借金に加え、法外な費用を払うと約束した後ではあったが……。

無慈悲な債権者がヴィジョンを利用して助祭長をかついだ悪さは不幸というしかない。しかし、神聖さや奇跡を使って人を欺く行為は信仰を危機に陥れることになった。『奇跡論（*De miraculis*）』の序文で、尊者ピエールはこうした板ばさみ的状況を意識し、次のように述べている。

夢も含めて、私がこうした奇跡を語ったとしても、そうした奇跡というものはめったにあることではない。奇跡といわれるものはしばしば偽りであったり、疑わしい場

合がある。しかし、私が語るときは、これらの夢は信頼するにたるものである。

聖人の墓に見られる徴《しるし》と奇跡が真実であるか否かを調査する場合には、大きな注意が払われた。教皇インノケンティウス三世(19)が、センプリンガムの修道士たちから、創立者の列聖を要請されたことがあった。そのとき修道士たちには、「奇跡による証拠というものは、魔術師にだまされるように、時には誤解されやすく欺かれやすいものである」と念を押した。教皇は、司教と二人の大修道院長に、聖ギルバート(20)の徴《しるし》と奇跡とされている事柄について徹底した調査を指揮するため、修道士たちとともにセンプリンガムに赴くよう命じた。

それから、証拠、証人、そして通常の報告や信じるにたる記録を吟味し、聖ギルバートの業績と彼のものとされる重大な徴《しるし》の聖性について、勤勉に調査し、完全な確証を求めるようにと命じた。(＊8)

宣誓して面談を受けた情報提供者には、修道士、修道女、そして平信徒がいた。彼らの証言は封印され、ローマに送られ、そこで教皇庁の審議官が疑わしい点や矛盾がないかどうかを綿密に調べた。六人の平信徒の証人がアナーニにある教皇庁宮殿に出掛け、ギルバートの一生について証言した。彼らが到着してほどなく、ギルバート自身が教皇の夢に現

(19)（1161～1216、在1198～1216）中世最強の権力と能力をもった教皇の一人。第4回十字軍を支持。1214年、ラテラノ公会議を主宰。

(20)（1089～1189）ギルバート修道会創立者。貧者のために学校、治療院、孤児院を創設。また、男女共同礼拝修道院を創設。1202年列聖。

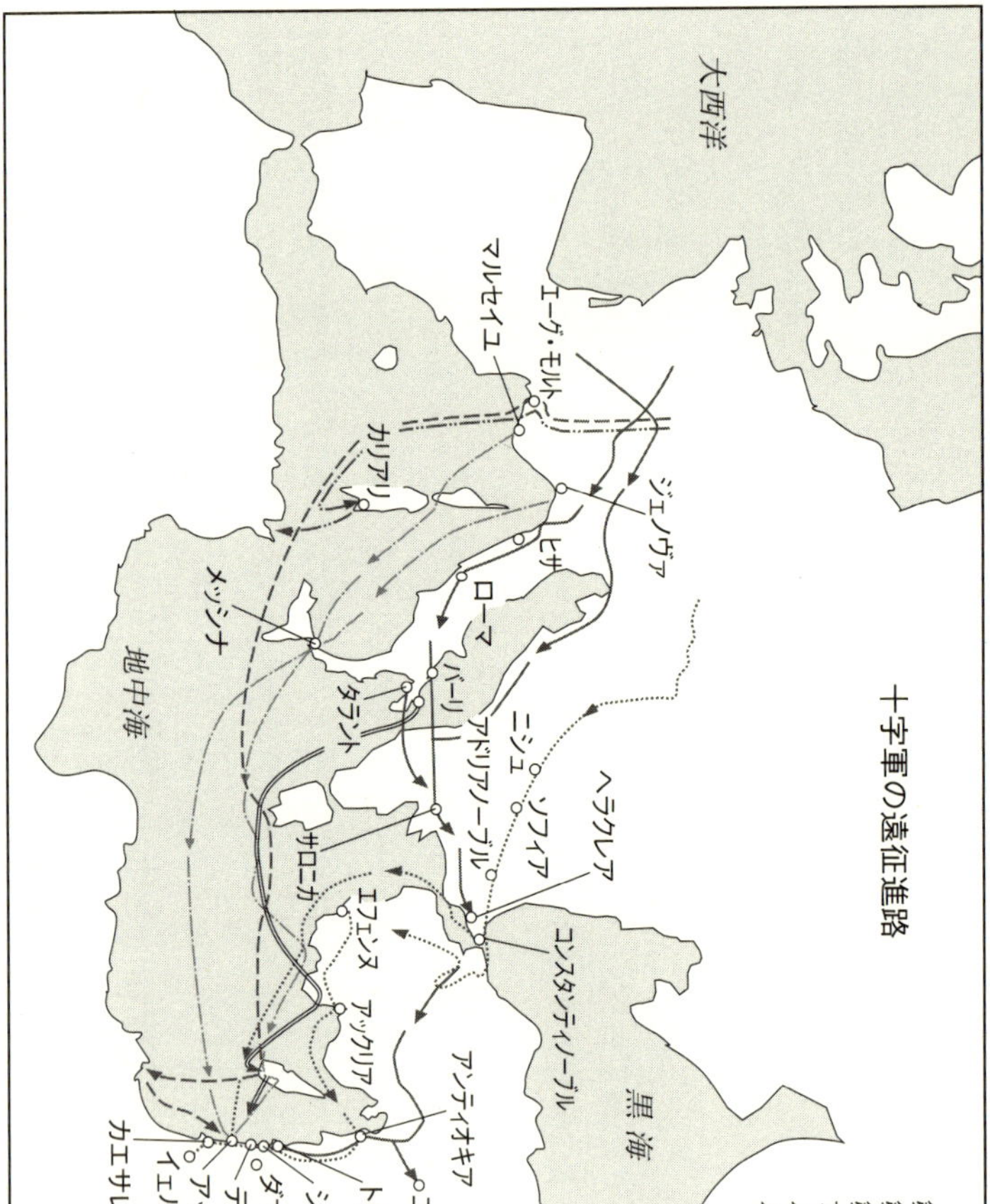
十字軍の遠征進路
大西洋
地中海
黒海
マルセイユ
エーグ・モルト
カリアリ
ジェノヴァ
ピサ
ローマ
メッシナ
タラント
バーリ
ニシュ
アドリアノープル
ヘラクレア
ソフィア
サロニカ
エフェソス
コンスタンティノープル
アッタリア
アンティオキア
エデッサ
トリポリ
シドン
ダマスコス
ティルス
アッコ
イェルサレム
カエサレア
第1回十字軍
第2回十字軍
第3回十字軍
フリードリヒ2世の十字軍
ルイ9世の最初の十字軍
ルイ9世の2度目の十字軍

れた。その後、数日もたたないうちに彼の列聖が宣言された。

異端審問の法廷を生んだ同じ時代に、聖性の証拠が慎重に調査されるというのは何ら驚くべきことではない。ヴィジョンにかかわる想像力がもたらす結果は実に重大であったので、絶対の真正を証明することは是非とも必要であった。リスボンから遠征した第一回十字軍の騎士たちは、非常に熱心に奇跡の徴《しるし》を求めた。しかし、トゥールーズのレイモン(21)に従った者たちが夢によるヴィジョンで聖槍を見つけたとき、ノルマンの騎士たちは捏造を疑い、厳しい試練を経たうえでの証拠を要求した。徴《しるし》だけでは十分ではなかった。彼らが求めていたのはまことの徴《しるし》であり、徴《しるし》を事実として受け入れるためには尋常でない物事に対して懐疑的で批判的にならざるを得なかったのである。

これまで見てきたように、批判的精神は中世的思考に無縁のものではない。一二世紀後半、エインシャムのアダムは、別のエインシャムの修道士が経験したヴィジョンについてこう書き記している。この修道士は、祭壇の前に横たわっているところを仲間の修道士に見つけられた。彼は「明らかに生命があるとは思われない状態であり、体のどこにも動きらしいものは見られなかった」。目は眼窩に深く沈み、彼の両目と鼻は血にまみれていた。ベッドに運ばれ、スパイスと薬草を無理にのどに流し込まれた。胸と腕に湿布をし、足の裏をこすり、針をさし、「部屋のなかで大きな角笛を吹きならしても」ヴィジョンのただ

(21)（1041頃～1105）トゥールーズ伯。ウルバヌス２世の聖地十字軍への呼びかけに応えた最初の領邦君主。1101年、トリポリ伯領を建設。

中にある者を目覚めさせることはできなかった。二日二晩の後、彼は目覚め、煉獄と地獄と楽園を旅した間に見てきたすべてのことをアダムに語った。

似たような話は多いが、エインシャムのアダムの話はことのほか雄弁で説得力があった。にもかかわらず、またヴィジョンを体験している間の修道士が異常な肉体的状態にあったにもかかわらず、多くのエインシャムの修道士は仲間の修道士の話は信じられないといった。一〇年後、コゲシャルのラルフは、『トゥルキルのヴィジョン（***Vision of Thurkill***）』のなかで信憑性を否定したことについてこう弁護しなければならなかった。

十分に吟味されたものでないならば、このような方が、これほどまでに敬虔でこれほどまでに学識のある方が、このような報告を書かれたということは信じられないことだ。何といってもその当時、この方はリンカーンの司教であられたヒュー[22]の礼拝堂付き司祭であり、もっとも敬虔な方であったのだから。ビーナンの修道院長トマスは、当時、エインシャムの副修道院長であられたが、その証拠を綿密に調べ、その後にこれは誓って真実のことであると言われた。このヴィジョンが真実であることは、われらの主イエス・キリストの十字架上の死と同様、決してなんの疑いもないと言われたのである。[*9]

(22)（1140〜1200）フランスのバーガンディー生まれ、カルトゥジオ会修道会士。1179年トマス・ベケットのために建立した修道院の院長となる。

しかし、最後に彼は、「すべての啓示は誰かが疑いをかけるものである」と結んでいる。中世の人々はヴィジョンについて我々とは異なる教育を受けており、かつ彼らが生きた時代のヴィジョンにかかわる特有の環境に伴う付随的結果もあり、それゆえヴィジョンに対する想像力には第三の特徴というべきものが加わることになった。その特徴とは、抽象思考が最高のレベルで完成されるときには特別のヴィジョンがかかわるというものである。知的に啓《ひら》かれるときには、往々にして視覚を妨げるものが取り除かれるという形で起こった。一二世紀、エアドメルス(23)は、『アンセルムス伝（*Vita Anselmi*）』のなかで、この聖人が「瞑想をこれほどまでの高さにいかに至らせるか」について述べている。

彼は神の神性と人間の信仰について、非常に曖昧でこれまで解決することのできなかった多くの問題を洞察し、解明することができた。……彼は全精神をこの目的のために集中させ、信じるところに従い、理性の目をもって、聖書に記されている深い闇の中に隠れて潜んでいると感じる内容を洞察する。それゆえに、この聖人が卓越した方であることがわかったのである。かくてある夜、朝課の前に目を開けたままベッドで横になり、あれやこれやと思いめぐらせていた。昔の預言者たちは、いかにして、まるで現在を生きているかのように過去と未来をともに見つめ、疑問の余地なくそれを言葉で語り、文字に記すことができたのかということを解明しようと瞑想にふけっ

(23)（1060〜1124）イングランドの歴史家。カンタベリーのクライスト・チャーチの修道士。『イギリス新事情史』、アンセルムスの優れた伝記を書いた。

ていたのであった。

必死になってこの問題を解明しようと、夢中になってとりくんでいたときのことであった。彼はじっと壁を見つめていた。そのとき、なんと、教会と修道院宿舎の石造り建築を通して修道士たちが見えたのである。彼らの役目は、朝課の準備をすることで、祭壇の周りや教会のほかの場所を歩き回りながら蝋燭をともしていた……。(＊10)

エアドメルスは、瞑想による神秘的啓明については何も言っていない。瞑想に夢中になっているときに経験した、視覚による啓明について語っているだけである。アンセルムス(24)は、ヴィジョンによって、突然、瞬時に理解できたことを知った。この理解はこれまで経験したことのない、はるかに広く見渡せるものだった。しかもこの理解は、生身の人間のもつ肉眼による視覚で得たのであった。

別のあるとき、アンセルムスは神の存在と属性について系統的に把握しようと真剣にとりくんでいた。後に『プロスロギオン（*Proslogion*）(25)』に著すことになるが、エアドメルスの記すところによれば以下の通りである。

ある夜、朝課の間に、突然、神の恩寵が彼の心を照らし、すべての問題が彼の心には明白になり、心は奥深くまで大きな喜びと歓喜に満たされた。

(24)（1033～1109）カンタベリー大司教。神学者。12世紀のスコラ学を発展させた人物の一人。ウィリアム・ルーファスおよびヘンリー１世との間で、イングランド教会と国家間の論争にまきこまれる。

ここでも、知的に明白になるということを伝えるために、光で照らすという比喩が用いられている。

ロジャー・ベーコンは、エアドメルスが「理性の目」と呼んだものと肉眼による視覚との間には密接なかかわりがあることを理解し、精神的知識について七つの様式を挙げている。理性的思考を通して受け止めることのできる啓明が第一の様式である。これは説明しがたい真理を見る「歓喜」であり、様式のなかでは最高のものである。ベーコンによれば、思想家の啓蒙と神秘家の歓喜は、程度においては相違があるが、第一に特別の心の内なる視覚にその根があるという点で両者は本質に類似している。

ペッカム(26)に加えてベーコンも、中世時代の視覚に関する知識を体系的に扱っている。彼は、ヴィジョンの研究のなかでも「あらゆる哲学の花」であり、人間「特有の喜び」となるものを理解した。あらゆる感覚のなかで視覚だけが差異を認め、学識を得、究極的には叡智に至る道筋を辿ることができる。彼は『大著作（*Opus maius*）(27)』のなかで、視覚による知覚についての精神的寓

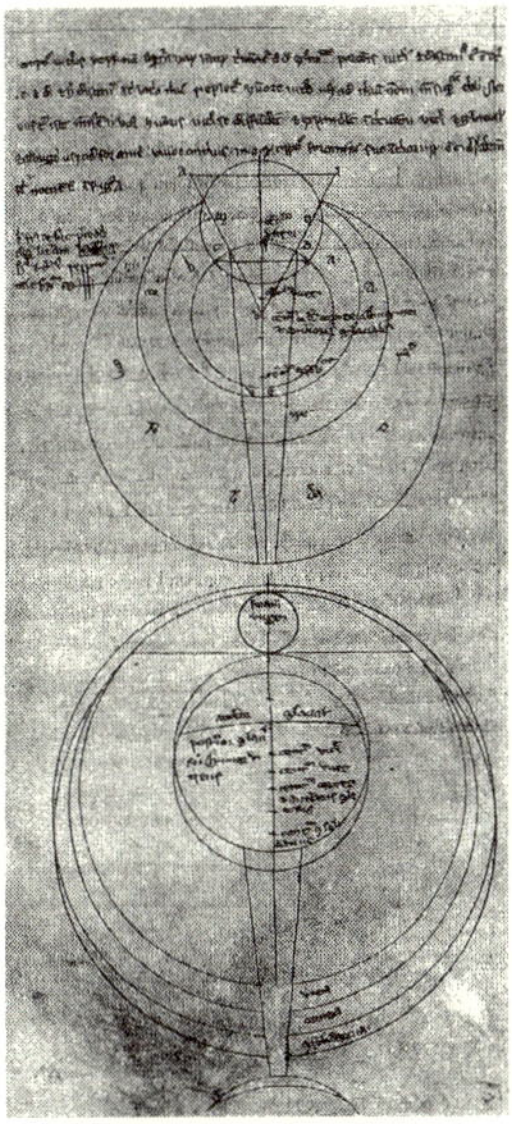

目の図解。『大著作』より

(25)アンセルムスの主著の一つ。1076年、神の観念について述べられていた。
(26)John Peckam（1230頃～1292）カンタベリー大司教。
(27)『大著作（*Opus maius*）』ロジャー・ベーコンによる極めて重要な主著。

喩を詳細に述べている。

ベーコンの言う肉眼による視覚と精神的視覚との間に見られる類似に関する説明は、回りくどく長い上に複雑である。説明の初めに、まず「主よ、われらを守りたまえ。主の目のなかの瞳のように」という語句を用いる。ベーコンはこれについて次のように注記している。すなわち、聖書に多くある視覚の言及の場合と同様に、肉眼による視覚《ヴィジョン》の機構《メカニズム》がいかに霊的理解と対応するかを意識しないかぎり、この語句を正しく理解することはできないと。

眼中には瞳を守る七つの「守護者」がある。二つの体液、一つの網状組織、三つの被覆組織、そして、視神経の領域から発するある種の「気力と迫力」がそれである。この守護者に対応するのが霊的視力である魂の七つの守護者で、それは徳、才能、美、精神的感覚、報い、啓示、そして神の恩寵という賜物である。この守護者は、今度は七つの構成要素に再分化される。ベーコンはこれらすべてを一つ一つ列挙する。徳についていえば、信仰、希望、愛、正義、剛毅、節制、知恵という七つの徳がある。さらに、聖霊からいただく七つの賜物がある。ベーコンは、次に七つではなく八つの美があると述べる。釣りあいを保つために、ここでは八番目の守護者を加える。つまり、目蓋である。

そして、この詳細な類似を徹底的に究明したうえで、次の説明に進む。肉体的視覚と霊的視覚に必要な条件がいかに並行しているかという点についてである。肉眼で見るためには光源を必要とする。魂で見るためには神の恩寵という光に依存しなければならない。肉眼視の場合、見る者と見る対象の間にはしかるべき距離が必要である。魂の目で見る場合、信じる者は神から「しかるべき距離」を保ち続けなければならない。信仰が弱ければ離れすぎ、罪が深い場合、あるいは「自惚れがすぎて馴れ馴れしい」場合には近づきすぎる。最後に、視覚で知覚できる三重の雛形に触れる。視覚による映像は、一つ目は直観によって得られる。二つ目は、屈折を通して得られる。つまり、映像は何らかの媒体物を通過した後に得られる。三つ目は、反射、すなわちもとの映像を間接的に得る。したがって、霊的映像はこれらいずれかの方法で知覚されるのである。

直観によって得られるヴィジョンは神だけのものである。屈折を通した霊的映像は天使のものである。人は生来、霊的映像は反射によってだけ見ることができる。これは、現世の被造物を鏡に映して見るように霊的真理を知覚する能力である。神が直観するのに比べ、人間は反射された映像が得られるだけである。これはさらに、先に挙げた三つの視覚に関する分類に並行する二組の映像に細分化される。神聖な領域に近づく人間は、直観することのできるある種の視覚をもっている。それより不完全な者は屈折した映像を得、もっとも罪深い者は反射によって見る。これを越えれば、視覚の鋭敏さの度合いに応じて人間の神学上の運命が表される。

人間には、三重の視覚能力がある。第一のものは完全な視覚能力で、復活ののち、栄光のうちに与えられる。第二のものは、復活までは天国で身体から離されて魂のなかで保たれる。これは完全な視覚能力より弱い。三番目はこの世の生命のうちにある。これはもっとも弱く、正確に言えば反射によって得られるというべきである。使徒が述べている通り、「われらはいま鏡によっておぼろげに見るだけである。しかし、栄光のなかでは相対して見ることができ」、復活のあとでは完全に直視することができる。それまでは、魂による直観は不可能である。(*11)

フォリニョの聖アンジェラ

ベーコンの至福直観に対する引喩は、議論をその出発点に戻してしまう。つまり、地上の楽園に向かう背後にある、神を見たいという魂の飢餓、魂の希求という問題に戻ってきてしまうのである。人間のあらゆるヴィジョンの頂点には神の完全な直観がある。ヴィジョンにかかわる想像力の養成を正当化するのは、この最高の状態を求める希求なのである。

フォリニョのアンジェラ(28)はこう書いている。

ミサの間、祭壇上で聖変化を通して神がわれらに近づき、神の謙譲と善とが私に降り注ぎました。私はその深遠さを見通そうとしていました。そのとき、魂は歓喜に満ち、聖変化について初めて知的直観が得られたのです。

ある声が魂に語りかけた。キリストの御聖体は、全能の力によって世界中の祭壇に、同時に存在することができる。そのことは、生身の人間の理解を超えるものである。その声は語り続けた。聖書はこの力について詳細に語っている。しかし、これを読むだけでは理解には至らない。神を求める感情が強い者ほどよく理解できる。しかしそれすら、ほんのわずかしか理解できていないのである。その声はこう結ぶ。

「しかし、ある瞬間が来る。そのとき、あなたは光を見る」

アンジェラは言葉を締めくくってこう言った。

「そのとき、私は一瞬のうちに、神がいかにして聖変化なさるかを見ました。そのときをおいて、後にも先にも、このような経験をしたことはありませんでした」

アンジェラの「知的直観」は、聖アンセルムスが瞑想して得た知的啓明の経験に相当する。神学者は、理性を通して理解しようとする。神秘的理解は激しい情緒を通して得られる。いずれの理解についても、起こっているのは特別な霊的知覚だが、それが視覚という言語で表現されている。

(28)（1248頃〜1309）裕福な家に生まれたが、母、夫、息子を亡くし、聖フランシスコの幻視を見た後、家、財産を捨てて苦行生活を送った。

ニコラウス・クザーヌス[29]は、この「知的直観」という語を、言葉で言い表せないこと、すなわち神の本質そのものを表現するときに用いている。『神の直観（*Visio Dei*）』のなかで、クザーヌスは神を「絶対視覚であり、それゆえにすべての視覚はここを源とする」と言っている。神は鋭利さ、素早さ、強さなど、ヴィジョンのあらゆる特質についてすべてをしのぐ視覚、「真の無限の視覚であり……あらゆる比較を超えて完全なものである」。神は創造者として自身の創造を透過するので、すべての視覚にかかわり、同時にすべての視覚の対象となる。神は「見る者すべてによって見られ、見られるすべてのなかにあって見られる対象となり、すべての見るという行為のなかで見られる」。

この思考には、新プラトン主義がいうところの視覚映像の影響が強くうかがえる。したがって、あらゆる存在は神自身の直観の延長線上にあるということになる。この文脈に立てば、至福直観とは神を見ている人間以上のもの、つまり人間の目を通して自身を見ている神といえるだろう。

人間の視覚は、このように、そこに隠れて存在する絶対視覚の存在によって強化される。クザーヌスは、この視覚の論理をイエスの唯一性を説明するために用いた。彼はこう書いている。イエスは、人間のヴィジョンを完全に備えている。ただし、あらゆる人間よりも鋭く完全なヴィジョンである。にもかかわらず、イエスの目は彼以外の人間と同じである。つまり、「機能として限定されており、限界がある」。しかし、イエスは人であり神である。

(29)（1401〜64）15世紀の学者。枢機卿。形而上学的思想と方法論。ギリシア語とラテン語写本の収集家としても有名。

ゆえに、人間の視覚的能力に加えて絶対無限の神としての視覚がある。

あなた様は神として、その視覚で一様にすべてのものをご覧になり、それぞれを、現在するものもしないものも同様に、また未来も過去も同様にご覧になられます。このように、イエス様は人間の目を通して、偶有的なものを見えるものとしてご覧になられます。しかし、イエス様は、また神のもつ絶対視覚を通して物事の本質をご覧になられます。イエス様、人間は常に肉体にとらわれている身でありますゆえに、あなた様をおいてはほかには誰も、物事の実質あるいは本質を見ることはできないのであります。(＊12)

絶対視覚、つまり事物の実質と本質を見る視覚能力はほとんどの人間には許されていない。とはいえ、彼らは中世文化の幻視的風潮には充分に参与していたのである。視覚的に関して想像力豊かな中世びとの習慣のおかげで、彼らの知覚領域ははるかに広げられた。ヴィジョンは情報を与えることによって彼らに導きを与え、信仰を養った。啓明的直観は彼らの理解を明晰にし、そして深めた。中世時代の深遠な真理は、観察力の教育によって理解されることとなった。フォリニョのアンジェラはこう教えている。

私の子どもたちよ、人は見れば愛します。人であり神である方が十字架につけられた姿を見れば見るほど、私たちが見ている方に姿を変えられていけばいくほど、私たちの愛は完全性に向かって育まれていきます。そして、私たちはイエス様の愛を通して変えられるのと同じように、イエス様の悲しみを通して変えられていきます。なぜなら、私たちの霊魂はこの悲しみを見ているからです。
　人は、見れば見るほど多く愛します。人は主の受難を見れば見るほど、憐れみによって、愛する者の悲しみの本体そのものに向けてより多く変えられます。……人が愛によって変えられるように、神と自分自身の直観を通して悲しみによって変えられていくのです。(＊13)

　中世時代には、現実に関するかなり広く多様な概念が識別された。そのなかでもっとも際立つ徴《しるし》は、筆者がヴィジョンに対する想像力と呼ぶところの視覚的傾向である。もし、これらの知覚に関する類型に差異を見つけだすことができるならば、中世生活におけるほかの領域においても、同様にそうした差異を見つけることができない理由があるだろうか。このような差異は、知覚に関する仮説を入念に体系化するという意味では決してない。続く章では、折に触れてそれについても触れるが、中世時代という過去について、よく知られている大きな事件やあまり知られていない事件に光を当てていきたい。

第3章

聖堂参事会員《キャノン》・修道士・司祭

一二世紀の第二四半期に、素性がよくわからないフーゴー・メテルスという名のアルザスの聖堂参事会員が、その時代、もっとも卓越した聖職者を傲慢の罪という理由で叱責を与えるということがあった。彼はクレルヴォーのベルナルドゥス(1)にこう書いたのである。

あなた様の人生は輝く光です。その光は近くを照らすばかりでなく、遠くも照らします。そうです、あなた様は燃える炭のようです。あなた様の言葉は愛の炎を発し、優しさという甘美な美酒のように芳しい香りを放ちます……。

けれども、鶏が鳴いています。眠りから醒めるときがきたのです。……あなた様にはとりわけ謙虚さをおすすめしたいと思います。謙虚さなく徳を積みあげた者は埃しか身につけてこなかったことを知ることになるでしょう。なぜなら、あなた様のような学識、あなた様のような聖性は、嵐のように激しい盛んな意気なくしてはめったに存在しえないからなのです。……そして、人は自分が傲慢であると自覚しないならば、そのこと自体が確かに傲慢なこととなり、傲慢の悲しみなのです。(＊1)

メテルスは言う。

差し出がましくもお教えしようなどというのではまったくありませんが、私はベル

（1）(1090～1153) クレルヴォー修道院長。1112年、シトー会に入る。1146年、教皇エウゲニウス3世により第2回十字軍を勧める任務を与えられた。ピエール・アベラールの著作を断罪するときの指導的役割も果たした。西欧全体の正統思想の闘士で、政治的にも精神的にも大きな影響力をもった。

ナルドゥス様にこう警告申し上げたく存じます。謙虚さがなければ、禁欲も未亡人のそれと同じになりましょう。さらに悪いことに、傲慢な姦婦《かんぷ》のそれと同じになりましょう。

この諫言が記された手紙は、偶然に保存されたわけではない。この世を去る前、メテルスは子孫のために自身の書簡のうち非常に大事なものをとりわけておいた。それを、受取人の名声や中身の重要さに従って並べた。ベルナルドゥスへの手紙は、その束の一番上に置かれていたのである。メテルスは、残した書簡の事情についてこう説明している。

院長様、私がこれを書きましたのは、第一には、あなた様をお讃えしたく存じたからです。第二には、あなた様をお讃えすることによって、私自身をあなた様にお委ねしたく存じました。そして第三には、このことを通して、数多の無名な群のなかで世に知られないままでいる者に光のさすこともあろうかと思ったのでございます。それゆえ、あなた様のような方に思い切ってお手紙を差しあげた次第です。(*1)

メテルスが生きた地域以外で、彼の名はほとんど知られていなかった。しかし、彼には卓越した者の後ろ盾を得て、その光の輪に加えてほしいと望むだけの理由があった。彼自身の言葉によれば、彼は若いときから自由七科(2)のすべてにおいて秀でていた。さらにのちには、ランのアンセルムスのもとでその時代の神学研究の最重要な学府の中心部に修辞学者のティケリンとともに学んだ。要するに、彼は卓越した仲間の一人だったというわけなのである。学生仲間には司教や枢機卿になったコルベルのウィリアム、ヘレフォードのロバート、ブレーメンのティトマー、ランスのアルベリック、レディングのヒュー、アルバノのマッシューがいた。一方、もう一人の才気あふれた同時代人のピエール・アベラール(3)は、その師匠のもとには短期間しか滞在せず、彼独自の道を歩んで名声を得た。

メテルスの手紙の多くには、彼自身の神学的知識が反映されている。修道士ゲルランドゥスに宛てた書簡で、パンとぶどう酒(4)はイエス・キリストの身体と血をただ象徴的を表しているだけだというベレンガリウスの聖変化に関する教義が再び勢いをもち始めていることを非難している。ほかの手紙では、神の予知、教皇の不可謬性、償い、地獄に落ちた霊魂の苦しみを和らげる祈りの効力について論じている。教皇インノケンティウス二世(5)に宛てた手紙では、その言葉から察するに、メテルスはアベラールを読んでいないと思われるが、アベラールの教えをベルナルドゥスもアベラール自身も非難していると記している。そして、別の書簡では平信徒の叙階論争(6)について記し、諸学派の考え方や理論体系を批判している。

(2)中世の教養あるエリートの基礎教育。古典期からヒッポのアウグスティヌスの著作を通して伝えられた。6世紀頃に洗練され、教育の骨組みに形を変えた。「三科（Trivium、文法、論証学、修辞学)」と「四科（Quadrivium、算術、幾何、天文、音楽)」が含まれる。

ピエール・アベラール

---

(３)(1079〜1142) 哲学者、神学者、ナント近くのル・パレで生まれる。クリュニーの修道院で没す。二度の異端宣告を受けるが、パリ大学と中世スコラ哲学への貢献は大きい。神学、哲学の著書のほかにエロイーズとの書簡が有名である。

(４)(1005頃〜1088) 中世の哲学者、神学者。シャルトルのフルベルトゥスに学び、トゥールの修道院付属学校長となる。ランフランクスらとの論争が知られる。

(５)(在1130〜1143) ローマ出身の教皇。助祭枢機卿、教皇特使を経て教皇に選ばれる。対立教皇は、アナクレトゥス２世（1130〜1138）とヴィクトル４世。

(６)教会の自由を巡る争い。この自由はビザンティン世界では皇帝教皇主義によって、また西欧においては中世前期、特にオットー・ザリエル朝では祭司的王権によって、さらに私有教会制度と俗人叙任によって侵害された。その結果、教会の規律が緩み、聖職位を金銭で売買する聖職売買が起こった。

メテルスは自身を「アウグスティヌスの新たな弟子」であり、「アリストテレスの書記（Secretarius）」と名づけているが、実際には学問的好事家であった。嘆かわしいほどの流暢さで言葉を操る作家で、アクロスチック（折句）(7)、謎解き詩、日々の一連の祈りについてあれこれと散文リズムを工夫しては喜んでいた。メテルスは自分を「言葉の狩人（Venator verborum）」と呼び、彼は自分が残したものは傑作であると自信のほどを語っている。だが、メテルスのほとんどの作品は散逸して残っていない。そのうえ、彼の生涯と才能についてはは彼の書簡から知るほかない。地口、修辞的技巧、引用で飾り立てられた彼の書簡は、基本的には無意味な内容のもので、いわば実はないが念入りな模様をもつ殻のようなものである。また、おおかたの書簡には論争も情熱も内省もなく、敬虔な信仰にも懐疑にもかき乱されることのない彼の一生の姿が浮かび上がってくる。彼の書簡では、教会や聖堂参事会員総会の日々の出来事については一言も触れられていない。聖堂参事会員としての彼の宗教的義務は軽いものだったのであろう。平和に満ちた聖職者の生活のなかでは、学び、高名な聖職者に手紙を書いて時を過ごすしか彼の道はなかった。

見たところ、メテルスは禁欲主義者というよりは古典主義者であった。彼はかつて、ある神学者に「生きなさい、心安くありなさい。喜びなさい、振り返ってはいけません」と助言した。とはいえ、彼の信仰は誠実なものであった。レナルドという名の身分の低い聖職者に宛てた手紙のなかでは、やや自己中心的な傾向はあるものの、自分自身を「主の飼

（7）韻文形式の一種。各行頭（または行末）の文字を順序通りに綴ると語・句・文になるように作られた韻文。ギリシャ語の原義は「extreme order」。

葉桶のなかの新しい子牛」と記している。

一二世紀の宗教界には、メテルスのような聖職者は多かった。聖堂参事会員、司教、大修道院長は自分自身が書いたうちでもっともよいと思われる書簡群を書写し、膨大な収集量を保存していた。その書簡のなかで、彼らは義務であるかのように言葉遊びを行い、地位にふさわしい、また彼らが身につけた教育にふさわしい、文体的修飾を施したのであった。しかし、膨大な書簡のなかで、書き手が体裁の優美さや文飾の技巧をいかに駆使しても、世俗や教会の業務の管理運営は絶え間なく続き、その重荷を担っている状況を隠蔽することはできなかった。

メテルスは一〇八〇年ごろに生まれた。彼より年下で同じ時代に生きたリジューのアルヌルフは、聖職者としては次の世代に属する。アルヌルフはさらに膨大な書簡という財産を残した。アルヌルフが保存した手紙のほとんどは個人的なものであるが、絶えず取り上げられるテーマは、教会の管理運営と政策、そして世俗の支配権力と聖職者との関係であった。長い一生の最後まで、アルヌルフは教会の中心近くにあって、重要な職務に携わっていた。一一三〇年、教皇庁が分裂し、それぞれ行われた分裂選挙においてはアナクレトゥス(8)の手ごわい敵方となり、三〇年後の分裂教皇時代には教皇アレクサンデル三世(9)を支持し、彼の貴重な助言者となった。第二回十字軍の間、教皇特使として広範囲にわたって旅を続け、イングランド、フランス、イタリアの各教会の指導者達と親密に連絡をとりあっ

(8)(?〜1138、在1130〜38)対立教皇。ローマのユダヤ系の富豪の家に生まれ、パリに学んでクリュニー修道院に入る。ホノリウス2世没後、教皇として立つ。

(9)(在1159〜1181)ローマ教皇。シエナに生まれる。カノン法(教会法)の法律家として、教会の統制と実務に関する論争を解決。ラテラノ公会議を主宰。

た。尊者ピエールとベルナルドゥスとは知人であった。彼の敵対者も同様に名高く有名だった。そのなかには、ソールズベリーのジョン[10]やトマス・ベケット[11]もいた。

アルヌルフはノルマンの聖職者の家の出で、その生涯と忠誠はイングランド王に捧げられていた。彼は伯父のジョンの後継者であった。ジョン自身は一一世紀後半、相続してセーズの司教となった聖職者の館で修練期時代を過ごした。ジョンはアルヌルフが生まれたころにリジューの司教となり、イギリス王ヘンリー一世の庇護のもとで出世した。彼をノルマンの大蔵省長官にしたのはヘンリー一世であった。アルヌルフは、ジョンの歩んだ道筋に従って出世していった。やがて、セーズの大司教とリジューの司教になった。まもなく今度は彼自身の甥たちを後継者とし、継承の鎖をつなげた。アルヌルフはリジューのジョンとは異なり、ヨーロッパでもっとも名高い学派の教育を受け、三〇歳で世に出て法律と法学の有能な専門家となった。

彼はシャルトル、ボローニャ、ローマ、パリに人脈があり、そのために宮廷では重要な人物であった。そこで、ブロワのスティーブン王[12]は、一一三九年、第二回ラテラノ公会議[13]にアルヌルフを特使として送った。まもなく、続いてリジュー司教区の選挙があった。一一四一年以後はフランスとイングランド双方の宮廷に代わる代わる仕えることになり、しばしば二国間を往復しなければならなくなった。

アルヌルフは法律を遵守する気質であったので、おそらくルイ七世とアンジュー王家[14]、

(10)（1115頃～1180）シャルトル司教。哲学の分野における12世紀ルネサンスの傑出した貢献者であり、人文主義を代表する人物。アリストテレスに言及して論理学についての著書を著した最初の主要な人物。

ソールズベリーのジョン

---

(11)（1117～1170）サリーのマートン修道院。パリ大学で教育を受け、カンタベリー大司教テオバルドゥスに仕えた。1162年、カンタベリーの大司教となる。1170年、ヘンリーから使わされた4人の騎士に殺害され、直ちに列聖された。

(12)（在1135～1154）ノルマン朝最後のイングランド王。ウィリアム1世の孫。1135年12月、ヘンリー1世を襲ったが、従姉のマティルダと争い、内戦となる。

(13)帝国がキリスト教を容認した初期の時代から14世紀初めに至るまで、ローマのラテラノ宮殿は教皇の本拠地。宗教会議、12、13世紀の公会議はここで開かれた。第1回（1123）は叙任権闘争にかかわる問題。第2回（1139）教会分裂を解決、ブレーシャのアルノルドゥスを異端と断罪。

(14)フランスの西部・中央部地域。カロリング時代に伯領となり、10、11世紀に拡大された。ジョフロワ・プランタジネットとその妻マチルダの治下で最盛期。1204年、フランス王フィリップが没収し、1480年、フランス王家に併合された。

ヘンリー二世(15)とベケットの間に立って、仲介者としては最善をつくして主君に仕え、また教会に従った。しかし、論争の常として、相対立する立場をともに正当に評価する者はどちらの側からも好意をもって迎えられないものである。広い知己をもち、長らく執務に励んだが、アルヌルフは孤独であった。助言は求めるものの、ヘンリー二世はリジューの司教に対して友情を示すことはなかった。二人の間に決定的な亀裂が入り、ヘンリーがリジューの司教区を接収したためアルヌルフはフランスに引退した。このとき彼は七〇歳近かった。以後、パリのサン・ヴィクトール修道院(16)にあった宿舎に住み、一一八二年に没した。

一二世紀の聖職者の信仰と才能の輝きを賛美する者にとって、リジューのアルヌルフは利己的で暗愚《あんぐ》に映る。だが、彼は何よりも貴族であり、裕福な日常における趣味の良さ、法律や管理運営における能力に恵まれていた。彼は趣味についても誠実さの点でもごまかそうとはしなかった。一方では、対立関係にある者の和解に成功していながら、もう一方では、争いを生むようなことをしてしまう性格であった。教皇特使として聖地にあったときには、同僚であるラングルの司教と公然と諍《いさか》いをした。地元のノルマンディにあっては、監督領のことでアンジューのジョフリー(17)とヘンリー二世と争った。ヘンリー二世とベケット間の長い反目も終わりに近づいたころ、彼はヘンリー二世に教会と手を携えて大司教に対抗してはどうかと助言した。

アルヌルフの文化に対する贔屓《ひいき》のあり方は、貴族が文化の保護者になるのと同様であっ

(15)（1133〜1189、在1154〜1189）イングランド王。アンジュー朝の祖。1150年ノルマンディ公に、翌年アンジュー伯に、1152年結婚によってフランス南西部の広大な領地を支配。1154年イングランド王位を継承。イングランドにおいて財政、司法、行政の分野で進歩をもたらした。

た。彼はリジューの司教座聖堂と司教館を再建し、町の病院の礼拝堂も建築した。詩人は文芸の保護者である彼に庇護を求め、彼自身が書いた詩もなかなかの出来ばえであった。

アルヌルフは、法律家として、教会の無秩序と聖職者の訓練の欠如という視点から、教会の問題を広い視野で見ていた。彼はまた、聖堂参事会員による新しい修道会を支持した一二世紀の数多い人々のうちの一人であり、彼自身の司教区をそうした聖職者にゆだねられるよう尽力した。彼は、修道会にからむ軋轢に対して、常に効果的にとはいわないまでもしっかりと対処した。そして、世俗的な問題が教会の問題となっていくという事態に対処するためには、教会は自由でなければならないと言葉をつくして述べている。しかし、教会法は厳格に定められていた。したがって、当時の裁量権の範囲で教会が広範囲に及ぶ問題に対応することは難しく、大いに苦慮するところとなった。一一五〇年代の後半、教皇ハドリアヌス四世[18]に宛てて、教皇の放任にも近い寛容さは反逆を助長すると警告している。また、断固として介入する必要であると主張し、次のように述べている。

教皇庁に対するあつかましさが、傲慢に増長することがないよう懸念いたします。何と申しましても、教皇庁に対する軽蔑の種はすでに発芽しておりますので……なぜならば、教皇の御名は、以前はこの地では敬意と畏れをもって崇められておりましたが、いまや醜聞と軽蔑のもととなっておりますので。[*2]

(16) 12世紀の修道院改革における重要な局面を代表する神学の学派。1106年、シャンポーのギヨームによって創設された。

(17) アンジュー家最盛期の伯爵。妃は皇帝ハインリヒ5世の寡婦でイングランド王ヘンリー1世の娘。1144年、ブロワのスティーヴンからノルマンディを奪う。

彼は、別の書簡でこうも述べている。

「理想的な修道院においては、教皇庁から求められた厳しさは、教皇が陪席されておいでであるかのように敬意をもって遵守されるべきであります。地方司教区の権威に対しても、教皇に対するのと同じように、絶対の忠誠が求められるべきであります」

アルヌルフは、悔い改めている修道士を復帰させるようにとの要求を拒んだ大修道院長を罰した。そして、次のように付け加えた。

「司教に対する尊敬の念が軽蔑に変わることがあってはなりません。なぜなら、ご存知のように、キリスト教で不従順は罪でありますから」

ベルナドゥス、アベラール、ベケットといった人々を揺るがない炎にたとえるならば、フーゴー・メテルスやリジューのアルヌルフは、その周りに群がり飛び回るはかない蛾になぞらえられる。しかし、彼らのような、例外的に輝く卓越した者とならなかった人々こそが、一二世紀の教会のおおよその特徴をつくり上げていたのである。学識はあったが、彼らの知識は外にではなく内に、すなわち自身の評判を上げる、あるいは同僚の権利を擁護するほうに役立てられた。自分の手に負えない新しい思想は信頼しなかったし、古い流儀、古い権威を維持することに心を向けすぎていた。メテルスはアベラールよりもアリストテレスに優位性を認め、アルヌルフは新しい権利や習慣を許容せず、伝統的に施行され

(18)（在1154～1159）アポッツ・ラングレー出身のイギリス人。修道院長、司教枢機卿、教皇特使を経て教皇となる。アナーニで、神聖ローマ帝国皇帝フリードリッヒ１世に破門を言い渡した。

てきたこれまでの慣習的な古い法を擁護した。生まれも教育も気質も保守的であり、ギルバート・デ・ラ・ポレ(19)のような瞑想的思想家を審問にかけ、異端の蔓延に驚き、イタリアや南東フランスの教皇分派を痛烈に非難したのは彼らのような人々であった。

メテルスの書簡には、「立場は異なる、しかし反対しているのではない（*diversa, non adversa*）」という言い方が見られる。このモットーはアベラールの常套語でもあり、一二世紀全体の寛容さ、そして真理の発見に対する寛容な姿勢を表している。しかし、このラインの聖堂参事会員メテルスと高名なブルターニュ人アベラールは、自己中心主義という点においてのみ共通していた。このモットーが意味していることは明らかにメテルスらとは異質のものだった。同様に、中世時代の教会の信仰と実践は、何世紀にもわたる何千人もの聖職者の経験や性格によって特徴づけられ、影響を受けたのである。ヨーロッパの教会が吸収し、論争し、教会の伝統として再形成したのは、制度としてではなく個人の聖職者の総体としてであった。個人として見るならば、メテルスのような人々は、教会内の階級が与えた地位にふさわしい明確な特徴を失い、中世社会の教会の背景に埋没し、そこに落ち着き場所を見いだした者たちであった。

なぜなら、卓越した特権的立場にある少数の聖職者は例外であり、それを除けば中世の聖職者は、服装や振る舞いの面でしばしば平信徒とよく似ていたのである。聖職を職とするのは、必ずしも召命《しょうめい》(20)によるからではなかった。多くの司祭たちは司祭の息子であった。

(19)（1076〜1154）シャルトル学派の主要な学者。ポワティエの大聖堂学校長の後、1142年に司教となった。

第4回ラテラノ公会議
マシュー・パリスの『大年代記』の余白挿絵

彼らは父親の生計を受け継いだ。叙階は農奴から解放される一つの道であった。教会法も世俗の法律も、ともに自由民でない者の叙階を禁じてはいたが、いずれの法律もひとたび叙階されれば隷属身分から解放されることを認めていた。おそらく、低位聖職者のなかには農奴の身分で生まれた者も少なくなかったし、そのうちのある者たちは確かに司教にもなっている。同様に、聖職者の身分を抹消することも絶対にできないというわけではなかった。司祭としての聖性の義務から解放されるためには、髪を切り、剃髪を隠し、司祭に叙階され聖別されたときに聖油に指を浸したところまで指先の皮膚をカミソリで剃るということが行われた。

しかし、儀式によって司祭職を認める、あるいは叙免することが可能ということになると、聖職者をその衣によって識別することは必ずしも容易ではなくなる。一二世紀およびそれ以降、聖職者が平信徒のように「多彩色の服装」を身につけることが非難されている。また、一二一五年の第四ラテラノ公会議[21]においては、聖職者が長すぎたり、短すぎたり、あるいは派手な生地の衣服を身につけてはいけない、祭服を身につけたときに刺繍や宝石を施した靴を履いてはいけない、といった訓戒が与えられている。公会議では、このよう

(20) 広義には人生における一定の職業・身分、任務・使命を指す。職業が神の命じる意志と一致し、自己の永遠の救いを求める人生課題の実現であるとする人間の認識を言う。狭義の召命は司祭職、修道生活への招きをいう。

な途方もない衣服は重大な咎である聖職売買にあたると断ぜられた。

　しかし、一三世紀の間を通して、それ以後もそうした衣服をまとう者がいたことを示す証拠は十分にある。一二三七年、年代記作家のマシュー・パリス(22)は、聖職者の服装について「聖職者というよりは、むしろ軍服のような」と記し、もし彼らが回心し、衣服や馬から装飾品を剥ぎ取らないならば、彼らは聖職禄を失うことになるだろうと警告した。しかし、世俗で身につけられていたほかの服装についてもいえることであったが、軍隊調の服装や流行の装飾に対する嗜好があったことは中世後期を通して続いた。一四世紀になっても、イングランドの教会法には、司祭たちが武具を身につけ、つま先のとがった靴を履いたという理由で懲罰が与えられた旨の記録がある。

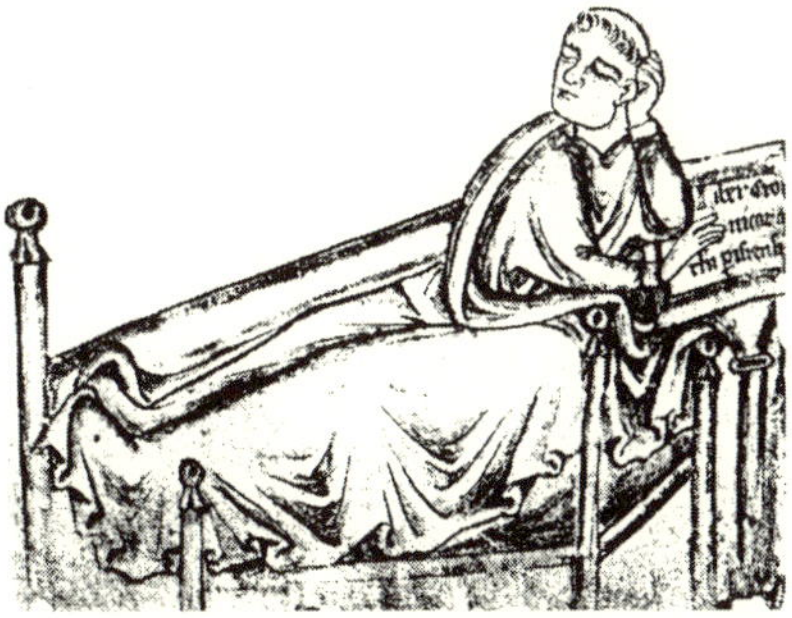
マシュー・パリス

　中世の聖職者の生活は、その経験の幅や個性が驚くほど多様であった。とりわけ卓越した人々については、ほとんどのことが明らかになっている。身分の低い者たちについては、犯罪にかかわるとか、不運な場合を除けばほとんど記録にとどめられることはない。ある名もないような一人の聖職者の名前が、教皇インノケ

(21) インノケンティウス３世が、教義を明確にして異端の制圧に取り組む。
(22) (1200頃～1259) ベネディクト会士。1217年頃、セント・オールバンズ修道院に入る。1248年頃に、ニーダーホルム島のベネディクト会修道院立て直しのためにノルウェーに渡る。

ンティウス三世の書簡に残されている。その理由は、彼が心ならずも人を殺めたという不運な事件を起こしてしまったからであった。もう一人、ライムペールという名前の修道士には、ババリアのサン・ステファノ修道院(23)の年代記に記されている。その理由だが、彼はベッドから蟻を追い出そうとして蟻に火をつけた。ところが「火は藁に燃え移り、あっという間に炎は床に燃え広がった。こうして、教会全体と回廊が全焼した」というわけなのであった。

有力な聖職者は、彼らが存在した証のためにはそれよりも分かりやすい証拠を残す。リンカーンの助祭長であったロバート・ヘイルズは、死に際して数千マルクと非常に高価な銀のカップを残した。ノーサンプトンの助祭長であるホトフプのジョンは、五〇〇〇マルク、三〇の金銀のカップ、そして「たいへんな量の宝石」を残した。

莫大な資産を所有していたほかの聖職者たちも悪名高かった。彼らはミサをあげるよりも、王に仕える方に腕の良さを示したからである。エドワード三世はロバート・ストレットンをコベントリーとリッチフィールドの司教に任命した。しかし、ストレットンが文盲であったため、まずはロチェスターの司教が、ついでアヴィニョンの教皇庁の調査官が、そして最後にはカンタベリーの大司教自身までがこの任命を拒絶した。しかし、王は彼らの頭越しに教皇に圧力をかけた。結局、教皇は「審査することなく」ストレットンを司教に叙階させた。いよいよ、ランベス宮殿(24)に滞在していたエドワード王に対して服従の誓言

(23) 聖ステファノはキリスト教会最初の殉教者。ギリシア語を話すユダヤ人。最高法院での答弁に怒った人々に投石されて殉教したとされている。

をする段になって、よんどころなくストレットンに代わって別の者が誓言を読んだ。「なぜなら、彼には読むことができなかったからである」

もちろん、ストレットンのような者は形だけの聖職者である。彼には、中世のほとんどの聖職者の特徴である政治的明敏さ、封建的忠誠、教会法や管理運営に関する知識がなかった。もし、教会が中世時代のすべてを包含する最大の機構だとすれば、司教団は、教会のすべてを包含し、最大の職務を実践する中枢部であった。中世時代の司教というのは、教会という超国家的な大建築の隅石《すみいし》であった。しかし同時に、司教は、中世の国々に縦横にまたがって世俗の支配権が絡みあう、いわば網状組織の基部であった。とくに、北ヨーロッパでは、司教は霊的支配者の義務と同時に世俗の君主に対する義務を果たすことが要求された。司教は世俗の主君の家臣として封土税(25)を負っており、宮廷に出廷し、騎士として仕えた。領地は、主君の軍隊で主君の側に立って戦うことに同意する者に対して封地として与えられた。よって、司教の館には司教区の聖職者と同様、騎士や農夫もやって来た。

司教が世俗の義務を負っていたからといって、そのことによって司教としての霊的召命職の重要さがなくなるというものではなかった。教会法による裁判を主宰する、宗教会議を指揮する、教会会議で法的制定が行えるよう教導する、あるいは教会法やほかの聖職者との関係について主君に助言する、といった任務を果たすために、司教は法律と神学について十分な知識を身につけていなければならなかった。また司教は、司教区の聖職者の行

(24) 13世紀初にジョン王と諸侯達との間の交渉の場となったが、15世紀にはT・アランデルがリチャードⅡ～ヘンリーⅣの間の大司教として居住した。以降、カンタベリー大（主）司教のロンドン滞在時の館。

動や知識、修道院の教育の監督、大修道院長や修道院長の人選について責任を負っていた。中世時代のほとんどの時期において、列聖[26]も司教の特権であった。聖人を認定する際に教皇権が優先されるようになった後も、司教は奇跡の真偽を認証し、証人から証言を集めるという重要な役割を果たし続けていた。さらに、司教は異端[27]や教義上の誤りを見つけ出し、根絶することも要求され、教会法や教義が成立するときには、会議に参加するためにときどきローマに召喚された。

封建制にとっても修道院制にとっても、不適切な者を司教として任命することは誰の利益にもならなかった。ストレットンのような司教は普通にはないことで、例外である。多くの中世の聖職者たちは世俗的忠誠心が非常に強く、一生を通じて封建貴族としての外観を保ち、そのように行動した。聖職者たちは、聖職に就いた後ですらしばしば領主としての権利を行使し続けた。あるいは、聖職に就く誓願がなされた後でも世俗的権威を享受していた。一三〇六年、アレッツォの司教に任命されたグィド・タルラティは、一三二一年アレッツォの町の領主に選ばれ、以来、市議会を支配する「領主としての人生」[28]を歩むことになる。さらに一層大きな権力を手にして、彼は教皇党に対抗してギベリン党と同盟し、シッタ・ディ・カステロにある教皇の要塞に攻撃を仕掛け、逆に攻撃を受ける結果となった。司教区は分割され、タルラティは破門された。

中世の聖職者は戦場でも際立っていた。司教たちは、あるときは異端に対して、またあ

(25) 封建制の下で、主君が臣下に対し保護義務として授与した土地を下賜される代償に負う軍役義務や封建制付帯義務。

(26) 死後、ある信徒を教会の権限下で聖人と宣言すること。

(27)「謬説」の意味で使われるが、元のギリシア語の原義は選択や分派を意味する。

るときは反教皇派の軍隊に対して宗教的大儀のために戦った。しかし、さらに多くの場合、王と王との、あるいは封建領主の戦に加わった。王や領主に対して聖職者は封建的忠誠、あるいは個人的忠誠をつくす義務があった。百年戦争[29]では、メッスとヴェルダン市の両司教はフィリップ六世[30]に対して戦った。一三四六年のネヴィルのクロスの戦いでは、ダーラムの司教と二人のイングランドの大司教は義務よりも彼ら自身の立場を優先させた。一方、二人のスコットランドの司教は戦場で捕虜となった。

一四世紀、ミラノのある司教は、トスカーナでギベリン党に対して軍を指揮しているとき落馬して命を落とした。一二世紀、あるマインツの大司教は町の党派的暴力に巻き込まれ、一団の徒党に暗殺されたが、彼らの合言葉は「マインゴテ（我が神よ）」というものだった。

好戦的な聖職者たちのなかには、老齢になっても恐るべき兵《つわもの》もいた。アクィレイアのガスコーニュ人で愛国者であるベルトランは、何世代にもわたって世俗の敵に対抗し、自身の権利を防御するために戦った。教会の大祝日であっても、その間じゅう見張りを置いた。ある年のクリスマス・イヴのことだった。八〇歳にもなっていたが、彼は衣服の下に胴鎧をつけ、戦闘用の兜を祭壇の上に置いたまま真夜中のミサをたてた。同じく、戦闘用の胴鎧をつけた司祭たちからなる彼の部隊も、ともに礼拝に与《あずか》ったといわれている。

聖職者は、教皇庁に上ったときも、それまでに身につけた習慣をやめようとはしなかっ

(28) 皇帝フリードリッヒ２世の頃のイタリアの政治用語。皇帝とインノケンティウス４世を支持して対立する党派のうち教皇派に敵対する派。

(29) 中世末期、1337～1453年にイングランドとフランスの間で行われた一連の戦争に対する呼称。

た。マシュー・パリスは、フリードリッヒ二世(31)と教皇庁管区の所有者、つまり教皇との間の長く激しい闘争中の出来事をこう記している。教皇インノケンティウス四世(32)がカステリャーナまで馬で出掛け、皇帝と和平交渉をした。ところが、諍《いさか》いとなり教皇は暴動が起こる前に立ち去ろうと決心した。彼はジェノヴァを目指した。しかし、三〇〇人ほどのトスカーナ人騎士が彼を拉致しようと迫っているとの警告を受け、恐怖に陥った。そこで「最初の就寝の時間がきたとき、教皇用の装飾品を残したまま身軽な武具を身につけ、現金のいっぱい詰まった財布を持って足の速い馬に乗り、ほとんどの随行者が気づかないうちに、突然こっそりと出発した」。

逃走した最初の日、教皇は一人で三四マイルほど進んだ。ようやく海岸に辿り着いたとき、二三艘のガリー船と六艘の艀《はしけ》に迎えられた。そこは、ジェノヴァの長官の命令で召集された武装兵士でいっぱいだった。彼らは海へ出たがひどい嵐に遭い、船足は遅くなり、危険にさらされた。しかし、ようやくのことでジェノヴァに到着した。

教皇が生まれたその町には、家族や縁者が大勢現れた。実際に、教皇の血縁であるという系図上の証拠をくまなく調べられた者たちであった。年代記によれば、「町の主だった者たちはみな、褒美をあてにして教皇の親戚であるとか縁者であるといって自慢した」。彼らは、ジェノヴァのほかの人々とともに教皇を歓迎した。

「鐘を鳴らし、歌を歌い、音楽を奏で、すべての者が叫んだ。『主の名によって来たるも

(30)（1293〜1350、在位1328〜1350）フランス王。百年戦争のクレシーの戦いで完敗しカレーを失う（1346）。

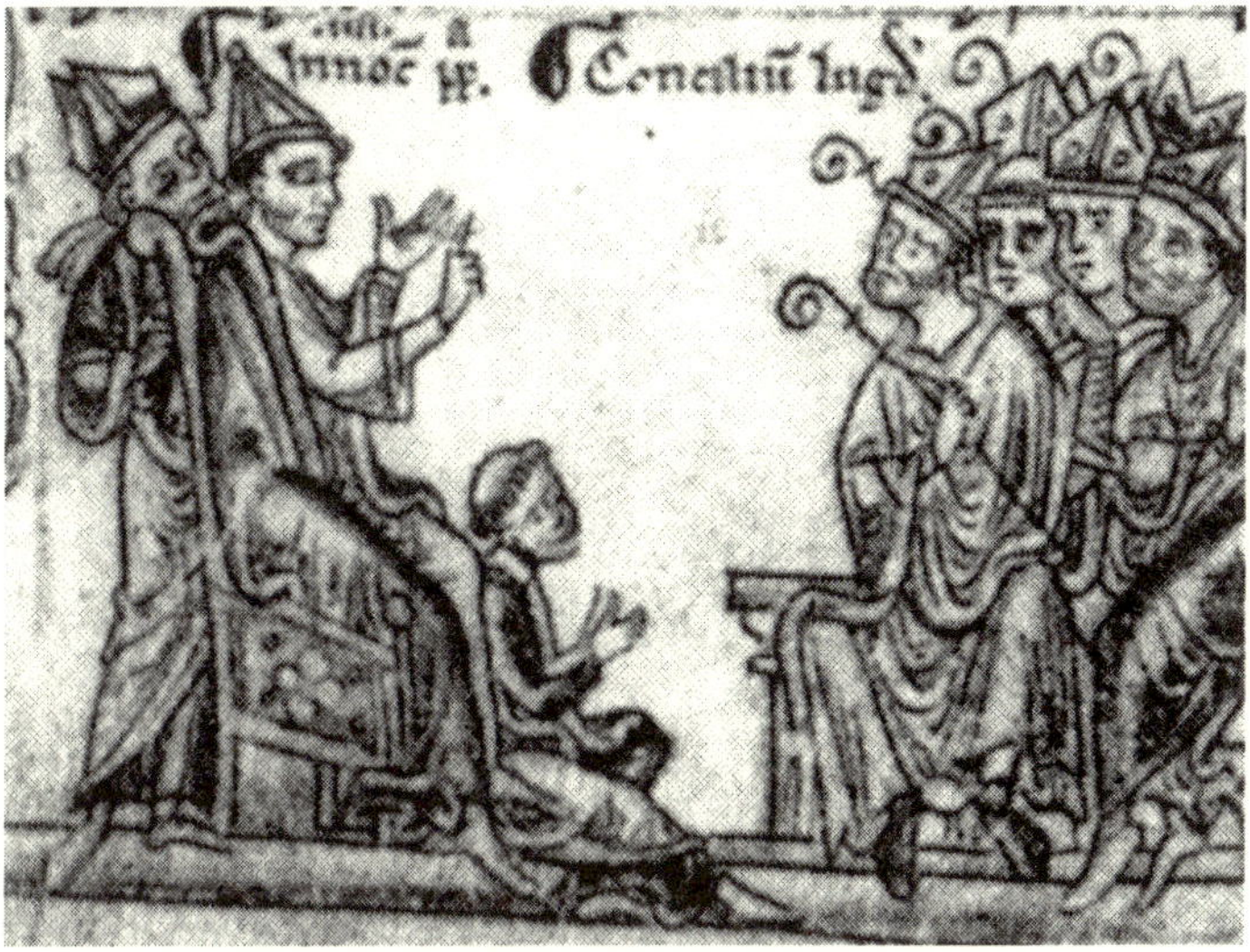

インノケンティウス4世

(31) (1194〜1250、在位1220〜1250) 神聖ローマ皇帝・シチリア国王。十字軍編成作業の実行を渋り、破門される。1230年に和解したが、対立が続いたイタリア政策に熱心でドイツを顧みなかったためドイツに混乱をもたらした。

(32) (1200頃〜1254、在位1243〜1254) ジェノヴァの貴族出身の教皇。優れた教会法学者。ボローニャ大学で教会法を教授。1245年第一リヨン公会議を主宰し、フリードリッヒ2世を破門。異端審問所の権限を強化した。

グエルフの紋章

のに祝福あれ』と」

教皇インノケンティウスが逃走している間に戦闘の機会はなかった。しかし、身の危険に及ぶや戦士並みに応戦するのは手馴れたものであった。彼は自ら策を練り、巧みに防御し、ついにジェノヴァでの喜びを迎えることができたのであった。一般庶民の間では、戦士としても有能な聖職者はなかなかの賛嘆の念をもって迎えられた。人々の強い要請で、聖職者が戦場で兵士を指揮することは比較的多かった。神聖ローマ帝国のギベリン党や教皇庁のグェルフ派[33]の政争に巻き込まれて分裂状態にある都市国家からなるイタリアばかりでなく、ヨーロッパの至る所でも同様であった。

おそらく、一三世紀の戦士的聖職者のなかでもっとも人気があったのは、ヴァレンシアの司教であるウィリアムであろう。彼はミラノ包囲でフリードリッヒ二世の軍隊とともに遠征に加わったが、「血に飢えた男、激しく殺戮し、流血を好み、無慈悲に火を放つ男」

(33) 9世紀初頭のバイエルン伯ヴェルフ1世を始祖とする一族。12世紀初頭から12世紀初めかけてドイツでホーエンシュタウフェル家と主導権をめぐり対立。ホーエンシュタウフェル家のギベリン党の皇帝派と対立。

という評判通りであった。ウィリアムの風評を聞いて心動かされた教皇グレゴリウス九世(34)は、彼を教皇側の味方につけたいと決心し、忠誠心の保証としてリエージュの司教職を提供した。しかし、ウィリアムは満足しなかった。ウィリアムは、教皇と同様、味方につくようにと彼に条件を申し出ているもう一人の人物、つまり彼の義兄弟であるヘンリー三世を利用することにした。

こうしてウィリアムは、教皇グレゴリウスにウィンチェスターの司教区も彼を司教として任命してくれるようにと説得したのである。聖職界における権力に加え、ウィリアムは見事なまでに立派な地位にある姻戚関係をうまく利用することができた。彼はイングランド妃の叔父であるほか、オランダとサヴォアの相当有力な貴族と血縁関係にあった。さらに、結婚によって、多くの有力な封建領主と姻戚関係を結んでいた。こうした人脈が聖職界における地位にも影響力を与え、年代記作家が「聖職界の怪物にして多くの頭をもった獣」と記録するに至った人物となった。グレゴリウス九世が望んだように、教皇の軍勢の指揮をとるよりも前にウィリアムは、ヴィテルボでおそらくは敵のイギリス人に毒殺された。この知らせを聞いて、教皇はいたく嘆いた。ヘンリー三世は衣服を引き裂き、それを火に投げ入れた。

ヴァレンシアのウィリアムは司教であったが、同時に残酷な野心家でもあった。しかし、このようなタイプの者も決して稀ではなかった。サラゴサのゴンサガ(35)は、マントヴァの統

(34)（在位1227～1241）ローマ教皇。十字軍の派遣に従わないフリードリッヒ２世を破門。フランシスコ会、ドミニコ会の支持者。

(35) 1328年以来マントヴァを支配した有力地主の一家。1627年に直系の血筋は絶えた。軍事的役割の他、芸術家、作家、学者のパトロンとしても知られる。

治者であるフランシスコ・ゴンザガの私生児である。彼は三〇歳でマンテュアの司教になったが、教会に対してこれ以上はないほどの軽蔑をあらわに示す振る舞いに及んだ。彼の顧問団の一人である従兄弟を殺し、放蕩のかぎりを尽くしたのである。もちろん、一四世紀の後半においては、このような生涯を送る者はイタリアの教会では珍しくなかった。それどころか、聖職界でこの種のことが起こる基盤はそれよりもずっと早い時期にあった。一二三〇年代、教皇ホノリウス三世[36]はアレッツォの司教にこう書き送っている。

これほど長い年月の間、修道服を身につけてきたにもかかわらず、修道士としての務めをまったく果たしてこなかった者たちがいることはよく知られている。それゆえ、聖職禄のほかに個人的資産をもち、不規則な収入を得ていると多くの方面から非難される。ところが、彼らは恥知らずにもこう言う。

「修道士であるのは修道服によってではなく、修道士として正式に請願することによってである。私は請願していないのであるから、個人の資産をもたないということ、節制をすること、そしてほかの規則を遵守するということに拘束されてはいないと」(*3)

ホノリウス３世

教皇ホノリウスは、こうした請願しない修道士に対し、「神の国に二つの道を通って入って」いくことであるとして反対し、警告をした。彼らの偽善は、それでも一二世紀のグレスタインにあるノルマン人の修道院で起こった破戒集団の修道士たちに比べれば実に穏やかなものである。

彼らは、修道院の資産を管理するために修道院長がイングランドにいる間に争いを起こし、「殴り合いのけんかをし、時には死者まで出した」。また、正体がなくなるほど泥酔した揚げ句の果てに自分たちで奇跡を起こそうとまでした。女をつかまえ、野蛮な歌の伴奏にあわせて冷たい水の中に七回も突っ込んだ。それから、女を生き返らせようとした。しかし、生き返らせることはできず、奇跡は成功しなかった。そのほかにも、修道士の一人は自分の妻の悪口を言われたという理由で台所で働いていた召し使いを殺し、頭をかち割ってその血を景気よく修道院中にぶちまけた。

留守の間に起こった出来事を聞いて、修道院長は恐ろしくて帰ることができなくなった。修練のために監督を一人残していったが、彼も争いを収めようとなかに入ったときに殺された。この事件が起こったときの司教は、本章のはじめで紹介したリジューのアルヌルフであった。司教は事件に介入し、しばらくは修道士たちを追い散らすことができたが、まもなく彼らは徒党を組んで再び挑んできた。最後にアルヌルフは、自らグレスタインに赴いた。しかし、彼らは司教に対抗しようとはしなかった。このたちの悪い修道士たちは、

(36) (在1216～1227) ローマ出身の教皇。第5回十字軍を派遣。ドミニコ会を認可し、フランシスコ会の最終会則を認可。自ら公認の教令集を発行した。

開き直って「何のことを言っているのか、まったくわからない」と主張したのである。司教は、教皇の助力に訴えざるをえなくなった。

この事件の顛末は不明である。だが、こうしたことは特別ではないのである。アベラールは同じころ、ブルターニュにおいて平気で人を殺す修道士たちの巣窟に出くわしたことがあった。修道会会則や教皇書簡は、修道院内における暴力がいかに頻繁であったかを裏付けているし、聖堂参事会員や在俗司祭も劣らず野蛮であった。一一五四年、ヨーク大司教のウィリアム[37]は、「彼の司教区の聖職者に裏切られ、聖体を受けたあと、告白をしている間に致命的な効力をもつ液体状の毒薬で殺された」し、ヘンリー二世とベケットを離反させたのは聖職者による犯罪の問題であった。ヘンリーは、聖職者の犯罪は頻繁かつ深刻であったので、告発された司祭や修道士は王の法廷で裁判を受けるべきであると主張したのである。

グレスタインの修道士たちは、シトー会[38]が最初に隆盛を迎えた世代と時期を同じくしている。シトー会にまつわるもっとも初期の風聞は、グレスタインにおける悪業についての申し開きと同様、宗教的無邪気さに満ちたものが数多くあった。『大説教前置き集（*Exordium magnum*）』は、修道会の草創期の話を収集したものである。このなかに、一人の、無邪気な修道士のことが記されている。彼は、食事の後に残っているパンくずをいつも注

(37) イングランドのヨーク大聖堂の参事会員および会計係を経て、1142年大司教に選挙された。しかし、シトー会など反対勢力との抗争の後、1147年に退位。
(38) ベネディクトゥスの戒律の精神への回帰をめざした修道院。1112年、クレルヴォーのベルナルドゥスらが到来して以来発展、シトー会修道院の母院。

意深く拾い集めていた。ある日、霊的修養のために読書を始めたのだが、夢中になりすぎてパンくずを食べるのを忘れ、そのまま握っていた。読書が終わったとき、その時間にパンくずを食べるのは会則に反しているということに気がついた。しかし、パンくずを捨てることも同じように禁じられていた。彼は大いに悲しみ、修道院長に助言を求めた。何と、彼が手のひらを開けてみると、パンくずは手のなかいっぱいの真珠になっていた。

このような単純で純真な者に起こる奇跡は、中世時代の新しい修道院の、そして修道会の創立にともなう出来事として語られることが多い。アシジのフランシスコ[39]と彼に従う者、そしてフランシスコ会の厳格主義者[40]、フランシスコ会の原始会則派修道士によって絶えず刷新されるフランシスコ会の急進的な禁欲主義を語る逸話は、このような有名な伝説の中心部を占めている。しかし、立派な聖職者は巡回托鉢説教師と同様、高度なレベルで自律的に禁欲主義や訓練を示すことができた。

一四世紀のラヴェンナの大司教であるペトロキノは、同じ地位に就いているほかの聖職者とほとんど変わったところはない。広大な館をもち、贅沢な衣服を身につけ、その時代にしては実に多くの貴重な図書を所有していた。しかし、彼の個人的生活は謹厳で、質素な食事をし、身の周りには厳密に質素なものしかもたず、かぎりない慈悲の心をもち続けた。また、イングランド王リチャード一世[41]は、一一九九年、宮廷医のモーガーをウスターの司教に任命したが、この人はどの時代の司教と比べても賞賛に値する良心的で誠実な人

(39)（1181頃～1226）富裕な商人の家に生まれたが、物質的安楽を放棄し、厳しい貧困生活を選んだ。1210年までには原始会則が公認され、1223年で確定された。

(40)フランシスコ会創立最初の一世紀に創立者の模範を遵奉し、会の発展、事情を顧みず、特に当初、厳格さをもって清貧を守ったフランシスコ会士。

アシジの聖フランシスコ

となりを示した。

モーガーは、それ以前はエヴルーの助祭長だった。しかし、司教区でこれ以上の高い任務を受けることは彼には禁を犯すことであると感じ、密かにカンタベリーの大司教に、「しばし、自身の誕生について良心の痛みに耐えかねていた」と告白した。一一七九年の第三ラテラノ公会議[42]で教皇アレクサンデル三世は、非合法に生まれた者が高位聖職者の地位に就くことを固く禁じていた。モーガーは騎士と自由民の女の息子であったが、その女とは、子どもが四歳になるまで正式に結婚しなかったのである。モーガーは大司教に告げた。かような事情のゆえ、教皇の特別な措置でもあれば別だが、「このように地位の高い重要なお役目には一歩たりとも近づく」気は毛頭ないと語った。

リチャード一世が指名し保護しているので、彼の任命を取りやめることは不可能であった。モーガーはいたく困惑し、心の重荷を軽くしようとローマに行った。彼は教皇インノケンティウス三世の前で、自らが置かれた事情と良心の具合を述べた。教皇は教会法を調

(41)（在1189～1199）獅子心王。プランタジネット朝の王。十字軍遠征を計画し、第３回十字軍に参加し捕虜となり、身代金を払って釈放された。

(42)（1179）アレクサンデル３世。皇帝バルバロッサ［フリードリヒ１世］との和解を追認、広範な改革を始める。

べ、そこに矛盾があることを見つけた。こうして、ラテラノ教令に対する特免がモーガーに与えられることになった。教皇インノケンティウスは、カンタベリーの大司教に決定を知らせるにあたって、次のように書き送った。

> 彼はその人となりにおいて、不足の面よりも優れた面が際立っております。私は、告白をする折の彼の謙虚な信仰にとくに心打たれました。なぜなら、彼は自ら進んでへりくだり、良心に罪の意識をもったまま司教の座に上ることなく、己の疵をすすんで告白したのですから。(＊4)

遺憾なことであるが、ほかの者が彼ほど良心の呵責を覚えたというわけではない。モーガーが任命された同じ時代、ヨークの大司教やソールズベリーの司教が私生児であったことは確かである。また、彼の同僚の多くが非合法な出生であったらしいことは人々の噂の種となったことであった。

中世時代も終わりに近づくころになると、聖職者はいかに気高くあろうとも人々の厳しい弾劾から無罪放免となることはなかった。たとえ一部に信仰深い司祭がいたにしろ、教会活動のなかでは、平信徒がこれまでに増して大きな役割を果たすようになっていたからである。一一世紀には、ほとんどすべての聖人は修道士か聖職者であった。一三世紀になると、多くの平信徒が列聖されるようになっていた。明らかに、聖職者は教会の大きな組織全体を支配し、公式に教義を定めた。しかし、啓示の領域で彼らが口を出すことはなかった。驚くべきヴィジョンによる真理の啓示を前にしたとき、高位聖職者も敬虔な平信徒も同じ土壌に立っていたのである。

一三五三年、若いハンガリーの貴族が長い償いの旅を終えた。彼はこの旅で南イタリアを出発してフランスに至り、アヴィニョンの教皇宮殿に向かい、さらにサンティアゴ・デ・コンポステラに到着した。彼は再び北に向けて出発し、フランスの西海岸線に沿ってイングランドを横切って西に向かって旅を続け、アイルランドを横断し、ようやくドニゴールのロッホ・デルグに至った。この貴公子ジョージ・グリッサファンはほんの二四歳の若者ではあったが、実に重い罪を犯したのである。彼はプーリアでハンガリー王ルイの側について戦った。彼自身が認めたことであるが、そこで何百人もの人を殺して所持品を奪ったのである。そして、グリッサファンはロッホ・デルグにやって来た。ここは、地獄への門といわれる聖パトリック(43)の煉獄(44)の入り口になっている洞穴があることで知られていた。

この煉獄は最初、一二世紀、オウエン(45)という名の騎士が見た悔悛のヴィジョンとかかわりがあるとされ、アウグスティヌス会の聖堂参事会員の修道院の手で守られていた。この洞穴のなかへ下りていくことは、実に危険であるともいわれていた。しかし、アーマー

(43)（390頃〜461）ブリトン人。奴隷としてアイルランドに売られ、大陸に逃れて聖職者としてアイルランドに戻る。アイルランド全土のキリスト教化を完成。
(44)南ドネガル州のロク・デルグ湖の小島の洞穴。12世紀頃より、アイルランドの有名な巡礼地として知られる。そこで来世を見ることができると信じられた。

の司教とクロファーの司教はともに、グリッサファンに対し、それを認めた。そこで彼は地獄へ至る旅のために、一連の厳粛な心の準備を始めた。一五日間、彼はパンと水の断食をした。さらに五日間あるいはそれ以上の期間、朝夕、修道院附属の教会を訪れた。まるで彼自身が死体であるかのように黒い布に身をつつみ、自身のための死者のミサに与《あずか》り、レクイエム(46)のミサが歌われるのを聴いた。

やがて彼は、副修道院長と聖堂参事会員らに案内され、湖のなかにある聖人の島に辿り着いた。十字架が手わたされ、最後の祭儀が執り行われた。それから、ついに洞穴を下りていった。洞穴の入り口の扉は閉ざされ、彼はこの世と切り離された。

グリッサファンの旅の記録によれば、彼は、聖人の島についての二六のヴィジョンを通して大天使ミカエル(47)に教え導かれた。その後、アルマハの大司教、イングランドの王エドワード、フランスの王ジョン、教皇インノケンティウス六世(48)、バビロンのスルタン（イスラム帝国君主）に神のメッセージが送られた。再びグリッサファンが姿を現すと、彼はすぐにロッホ・デルグとその地の司教に対して自分が洞穴を下りたことと彼の目にした啓示についての確認書を求めた。ついで、大司教に対して、大司教自身の至福とその司教区の幸いにかかわることを是非お知らせしたいという言葉をそえてメッセージを送った。

このことに対する大司教の態度は記録に値する。彼はグリッサファンに宛てて次のように書いた。

(45) 物語となった『聖パトリックの煉獄』に登場する主人公。

(46) ミサの入祭文『Requiem aeternam dona eis, Domine』の冒頭語に由来。後には、死者のための、ミサ（曲）をさす名称となった。

私は先週の月曜日、夕の祈りのとき、アーマーの助祭長からお手紙をいただきました。かの地において私どもが到着するのを待てるのは火曜日の終わりまでとのことでした。このお手紙を受け取り、私は真夜中に起きました。重大なこの機会に間に合うようにと、これまで経験したことがないほど過酷な旅を終えて、まさにその火曜日にダンドークにやってまいりました。水曜日、旅に疲労困狽し、私はようやくドロミスキンの荘園館に到着いたしました。(*5)

彼は、次のように続けている。

心のそこからお願い致します。あなたに示された啓示の実りを、私に与える機会を奪わないでください。

大司教はグリッサファンをドロミスキンに迎えようと馬を提供し、そこで彼に会った。大司教フィッツラルフは権力ある聖職者であり、やがて厳格な法律家となり神学者となった人であった。情熱のほとばしりや大仰な信仰心に身を任せるということをする人ではなかったが、彼は少しでも早くこの巡礼者に会おうと、夜中に寝床を離れ、旅を急ぎ、若者がもたらしたメッセージに対して明らかに熱心に耳を傾けた。年齢も、洗練された精神も、

(47) 大天使。キリスト教会の守護者。キリスト教的戦士の守護者。

(48)（在1352～1362）リムーザンのモン出身のフランス人の教皇。トゥールーズ主席判事、司教枢機卿を経て教皇に選ばれた。教皇領の秩序の回復に努めた。1360年、百年戦争について10年間の休戦協定を結ばせた。

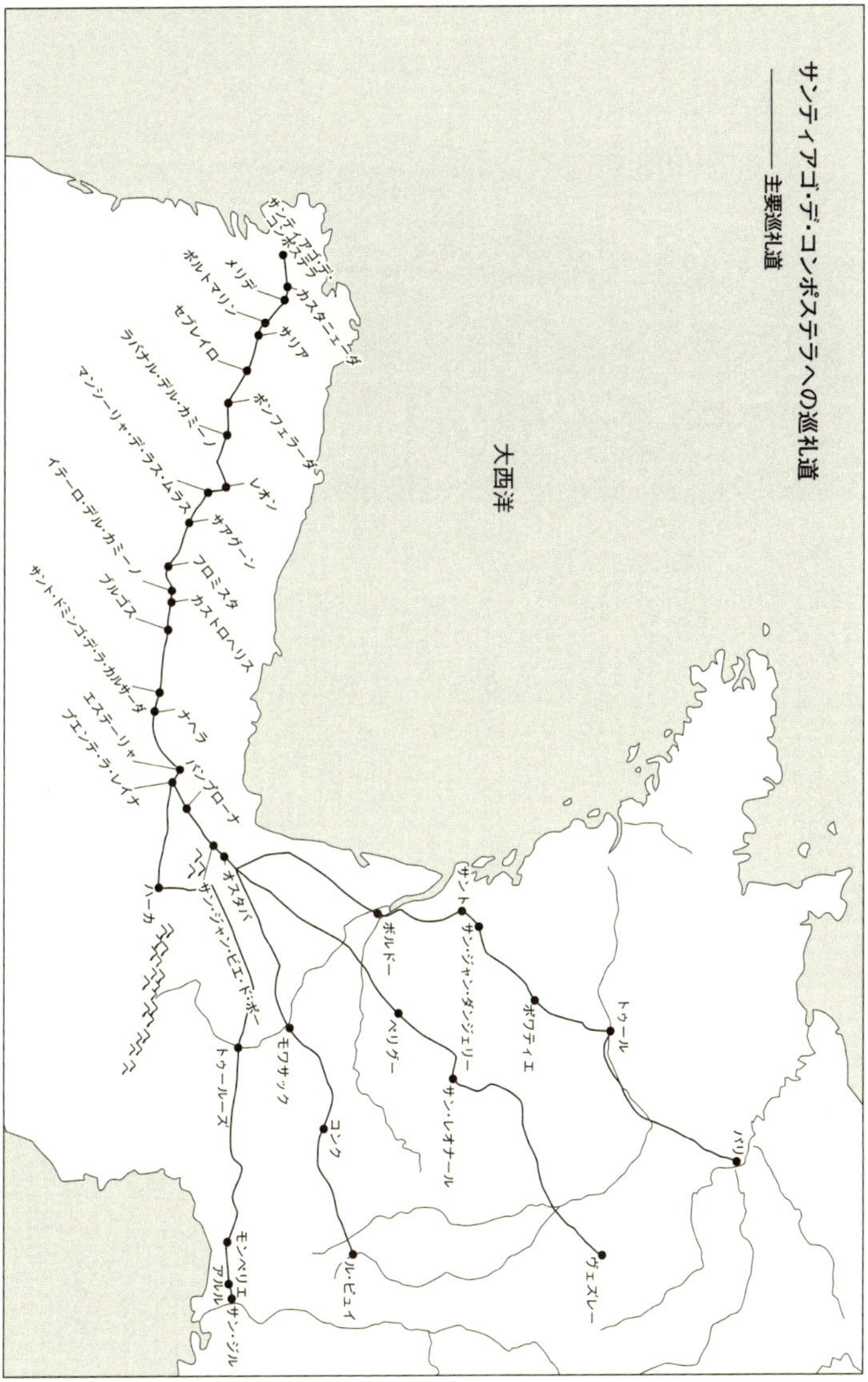
サンティアゴ・デ・コンポステラへの巡礼道
—— 主要巡礼道
大西洋
サンティアゴ・デ・コンポステラ
メリデ
カスタニェーダ
ポルトマリン
サリア
セブレイロ
ラバナル・デル・カミーノ
ポンフェラーダ
マンシーリャ・デ・ラス・ムラス
レオン
サアグーン
イテーロ・デル・カミーノ
フロミスタ
ブルゴス
カストロヘリス
サント・ドミンゴ・デ・ラ・カルサーダ
ナヘラ
エステーリャ
プエンテ・ラ・レイナ
パンプローナ
オスタバ
サン・ジャン・ピエ・ド・ポー
ハーカ
ボルドー
サント
サン・ジャン・ダンジェリー
ポワティエ
トゥール
パリ
ペリグー
サン・レオナール
モワサック
トゥールーズ
コンク
ル・ピュイ
ヴェズレー
モンペリエ
アルル
サン・ジル

ロッホ・デルグ

大司教としての威厳も、悪名高き殺人者であった外国の平信徒が煉獄からもたらした宝に比べれば無に等しかったのである。

　グリッサファンはフィッツラルフに会いに来た。それからアイルランドを去り、イングランド、フランスに向かって旅をして、教皇宮殿に到着した。彼が、バビロンのスルタンに会うために旅をしたかどうかはわからない。しかし、彼がロッホ・デルグで受けた『ジョルジュの啓示（*Visiones Georgii*）』と題される啓示について述べられた記述は広く読まれ、この聖堂は悔悛の煉獄としてこれまで以上の大きな名声がもたらされた。

『ジョルジュの啓示』は、南フランス付近の写字生の手で記されたものであるが、これは立派に文学として受け入れられるものである。ヴィジョンそのものは、儀式を重んじる時代においてすら、断食や神秘家によっても、また儀式に望む真面目さによっても引き起こされる。しかし、こうした啓示は注意深くつくり上げられたものであるとか、あるいは、偶然にもダンドークの商人の利益になるようにもくろまれたメッセージが含まれていると指摘したとしても、啓示そのものを傷つけるものではない。アーマーの大司教は神秘家でも愚者でもなかった。しかし、彼はヴィジョンについて耳を傾けるために長時間の旅をした。そして、ひとたびメッセージを受け取ればそれに従った。現代から見れば知的と思われない彼の行動も、中世時代における知的階級の人々には普通のことであった。啓示によるメッセージは真面目に受け止めるべき事柄であり、教育と啓蒙に至る小道であった。

というのは、聖職者の明晰さや権威を越えたところには、常にヴィジョンの神秘が横たわっていた。聖職者は平信徒と同様、啓示の前には黙して立ちつくすばかりだった。聖職者は地上の現実を支配することはできたが、ヴィジョンはこの現実は永遠の真理の単なる反映でしかないということを思い出させるものだった。何かの弾みに、人間には永遠の真理の輪郭が示される。そのとき、突然の恩寵によって知覚するものと知覚されるものとが一つになり、この世界のヴィジョンはもう一つの世界のヴィジョンに結ばれる。

第4章

信仰のイメージ

中世時代の西欧キリスト教会は、権力と干渉の構造が網の目のように複雑に絡みあっていた。ゆえに、中世びとの信心も、常にその複雑な絡みあいを無視して考えることはできなかった。また、彼らの信心は独自のリズムに従っており、それは教会の機構を成熟させるとか、教会が政略上の勝利を治めるとか敗北するといったことには直接かかわらない。一般民衆の間に宗教に帰依しようとする霊的衝動が起こり、すさまじい勢いでヨーロッパを席捲したのは、まず一二世紀初頭であった。ついで、一三世紀半ばに、そして一三四八年から一三四九年にかけてはじめて黒死病(1)がはやったあとに、再び信仰の実践と禁欲的苦行は激しい高まりを見せた。また、信仰心を表すのに、新しい、しばしば途方もない形がとられた。このような激しい信仰的情熱が冷めた時期においてすら、平信徒たちの宗教的想像力は信仰とその実践を支える礎となり、聖職者の教えをはるかにしのぐほどの大きな役割を果たした。

一般民衆の信仰の本質を理解するためには、一二世紀から一四世紀におけるヨーロッパのキリスト教化が、決して完璧なものではなかったということを肝に銘じておく必要がある。集団洗礼を受け、聖職禄(2)を受けるということは、表面に現れるもっとも明瞭な改宗の徴《しるし》であった。が、それすらも、一一世紀まではスラブ民族には、そして一二世紀までのスラブ民族(3)以外の東ゲルマン民族には受け入れられていなかった。一一七〇年代に教皇アレクサンデル三世は、フィン族(4)は名目上キリスト教徒でありながら偽りの信仰告白を行い、

(1)ペスト。中世時代周期的にヨーロッパを襲い、大流行させた。最初の大流行は6世紀。1347年以降何度もヨーロッパ中で流行を繰り返し、人口面、経済面、心理面に深刻な被害を与えた。

トルネオにおけるペストの犠牲者の埋葬

(2)教会職と結びついて、教会財産である所領もしくは奉納物から一定の収益を受け取る権利。聖職禄の始まりは封建制度における実物経済を基盤としていた。これは、教会職と不可分でしばしば教会職そのものと見なされる。

(3)北西スラブ人（ポーランド人、チェコ人、ボヘミア人、ヴェンド人）、南東スラブ人（セルビア人、クロアチア人、南スラブ人全般）、東スラブ人（ロシア人）、これらの種族名が一般化された名称。ゲルマン民族大移動のときに移住、定住の末、現在知られている種族を形成した。

(4)フィンランド。フィン人はアジア系の民族で言語はハンガリー語と遠戚関係にある。非インド＝ヨーロッパ語系。現在の国土に定住したのは8世紀。12世紀以降キリスト教に改宗。

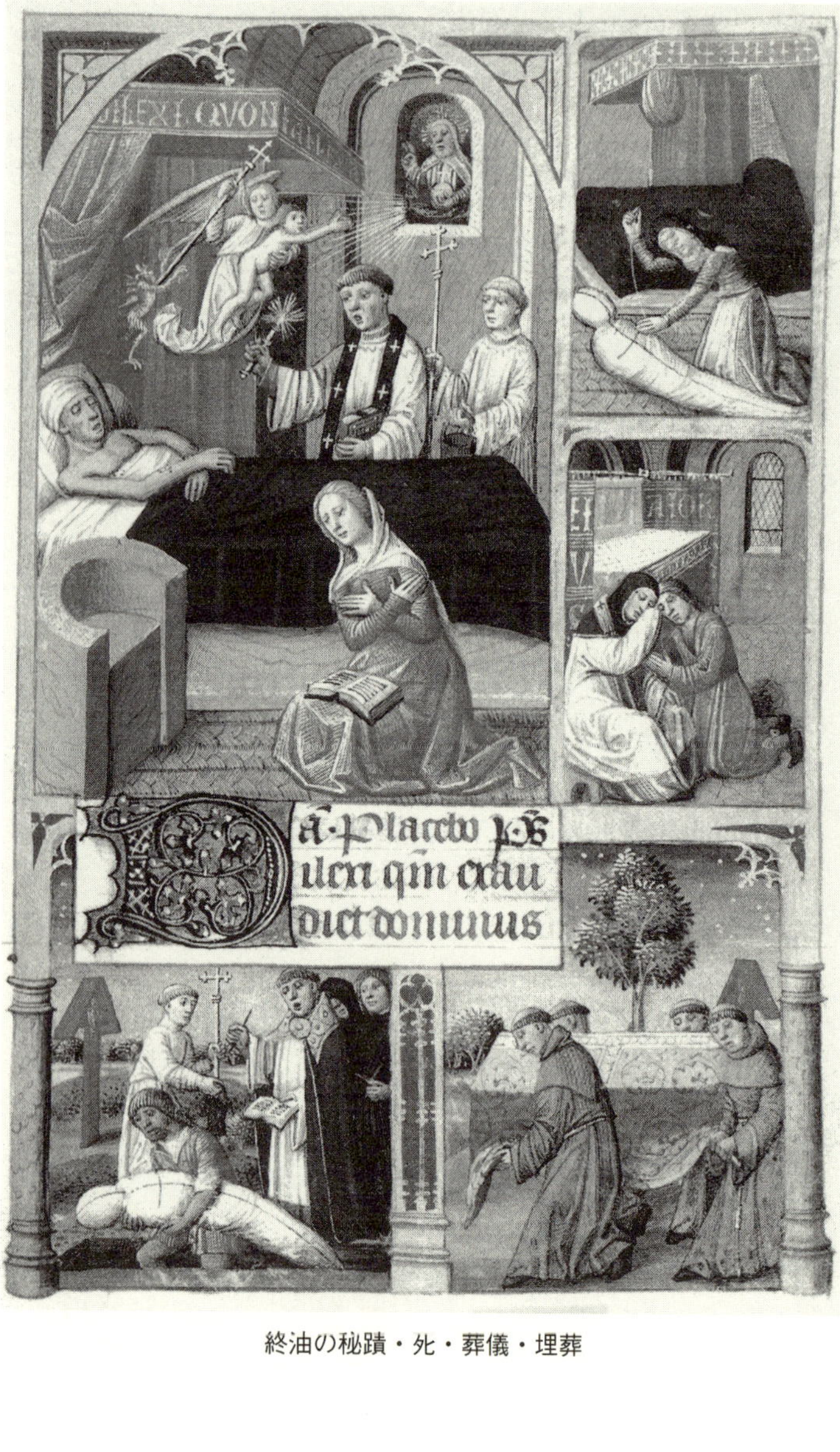

終油の秘蹟・死・葬儀・埋葬

彼らを司牧するために送った司祭たちに危害を加えると嘆いたものである。

はるかグリーンランド(5)では、司教区を巡回するだけで五年もかかった。ここでは物資が欠乏し、人口も少ないことから、信仰を遵守することは基本的レベルで不可能であった。ぶどう酒が不足し、教皇はミサにビールを使用することを許可せざるをえなかった。司祭が少なく、秘蹟は稀にしか行われなかった。また、ほとんどの遺体はキリスト教式に埋葬することができなかった。死体が埋葬された場所にまっすぐ棒を突き刺し、それを墓所の印とした。ようやく司祭を迎えることができたとき、司祭は死者のためのミサをあげ、そのときに例の棒を引き抜いてその穴から死者に聖水を注いだのであった。

さらに南の西ポメラニアでは、一一二〇年代にバンベルグのオットーが福音伝道の仕事を始めた（ヴィストゥラン・ポメラニアがキリスト教化されたのはもう数年早かった）。そのとき、そこにベルナルドという名のスペイン人司教がいた。彼は、異教徒たちの地で殉教したいと思いやって来たのである。もう一人、グズマンのドミニコ(6)という別のスペイン人がいた。当初、宣教師としてクマン族(7)の地に行こうとしていたが、教皇インノケンティウス三世は西部の異教徒たちにキリスト教を布教することの重要さを説いた。やがて彼は修道会を創立した。「説教する托鉢修道会（Preaching Friars）」、すなわち「ドミニコ会」である。ドミニコ会は異端信仰に対する手強い敵となった。

（5）10世紀後半、エーリク王の下でスカンジナヴィア人によって定住された島。1261年、ノルウェー人の統治権を受け入れた。現在はデンマーク領。
（6）（1170頃～1221）カスティーリャ生まれ。1216年、ドミニコ会修道院を設立。
（7）テュルク系の遊牧民。12世紀にロシア諸侯に雇われて傭兵として活躍する。

一三世紀半ば、フランシスコ会のある一派が「悪魔の権勢と闘い、キリスト教信仰の敵を抹殺するための聖なる義勇軍」を組織した。この「キリストを求める巡礼の会（Society of Pilgrims for Christ）」の会員は、「ルテニア人、ヴァラキア人（ルーマニア人）、タタール人、サラセン人[8]、それ以外の異教徒たち、ギリシア人、ブルガリア人、そしてそのほかの神を信じない東部と北部の人々」の住む地域に旅を続け、キリスト教を広めて異端を絶やしていった。しかし、一四世紀の終わり、この会が組織されてから約一五〇年近くもすぎた後ですら、教皇ベネディクトゥス一一世[9]は、キリスト教布教のために宣教者を送らなければならなかった。彼は、「不信仰者のかたくなな心や、広大な国々、そして未開の人里はなれた地域」について延々と記している。

ドミニコ会やフランシスコ会は布教の緊急性にかられ、非キリスト教徒に対して、初期の段階ではかなり平和的に接するという方針をとった。過去においては、異教徒や異端者は次々に改宗させられ、根絶やしにされていた。ところが、一〇五六年、スラブ人は異教徒の武装集団に逆戻りし、近隣のキリスト教地域を襲撃し、住民の手足を切断したり磔にした。ザクセン人のロタール[10]は再改宗するという素振りも見せず、軍勢を率い、彼らに懲罰的報復を行った。時を経ること一二三〇年に至っても、チュートン騎士団は異教徒のプロシア人に対して十字軍を率いて戦っている。

非常によく知られていることだが、北イタリアのパタリン派[11]、南ヨーロッパのカタリ派[12]

(8) ギリシア・ローマの著作家が、シナイ半島のアラブの一部族をさした呼称。イスラム成立後はイスラム教徒を、11〜13世紀はイスラム勢力をいう。
(9)（1240〜1304、在1303〜1304）ドミニコ会修道士。

聖ドミニコ

(10)（ドイツ騎士団またはドイツ騎士修道会）ホスピタル騎士修道会（＝聖ヨハネ騎士修道会）にならい、宗教的・軍事的修道会として1198年創設された。フリードリヒ２世帝の十字軍を支援し、1226年皇帝から東プロイセンを与えられた。

(11)異端の一つ。極端に厳格で反教権的な抵抗者の集団。11世紀ミラノに起こり、エルレムバルドという名の男に率いられた。

(12)異端。３世紀のマニ教に由来。ペルシャ思想とキリスト教を融合。11世紀、アルビ派信者は厳格な禁欲生活に従う「完徳者」と「帰依者」に分かれる。

やワルド派(13)は、一三世紀十字軍の主な攻撃目標となっている。さらに南のイベリア半島に行けば、この時期は、キリスト教国全体がイスラムに対して絶え間なく聖戦を続けていた。教皇パスカリウス二世(14)は、スペインの改宗者が第一回十字軍に参加することを許さなかった。教皇が熱心に説きふせた理由によれば、彼らが生きる地域で、倦まずたゆまずキリスト教布教を行うという形で十字軍に参加し、そのことによって、彼らの罪の恩赦と赦免を得るようにというものであった。

当然のことだが、人口が少ないため、あるいは辿り着くのに骨の折れる厄介な地形ゆえに、所によっては根本的にキリスト教信仰から遠ざかっていた地域もある。しかし、キリスト教伝統が立派に根付いた地域においてさえ、一般民衆の信仰についていえば、その深さや信仰に触れる機会の頻度は一様ではなかった。教義についての知識が不完全なため、信仰の実際には魔法の世界に見られるような雰囲気が混じってしまったのである。一般庶民の宇宙論、ヴィジョンや秘術的考え方は、神認識や神が地上に与えた啓示を知覚することと区別をつけにくく、両者の境界線はどこか曖昧であった。地方の民間伝承やキリスト教化以前の信仰にまた別の要因が加わり、奇妙で異端にも似た信仰をつくり上げるに至った。

ある程度の宗教的無関心は至る所で見られ、それが繰り返し問題を起こした。また、信仰上の重要事より個人の利害が優先された。西側のキリスト教国では、ある者は聖地で戦

(13) ワルド派。ピエール・ヴァルドは1170年頃、使徒的清貧の生活を求め遍歴説教師となる。第３回ラテラノ公会議で説教することを禁じられた。

(14)（在1099～1118）聖職者の叙任権をめぐり、神聖ローマ皇帝と争い、４人の対立教皇が立つ。

うための準備をする一方で、ある者はサラセン人に武器や鉄や木材を売り、サラセン人の仕様書に従って船を建造した。

一般民衆の信仰を育む教会の源は二つあった。一つは教区の司祭であり、もう一つは旅をして各地を回る説教師たちであった。中世時代の末期まで、教区司祭は西洋世界の宗教活動を象徴する代表的存在であった。魂の救済という考え方は、一三世紀になるまでは十分に発達したとはいえなかった。一三世紀というのは、一般民衆の尊敬の念が司祭から托鉢修道会(15)に移りつつあった、まさにその時代である。司祭たちは、とくに農村地帯においては宗教教育に携わる重要な担い手であった。では、中世時代の司祭たちは、一般庶民の信仰を導くためにどの程度の学識や教養を身につけていたのだろうか。

托鉢修道者の説教

中世時代の教区司祭の堕落や恐ろしいまでの無知については、さまざまなことが書かれてい

(15)創立時に会として、また個人としてすべての所有の放棄を誓約する修道会をさす。12世紀末から13世紀初頭の宗教的・経済的状況を背景として始まる。

る。ある司祭は福音聖書を読むのと同じくらい達者に典礼用聖書節句集を上手に読んだが、彼は知っている聖書の一部だけを記憶に頼って口にしているために、上下あるいは左右逆に聖書を持っていたという逸話や、読み書きできない司祭や結婚している聖職者の数がいかに多かったかということについての話は非常によく知られている。しかし、そのような逸話が語っているのは、中世時代の教区における宗教教育の質についてというよりは、宗教史を研究する者がいかに杓子定規に物事を解釈するかという姿勢である。実のところ、司祭が実際に何を知っているかということより、教区民が自分たちの司祭は何を知っていると思っているかということの方が重要なのである。この点について、教区民を満足させることは難しいことではなかった。当然のことだが、一一世紀イングランドの農村の助任司祭と、たとえば一四世紀フィレンツェの司祭との間に相違があったからといって、それはせいぜい中世時代の聖職者を概括的に説明したにすぎないのである。

教会改革者や教会法によって何度も禁止されたにもかかわらず、ほとんどの教区司祭には妻や内縁の妻がいた。また、教区の聖職権はしばしばその子に受け継がれたが問題になることもなかった。司祭の息子は、農民や騎士の息子と同じように、慣習に従って父親の暮らし方を受け継いだのである。

平信徒と同様、ほとんどの聖職者は結婚していた。聖職者の結婚に対する教会の立場ははじめから曖昧であった。ヨーロッパには、真の意味で独身の聖職者というものはいなかった。グレゴリウス流の改革者たち[16]の厳しい禁欲的な意見は、のちの聖職者たちに繰り返し提唱されて受け継がれることはなく、修道院に入った者に独身が要求されるという見識には多くの聖職者が疑問を投げかけていた。また、聖職者のあらゆる団体が独身という規則の適用を免除してくれるようにと要求していた。たとえば、スウェーデンの司祭は、教皇の特権によって妻を娶ることを禁じる命令から免除されていると主張した。

とはいえ、聖職禄というのは、禁欲的生活をしたうえで一人の人間がやっと生きていけるだけしか与えられていないため、結婚している司祭にとっては自分自身と家族を養っていくことはなかなか大変なことであった。なかには、まずまずの暮らしを営むことのできる聖職者もいたが、多くの司祭は哀れなほどわずかな聖職禄しか与えられていなかった。最近まではさほど明らかになっていなかったことだが、彼らは生計を立てるため、妻の持参金や財産に頼っていた。というのも、多くの教区において、その生活の糧はあまりにもわずかすぎたからである。

フランスのほとんどの教区司祭は国王に支払うべき税を免除されていたが、それというのも、彼らの年収が一〇リーブル以下で、それは日雇い労働者の年収よりもかなり低いからという理由からだった。イングランドでもっとも富裕なリンディスファーン修道院は、年に約二三〇ポンドに上る高額の聖職禄が与えられていたが、ほかの教区ではわずか三シリングであった。教区の平均年収は約一〇ポンドであったが、その半分しか司祭の手には

(16)教皇グレゴリウス7世が、ドイツ皇帝ハインリヒ4世との間に司教および帝国修道院長の叙任権をめぐって争った際における教会改革のこと。

わたらなかった。中世イングランドには聖職者が必要以上にいたため、このわずかな収入すら、さらに多くの聖職者に聖職禄として分け与えなければならず、しばしば半分、あるいは四分の一に減額された。

教区を運営するために代理人を雇うということが慣習的に行われたり、聖職禄の歳入を受け取るのは別人という場合もあり、問題はますます複雑であった。サン・カトリーヌ・オール・ダム（Sainte-Catherine-hors-Dam）教区では、司祭は年に五〇〇から六〇〇フローリンの収入が見込まれた。しかし、そこで布教活動を行っていた助任司祭は、そのうちの一八フローリンしか受け取っていなかった。コクスィド（Coxyde）は聖バボン（Saint-Bavon）(17)司教座聖堂参事会の援助を受けており、その収入は丸一年で約二〇〇フローリンに達した。だが、助任司祭は総額のほんのわずかにしかならない一八パタードしか受け取っていなかった。

大多数の中世びとにとって教会を代表しているのは、快適な生活をしている高位聖職者ではなく、生活に困窮している助任司祭であった。そして、彼らのうちのほとんどが司祭ではなかった。イングランドではそのほとんどが副助祭であり、それ以外の地域では、こうした者の地位にはかなりのばらつきが見られる。ある教区では聖職者はすべて修道院に属しており、修道士たちによって司牧されていた。また、別の教区では、（托鉢修道士が来ないかぎりまったくといっていいほど）いかなる形での霊的恩恵も受けられないまま何

(17)（655年頃没）ヘントの富裕な地主であったが妻の死後改宗し、聖アマンド修道院を建て、自ら修道士となり、苦行生活を始める。

年もがすぎていった。ヨーロッパの多く農村地帯で、確かな意味で最初の布教を行ったのは托鉢修道士で、彼らのしっかりした学識に裏打ちされた、恐い、あるいは楽しい話がそれであった。

収入を補わざるを得なかったために、助任司祭は畑を耕したり職人の仕事などに携わった。おそらく、彼らの生活様式は教区民とさして異なるところはなかったに違いない。なるほど、司祭はときに、修道請願を立てた修道士たちと同じ場所で、あるいはその近くで暮らした。しかし、農村地帯では、親類縁者や妻子たちと暮らすことの方がはるかに多かった。

行動だけを見れば、司祭たちは彼らが司牧している平信徒たちと実質的には区別がつかなかった。また、田舎の聖職者は常習的に酩酊していた。シュロップシャーの聖堂参事会員であるジョン・ミルクは、教区司祭のための手引書のなかで、司祭がたびたび酩酊することについてきっぱりと警告を発している。ミルクはこう記している。

素面《しらふ》の司祭にとってもミサをあげることは十分に難しいことである。だが、説教ができないほど酩酊していないにしても、酒を飲んだ教区司祭にミサを立てさせるのは実のところぜひとも避けたい。素面の者にとって難しいことを、酩酊した者がどうしてできるだろうか。

下級聖職者は、典礼や神学について、明らかに愚かしいほどまでに無知であった。「十分な学識」(Scientia sufficiens)というのは、司祭が身につけなければならない知識を語るときの曖昧な言い方である。司祭は聖句の意味がまったく理解できていないにしても、また、たとえ不正確であろうとも、ミサ聖祭を司式しなければならなかった。また、司祭はほかの秘蹟についてもそのいくばくかを知っていなければならなかった。しかし、一三世紀も終わりごろになると、托鉢修道士である司祭が告解の秘蹟[18]、葬儀、そして婚姻すらも執り行うようになり、その割合もさらに増していった。しかも、農村ではキリスト教以前の風習にあわせた結婚や葬儀の風習が根強く残っており、司祭は無用になるほどだった。

ミサ聖祭の式次第は、教区によって大きく異なっていた。その基本的構成はグレゴリウス時代以前に明確に定められていたが、司祭によって用いられるミサ通常文[19]は統一されておらず、ミサ聖祭の核である聖変化部ですら部分的なばらつきが見られるのはよくあることだった。聖堂参事会員のミルクは、教区司祭を、「大事な聖句すら正確に読むこともおぼつかない、十分なラテン語の知識もない、ほとんど学識がない司祭」と言っている。

ある司牧者たちは未熟で、教会の定める信仰と祭儀については学がなく、敬虔なキリスト教徒が十分な教育を受けることはまず期待できなかった。教区民は、「使徒信経[20]」、「主祷文[21]」、「天使祝詞[22]」を教えられるか、あるいは互いに教えあった。教区によっては、この

(18) カトリックでは洗礼、堅信、告解、聖餐、叙階、婚姻、癒し(終油)。

(19) ミサ聖祭の中で毎日唱えられる同じ祈の部分。

(20) 冒頭の「私は信じる」を意味し、教会の信仰を公に宣言するもの。ミサの中で信仰告白文として用いられる。

ような基本的な祈りを知らない者には罰金が科された。それにしても、ほとんどの教区における教育はここまでだった。また、ほとんどの中世のキリスト教徒は、母国語で祈ることは教えられていなかったため、聖職者が征服民族であった場合は教区民との意思の疎通が図れないこともよく起こった。一四世紀のコーンウォールでは、告解の任を引き受けることができた聴罪司祭は、コーンウォール語を話すことのできた巡回布教者のフランシスコ会士だけであった。

このような事情が一部にあり、一三世紀、一四世紀において、教区司祭に対する尊敬の念は確実に薄れていった。例外的に尊敬を受けていた者もいたが、多くの者は不承不承、我慢して受け入れられるか、馬鹿にされるか、恐れられるかした。G・C・コールトンが発見したという文書によれば、司祭につけたイタリア語のあだ名のなかには「美男子《ハンサム》」、「枯れ干草《ドライ・ザ・ヘイ》」、「よたよた歩き《リンピング》のジョン」というものがあった。聖体拝領の機会が一層少なくなる傾向、一二使徒の教えに倣って生きようという新たな宗教的情熱の影響、高位聖職者の偽善に対する根深い侮蔑といった背景があり、その結果、教区民は彼らを司牧するべき司祭から離れていった。

一般民衆の迷信では、司祭は死と結びつけて考えられた。ジャック・ド・ヴィトリ(23)はこう書いている。

(21)「祈りを教えてください」と願う弟子に答えてイエスが授けた祈り。神に対する親しい呼びかけと祈願からなる。

(22)天使ガブリエルの受胎告知の挨拶に始まる聖母マリアへの祈り。

結婚の祝福（『グラティアヌス教令集』）

(23)（1160／70頃～1240）フランスの説教家。歴史家。ベギン派の指導者マリー等と親交。パリ大学で学ぶ。

(24)カペー王朝。ユーグ・カペー即位から1328年までのフランス王の家系。987年即位時の外套（ラテン語で capa）がその名の由来。ユーグは、ネウストリア辺境伯ロベール・ル・フォールの流れをくむ。

男らは司祭のそばを通り過ぎると、すぐに十字を切った。そして、「司祭に会うなんてなんと不吉な」と言った。こんなこともあった。あるフランスの町で何十人もの人々が次々と死んだ。そのとき、町の人々は「このひどいペストは、われらの司祭をまず墓に放り込んで、死人の仲間にしないかぎり終わりそうもない」と言い合っていた。そのとき、折しも当の司祭が死んだ教区民を埋葬しようと墓場にやって来た。すると、農民とその女房たちは司祭を引っつかみ、聖職服を身につけたままで、なんと墓場に放り込んだのである。(*1)

ヴィトリは、このようなことは「悪魔の仕掛けた罠、悪魔のいたずら」の結果であると記している。しかし、ヨーロッパの各地で、司祭に会う、あるいは司祭の右側を歩くのは不吉と考えられていた。一一世紀のデンマークでは、司祭は雨男、感染症病み、「ペスト患者」同様、その子羊である教区民にしつこく悩まされたのである。

教区司祭のこうした状態は教会内の階級問題ではすまなかった。庶民は資格のない者が霊的業務に携わることに不満を申し立て、それを阻止しようと行動を起こすこともあった。一〇一三年、ブリュージュの市民は、王ユーグ・カペー(24)の息子ではあるが私生児だったゴズランを司教として受け入れることを拒否した。また、教皇に仕える高級役職者に対する人々の反発はしばしば暴力沙汰に及んだ。そのため、教皇特使、ローマ教会の収税役人、判事らの旅は、身の危険を伴うものと覚悟する必要があった。また、異端審問官たちは、どこに行ってもまったく安全などはありえなかった。

一二四〇年代ころには異端審問官たちの暗殺があまりにも頻繁に起こるので、ドミニコ会は、今後、異端審問の任務から解放してくれるようにと教皇に懇願した。彼らの要望は無視され、その危険な仕事のため犠牲を払い続けた。ピエモンテのドミニコ会士、ラッフィアのピーターはアルプスの谷間地帯に住む数多くのワルド派の異端者たちに対し、学問に裏付けられた論駁を行い、一三五一年、ピエモンテの異端審問長に任じられた。しかし、一四年後、スサという小さな町にあるフランシスコ会の修道院で殺された。彼を暗殺したのは異端者だという噂が流れたが、このような場合、往々にして暗殺者はにわかには特定できない。ごく平凡な平信徒であったということもよくあることだった。[25]

聖職者に対する一般庶民の批判はさまざまな形をとった。聖職者の強欲さ、好色さ、偽善をあざ笑う逸話が居酒屋でうたわれ、その地方の言葉で書かれた文学で扱われる一方で、バランスをとるかのように聖人伝が同じくその土地の言葉で書かれ、一般庶民の間で礼拝が広まっていった。一三世紀、一四世紀の聖職者は相手が誰であれ、導きやすく従順な者に布教する、あるいは説教するというわけにはいかなかった。説教集のなかには、説教者を攻撃する宗教批判に関する逸話が数多く見られる。こうした話のなかに、信徒たちが説教師について語っている言葉がある。それによれば、「説教をするおまえ様が罪を犯して、

異端審問の手法の一例

(25)信仰にかかわる問題を審問する裁判。「宗教裁判」とも呼ばれる。12世紀後半、カタリ派、ワルド派など異端の急増に対応し、教皇ルキウス３世が1184年のヴェローナ公会議で制度化した。1215年、第４回ラテラノ公会議で審問の手続きが定められた。1231年、グレゴリウス９世は異端審問裁判所を新設し、フランシスコ会とドミニコ会に仕事をゆだねた。

酷い言葉を使ったときに、おまえ様のことを正してくださるお方はおいでにならない」、だから、彼らには決まり文句があって、それは「よけいな世話は焼かずに、神様と私だけにしておいてくれ」というものである。

不幸なことに、教区司祭に対する信徒たちのあざけりや敵意からも、そして聖職者にふさわしくない見かけからも、彼らが与えた宗教的影響力を明確な形で知ることはできない。また、教区司祭の理解力、品性、あるいは慈悲深さについての個人的資質についても多くを知ることはできない。明らかに、ある者はその召命《しょうめい》に対して敬虔であり、まじめであった、彼らはたとえ読み書きの恵みが与えられていなかったにしても、聖性に対する感性を育むよき助け手であった。

学識の深さと宗教的洞察は、いかなる場合も相互にかかわりあうことはめったになかった。初期の、多くの在俗フランシスコ会士たちは、文盲か、かろうじて字が読める程度だった。しかし、一般庶民の信仰に深く長く影響を与えたのは彼らであった。聖堂参事会員のミルクの手引書は、学識ある者の手によるものではない。しかし、この手引書は、とくに告解や償いに関する部分で、教区民を教え導くときに必要な感性や実践的知恵を、かなりの範囲にわたって明らかにしている。たとえば、ミルクは次のように助言している。もし、婦人が罪を告白するのをためらったときには、司祭は彼もまた同じくらい罪深い身の上であり、ともすれば、さらに罪深いかも知れないと打ち明け、彼女を励ますべきである、と。

勇気を出して話しなさい、罪を軽んずることなく……
恥じて怯むことはない
おそらく、私も同じことをしたことだろうから。

このような謙虚さは、多くの場合、おそらく適切なことであっただろう。司牧神学によれば、自身の教区の女性と寝たことのあるような司祭に対して、信徒が告解を強いられる必要はないとある。償いは罪を犯した者の年齢と状況によって定められるべきであり、ミルクは、司祭は罪人が心の底から「正直であるかどうか」を考慮しなければならないと言う。償いは過酷であるよりは、常にほどほどがよろしい。あまりにも大きな償いを与えすぎれば、償いはまったく果たされないだろう。そうなると、まったく告解をしないよりもずっと罪深い結果となる。ミルクの描く司祭は実に人間味があり、厳格さや冷淡さにゆがめられておらず、「人はそれぞれ千差万別である」ということをよく知っている。

フランス、イングランド、北部イタリアの多くの地域では、中世末期、教区の安定性は急速に失われていった。その一方で、戦争や重大な政情不安のない地域では変わることなく教区としての活気を保ち続けていた。スイスの各州では土地の伝統が根強く残っており、その市民生活のなかで、司祭にはきわめて重要な役割が与えられていた。たとえば、年に一度の教区の集会で説教をし、司会をするのは司祭であった。ここでは貢租令（課税賦役命令書）[26]が朗誦され、違反行為が裁かれた。こうした習慣的任務のなかには、聖職者本来の役割とはまったくかかわりのないものもあった。たとえば、司祭の義務の一つに、教会の大祝日に、その土地の羊飼いの勤勉さに報いてケーキを与えるというものがある。司祭には、道徳面と世俗における司法が入り混じった、ある種の権限が与えられており、姦通者や税金逃れを行った者、教会の屋根や鐘楼の修繕費割り当てを忌避しようとした者を罰した。

教区司祭に対する一般庶民の見方は、教会の建物および教区が果たす役割と同様、司祭そのものの役割も多様であったためにさまざまであった。教区は、聖にも俗にも属するものであった。教区税は共通であり、教区役人が行う慈善事業の多くは、近現代では世俗の行政府に引き継がれている。

規則に従えば、それまで所属していた教区司祭による「洗礼証明書」がなければ、よそ者が教区内で結婚したり定住することはできなかった。司祭だけでなく、教会の建物も広範にわたる世俗的機能を果たしていた。教会において、契約は正式に調印され、条約は批准され、家族や市は和解した。イタリアでは一般に、貴族や市の役人は司教座聖堂で晩餐

(26) 租税、輸入税、使用税、関税、賦課税など一般的な意味ではすべての輸入税と慣例的な税をさすが、中世には、輸入ワイン、毛織物など、次第に専門的な意味にかけられる税という意味を増した。

会を催し、政治的陰謀も含め、あらゆる種類の請願は教会の権威に基づいてはじめて正式なものとされた。

教区の役割のなかでも、純粋に宗教的な性格をもつものは広く定着していた。教会と聖職者は「聖」と「俗」とが結びついた様相を呈していたが、その役割はますます増大していった。しかし、世俗と現世をともに扱うことは、信仰本来の聖務を圧迫する場合がある。教会は穀倉、市場、ゲームや闘いの試合場としても使用されていたし、司祭は居酒屋をもち、教会の建物のなかで市場に出すイギリス流のビールの一種であるエール(27)を醸造した。それ以外にも、市や異教的な祝祭が教会の庭や祭壇の前ですら行われた。

一三世紀以降、教会会議は、聖なる場所で歌を歌ったり、ギャンブルをしたり、猥褻な踊りを踊るといったことがしばしば行われていたことを非難した。ただ、このような行為は、必ずしも不敬の念から出ているというわけではない。単なる、よく知られていた悪習なのである。しかし、こうした慣習は、教区司祭が信仰教育を行うには相応しくない環境を助長する結果となり、巡回托鉢修道士がやって来たとき、その説教がいっそう歓迎される原因となった。

旅をする説教師たちのことは西欧では古くから知られていたが、一二世紀の終わりごろにはその数は増加した。新たに起こった緊急な要請にこたえるのは彼らの説教であった。

(27)ビールよりもアルコール分の強い上面発酵のビールの一種。

たとえば、ステラのエオン[28]（Eon）と呼ばれる者がいた。彼は、奇妙な、そしてしばしば冒涜的な見解を披瀝しては個人的心棒者を集めようとしていただけだった。彼は自分のことを「エオン」と呼んだ。フライジングのオットー[29]によれば、当時のあらゆる祈りの終わりに唱えられていた「われらが主イエス・キリストによりて」（Per Eum）[30]という決まり文句に出てくる彼（eum）[31]は自分のことであるとエオンは言い張っていたのである。

そのほかにも、至福千年を説く説教士たちは、たった一つ、大変動を予告する説教を携えて北イタリアやラインラントの町々に頻繁に現れた。一二世紀には、福音を伝え、平信徒の宗教的情緒を洗練させるという役割は、使徒に倣って布教を行うことを旨とした説教師によって行われていた。また、この役割はその精神的後継者である、一三世紀、一四世紀の托鉢修道士によって行われた。

一一世紀におけるキリストに倣う徳である尊厳、清貧、その養成の課題はあまりにも多く、伝統的教会が対応できる範囲を超えていた。クレルヴォーのベルナルドゥスのような卓越した説教をする聖職者や、異端のワルド派、ペトルス・ブリュイス派の説教師たち[32]は、使徒に倣った生活を賛美した。完徳者のキャザーは何も持たず、もっとも厳格な禁欲的苦行を実践し、信仰については行動で範を垂れ、多くの高位聖職者を説得した。キャザーのような説教師たちは、一二世紀のもっとも強烈な宗教人の一人であった。

この使徒的実践を説く時期に、非常な影響力をもった二人の人気のある説教師がいた。

説教師

(28) 12世紀半ば頃のブルターニュ出身の隠修士。その名は「星のエオン」。カリスマ的な説教師で、自らを長とし、キリストの再来とする自分自身の教会を設立した。Per (eum) Dominum nostrum Jesum Christum（われらが主イエス・キリストによりて）という祈祷の句は、「われらが主エオン・イエス・キリストによりて」という意味であると語ったといわれる。

(29) (1111～1158) オーストリア辺境伯レオポルト3世の子。シトー会の修道士。ブルゴーニュのモリモンの大修道院の院長のあと、バイエルンのフライジングの司教となる。『フリードリヒ一世の事績』などの著書がある。

(30)「われらが主イエス・キリストによりて」という祈祷の句　の一部。

(31)「千年王国」ともいう。世界史の終わりに来るべき黄金時代（至福千年紀）には、義人のみが復活を許されて暮らす神の国が地上に1000年続くとする教説。ユダヤ教の終末論に由来する神学的には問題の多い教説だが、キリスト教の教会史においても少なからぬ役割を果たしてきた。

(32) 異端の一種。12世紀のブリュイのペトルス（ピエール）の名に由来。ローヌ川流域やガスコーニュ地方に広まる。ペトルスは1131年火刑に処せられた。

ブレシアのアルノルドゥス（Arnold of Brescia）[33]とアッシジのフランシスコ（Francis of Assisi）である。両者の民衆に語った言葉には多くの共通点がある。両者はともに清貧とキリストに倣うことを教え、一般民衆に広く信望された。しかし、聖職者が彼らを受け入れる姿勢は非常に異なっていた。前者は恥ずべき異教徒として死を迎え、後者はあまねく愛されるべき聖人として死を迎えた。

フランシスコと同様、アルノルドゥスは一生清貧に甘んじ、ブレシアの聖職者に対し、彼に倣うようにと情熱的に説いた。彼の改革への願望は、はじめから抵抗と告発にさらされた。彼の信仰は真摯であったが、彼の憤激は苦々しい言葉となり、聖職者たちを容赦なく告発した。教会が世俗の司法に権限をもつことには反対で、その廃止を提唱した。そのほか、彼の目指すところはますます政治的性格を帯びていった。たとえば、人生の頂点である一一四六年、アルノルドゥスは教皇のお膝元のローマで自治共同体の首長という地位に就いたとき、多くのローマ人の熱心な支持もあり、教皇エウゲニウス三世を追放した。彼はこの教皇に対して「もはや真の使徒とはいえない」と語った。教皇はローマの皇帝であり長官でもあり、アルノルドゥスの謀殺を企てた。しかし、いずれにせよ、皇帝軍がアルノルドゥスの共和国的な試みに終止符を打つころには、アルノルドゥスは当初の支持者のあらかたを失っていた。

ブレシアのアルノルドゥスがローマを接収したとき、異教というものは、圧制的な力に

(33) 中世盛期に活動した異端活動家。北イタリアロンバルディアの貴族の家に生まれ修道院に入った。教会の腐敗ぶりに嫌気が差し、使徒的清貧を説いた。1146年、支持者を得て、ローマで自治共同体の建設を宣言した。しかし、その厳格主義のため、貴族の支持者を失い、逮捕、投獄され、絞首刑となる。

よって浄化できる局地的病と考えられていた。フランシスコの時代ごろには、ヨーロッパ大陸では、ほとんどの地域で異教の入りこんでいないところはないといってよかった。アシジの市長ですら、完徳者のキャザーのような人だった。異教に対する十字軍が召集され、一三世紀に教皇庁の異端審問が創設され、異端者は厳しく悪意ある尋問によってくまなく探しだされた。聖職者たちのなかには、フランシスコの活動には激しく霊的喚起力があり、それは異端信仰の危機にはよい実を結ぶ有効な種になるかもしれないと考える者もいた。

アルノルドゥスと同様フランシスコも、この世のすべての物を放棄するように提唱した。しかし、彼は聖職者を非難するというよりは、はっきりと彼らを支持した。また、フランシスコも彼に従う者たちも聖職者の支持と保護を得ていた。清貧の教えが聖職者の敵意を引き起こし、托鉢修道士たちを、ボナヴェントゥーラ[34]の言葉によれば「異教徒であるかのように暴力的に」攻撃するようになったのは、その世紀も後半になってからのことであった。

托鉢修道士の説教師たちは、これまでなかった新しい型の説教をした。彼らは信仰の話をする場合、あえて世俗の生活のなかの、それも一番信仰とは縁のない事柄を取り上げ、それを信仰と結びつけて説教したのである。托鉢修道士の説教の中心は、訓話や恐怖を起こさせたり楽しませたりする、しばしばヴィジョンにかかわる逸話や短い寓話であった。ある訓話は次のように始まる。

(34)（1221～1274）バニョレッギオ生まれ。1243年フランシスコ会修道士になる。1273年、アルバーノの司教および枢機卿に指名された

さて、私は人生とは市《いち》のようなものであると考えます。というのは、市のようにこの世には大勢の人が群れ、多くの持ち物や装身具があり、さまざまな商売があり、数々の屋台店があります。しかし、あっという間に市は終わり、取り壊され、どこかよそに移動してしまいます。もしも売買するときに賢くなければ、消費したものはすべて無駄になってしまいます。そして、市が立った場所そのものには、塵芥《ちりあくた》しか残っておりません。この世も市のようなものであります……。ですから、私たちはぐずぐずしていてはいけないのです。キリスト様を改悛という宿にお導きして、涙という食べ物や飲み物を信仰の証《プレッジ》として十分にお捧げして、お誓《プレッジ》いしなければならないのです。

この訓話は、フランシスコ会の説教集からとったものである。ある説教のなかで、別のフランシスコ会士のニコラス・フィリップはほかに仕事を兼ねている聖職者を攻撃した。彼はそうした者たちを、「さらなる聖職禄、年金などをすべて積み上げようと働き、なかには、自らもう一人の神になろうとしているように見える者もいる」と述べている。高いところに登っていく猿のように、地位を上っていく高位聖職者は、「胸の悪くなるような彼らの臀部を人々の嘲りの的として」晒しているというわけである。

(35) 後期中世美術の共通するモティーフの一つ。悔悛行列に関連する極度の宗教的興奮の感情表現を反映している。元来は回避できない人間の死と悔悛への喚起を扱った道徳劇と詩と結びついていた。

放浪する托鉢修道士は、驚異的な効果を生む達人たちであった。あるフランシスコ会士は、聴衆を怖がらせようと、突然、衣服の下から頭蓋骨を引っ張り出した。死への強迫観念は、一四世紀、一五世紀にはさらにいっそう激しくなったが、それは托鉢修道士の説教と結びついている。死の舞踏（Danse macabre）（アラビア語のMeqaber、墓掘り）(35)は托鉢修道士の説教に共通するテーマで、これは彫刻芸術の主題を模倣したものである。また、説教師のなかには大きな絵入りの写本を携えている者がいた。その写本を掲げ、教義の要点を絵で説明した。フランシスコ会原始会則派のシエナのベルナルディーノ(36)は、イエスの御名に対する信仰と結びつけて知られている修道士だが、彼はイエスの御名を書き記した旗を携え、説教するときにはいつでもそれを掲げた。

イエスの御名に対する信仰は直截で文字通りのもので、多くの托鉢修道士の説教も同様であった。初期の説教者から学んだ托鉢修道士やほかの説教師たちも、自分たちは神学的教義を一般に広める者と考えていた。ダーラムの副小修道院長のリポン（Rypon）は次のように書いている。「説教師というものは、霊的糧を受け入れる胃袋のようにそれを消化し、下ごしらえをする。それを、教会の身体を通して配分し、役立てられるようにする」

こうして有名な説教師は、悔悛の教義を俗人にも分かる喩《たと》えを用いて説明するのである。ちょうど洗濯女が洗濯物から最後の水一滴を搾りだすように、心から悔悛する者は彼の心

(36)（1380～1444）マッサ・ディ・カラーラ生まれ、フランシスコ会士。1437年、同会の厳格派の総代理となる。ペルージャとモンテリピドに神学校を設立。

の底からの涙を搾りだす、と教えるのである。リンカーンの司教であったグローステスト(37)はイングランドの托鉢修道士の親密な友人であり、五官、知性、そして意志の機能を説明するために訓話を用いた。彼は人間を町にたとえている。

人の身体の手足は家々のようなもので、口や目や耳は町の門のようなものです。門を通って人々は町に出入りします……この町の領主は魂または知性であり、その女主人は意志です。それはアウグスティヌスによれば、魂という領国の女王ということになります。記憶は、客人が迎え入れられる広間あるいは客間です。首長は神御自身です。領主が領地の中心においでになるように、神は領主として理性のなかにおいでになります。(＊2)

説教師のための助言書は、三位一体の概念を、冬の日の野外祭壇の周りの水と氷と雪にたとえることで説明することをすすめている。

私があなた方に見せる例をごらんなさい。
ごらんになっておいでのように、ここに水と氷とそして雪の三つがあります。この三つは、形は異なりますが、どれもみな水であることに変わりはありません。

(37)（1175頃～1253）リンカーン司教。オクスフォード大学の原動力。13世紀の言語学、科学思想、理論の最前線であった。教会改革に積極的だった。『規則集（*Statutes*）』は中世を通してイングランドで広く筆写された。

巡回説教師の唯一の目的は教えることであった。感動を呼び、情緒を揺さぶることが何より重要なことであった。ここでは、写実的に語られる逸話が実に生き生きとした雰囲気をかもしだし、祈りや黙想や、そして詩に取って代わられる。一四世紀イングランドのフランシスコ会士、托鉢修道士のウィリアム・ハーバートやジョン・グリムストーンの詩のなかには、神と人々との対話が心に訴えるように、そして単純に表現されている。こうした詩の一つのなかで、神はこう語る。

「我が民よ。私があなた方に何をしたいというのか。あなた方がわたしを殺《あや》めたくなるような」

また、別の詩のなかでイエスは、揺りかごのなかからこう語る。

私はイエスだ。
戦うためにやって来た、盾も槍も持たずに。
あなたの心を開き、あなたの思いを語りなさい。
あなたの罪を、大きい罪も小さい罪も。

一四〇四年、アウグスティノ会の托鉢修道士ジョン・グレゴリーは、南東イングランドのどこかで「御自身の御血によって（*Per proprium sanguinem*）」の一節について説教をした。それは、「御自身の御血によってキリスト御自身が御血となられる」というヘブライ語版のテキストの九章から取ったものである。

まず最初に、血は癒し、力を与えることができるということを教える。彼は、よい血は病を健康に回復させることができると書いている。漆喰に混ぜれば、血は受胎可能な石の壁となる。血を乾いた木の根もとに注げば生命力を回復させ、その木に実を結ばせる。真に霊的な意味で同じことが人間についてもいえる。人は罪によって乾き、不毛になる。しかし、イエスの血によって命は回復される。(38)

彼の説教の主要点を取り入れ、托鉢修道士のグレゴリーは歴史や一般に人気のある伝説伝承から引いた例を取り上げながら、その要点を繰り返し語り続ける。彼は、聴衆にコンスタンティヌス大帝（二八〇？～三三七）の話を思い出させる。コンスタンティヌスがハンセン氏病を患ったとき、子どもの血を満たした風呂に入ること、そして同じ病気から回復した別の者の血を塗布することがこの病に共通した治療であるとの助言を受けたという。

人間の最大の病は死である。死を経て、死に勝利した者の血だけがその病を治癒することができる。ヴォルティゲルン王(39)の物語は、この話の延長線上にある。ヴォルティゲルンは自分のために城を建てるようにと命令した。しかし、一日かけて建てた部分が次の日にはすべて崩壊してしまうために城を完成させることができない。どうにも困った王は、賢

(38) 十字架上で血の贖いをされたとすることから血に対する特別の信心から様々なエピソードが生まれたが、その一つである。

(39)（在425頃～460頃）ブリトン人の王。ヴォルチゲルンは「大王」「最高君主」の意味。イングランドの南部一帯が支配領域であったと考えられる。

人たちを呼んで相談をした。彼らは王に、漆喰にこの世の人間でない者を父親にもつ子どもの血を撒けば城は建つだろうと言った。同じように、と托鉢修道士のグレゴリーは記す。イエスの受難以前は、善行を積んでも死ねば地獄に落ちて、その善行に報いはなくすべては失われた。しかし、この世の人間でない父をもつ者、すなわちキリストの血が彼らの功徳に加えられるならば、善行によって積み上げられたもの、つまり城は永遠に屹立し続ける。

血の病について一つ一つ例を挙げて詳細に述べた後で、いかに血が勇気を与えるかということを教えようと、本筋を離れて別の長い話をする。「立派な聖職者」のプリニウス（Pliny）は著書のなかで、この世の不思議について象を例にとって語っている。象には二つの大きな特徴がある。一つは、感情に欠けるところがあるということである。象は、戦に熱意がなくものうげな様子になる。もう一つは、王を見て王と認め、王に対して栄誉を払うことができるほどの知性があるということである。托鉢修道士のグレゴリーはこう続ける。

人間は、この象のようなものである。なぜなら、人間は、慈悲については生まれながらその感性があるわけではない。そのため、悪魔、現世、そして肉欲に属するものについての戦いには弱くて脆い。この種の戦いでは、人間は高慢、怒り、妬み、そのほか大罪という矢によって傷ついて倒れる。しかし、象が血を見て勇気を奮い立たせるように人間もイエスの血によって奮い立ち、罪に向かって戦おうと立ち上がることができる。(40)

説教の終わりにそれまで述べたことを要約し、最後の逸話を語る。偉大な領主はその娘の婚礼に際して、それぞれに言葉が彫られている四つの指輪を与える。最初の指輪には「私はおまえを愛している。おまえは私を愛することを学びなさい」、二番目の指輪には「私が何をしたか？　どのくらいしたか？　なぜ、私はこれをしたか？」、三番目の指輪には「おまえは高貴である。おまえの高貴さを決して捨ててはいけない」、そして四番目は「私はおまえの兄弟である。私のところに来なさい。恐れることはない」となっている。この逸話の先を続けると、花嫁の夫は彼女に「いまや、そなたは私の連れあいとなったのだから、決して私のもとから去ってはいけない」と彫られた印章を与える。

彼は説明する。父は神である。娘は人間の霊魂である。夫は悪魔である。四つの指輪はキリストの傷である。その傷を通してキリストは人間に熱心に説く。彼の愛のもとに戻るようにと。彼の十字架の目的を理解し、イエスの犠牲を通して得た高い地位に忠実であるようにと。恐れを抱く異邦人のようにではなく、馴染み親しみをもつ兄弟のようにキリストに近づくように、と。(41)

(40) 象は鈍感だが自分の主人がわかる程度の知覚はあり、血を見て興奮すれば戦うという性格を、人間と神との関係のなぞらえたたとえ。

なぜなら、人間の魂は聖変化を通してキリストとの婚姻の結びつきを行ったのであり、楽園の鍵である彼の血に与《あずか》ったのである。このことを考えなさい、と托鉢修道士のグレゴリーは結ぶ。そうすれば、すべての誘惑に打ち勝つことができるだろう。よく聞きなさい。そうすれば、あなたは良き命という恩寵を受けることができ、あなたがこの世から去るとき、永遠に喜ぶことができる。

以上、托鉢修道士グレゴリーの説教の基本構成を見てきたが、彼の説教は各挿話の配置が複雑で、同時にいくつかのレベルで意味が重なり合っている。その意味は、説教師用の必携集に収集された、聖書、過去の古典、医学的および農業的知識、これまで受け継がれてきた物語から広く取られた種々雑多な素材を一緒に織り込んで仕上げたということである。この説教全体は、説得力のある、同時に力強い、面白い、教育的なものとなっており、これだけ長いにもかかわらず退屈することがない。民衆の知識や歴史や神学に関する多数の言葉をうまく混ぜながら語られている。

托鉢修道士グレゴリーの説教は、キリスト教の真理を魔法にかけられた世界にもち込んだゆえに成功している。旅する托鉢修道士の説教者たちは、キリスト教信仰と中世時代特有の信仰の広大な範囲を一番よく調和させる要点を見事に認識していた。そのため、理解させようとしたばかりでなく、想像力に直接訴えるように語りかけたのである。彼らは最

(41)人間を間に神と悪魔が引き合うという図式のたとえ。

上の出来映えで、メソポタミアの修道士たちが物語るのと同じように柔軟な直感に挑んだのであった。イメージの構成力、絵で見るように生き生きした逸話、視覚的な小道具は、視覚に訴えるものを熱望する中世の聴衆者を見事に感動させたのであった。

この種の人気ある説教に対する反応は、自然に途方もない形で起こった。悔悛する大群衆は町から町へと説教師についていき、貴族の女性ですら乞食のような衣服を身につけて裸足でついていった。遍歴する説教師たちの説教がますますよく知られていくに従い人々の情熱は次第に冷めていったが、平信徒の信仰心に対する彼らの説教の影響力は依然として大きかった。一四世紀になるころには、人気のある説教師は中世の人々の敬意の念や信仰を目覚めさせ、信仰を深める助けとなった。信仰は祭儀と同様、霊の内なる確信という問題になっていた。また、共同礼拝は個人のレベルでの信仰が広まったせいでその機会が増加した。一般民衆の信仰の本質を変えることによって、人気のある説教はラテン西洋のキリスト教化を完成させるのに貢献した。

信仰が深められたことを示すもっとも説得ある一つの徴《しるし》は、中世後期には信仰が個々人のレベルにまで広げられたという事実に見ることができる。一三世紀には、ロザリオ(42)を使用することは一般的になり、「お告げの祈り(43)」も同様で、朝、昼、晩、マリアに対する信心の現れとして鐘が鳴らされた。マリア崇敬を表す形は数多くあったが、お告げの祈りは

(42) 念禱と口禱によってマリアを称える信心の「ロザリオの祈」を唱える時に用いる数珠。１個の大玉と10個の小玉で１連をなし、５連よりなる。

(43) 天使ガブリエルがマリアにキリスト受胎を継げたことを記念して唱える祈り。毎日、朝６時と正午と夕方６時頃の３回唱える。

ほんの一例である。ヨーロッパの多くの地域では、土曜日はマリアに捧げられた。なぜなら、十字架上の死の次の日である聖土曜日の日にもマリアだけがイエスの復活を信じ続けたからである。

個人のレベルで施しを行うことは例外ではなくなり、いっそう広まった。年代記作家サリンベネ[44]の書くところによれば、彼の母親は毎年冬になると、丘から貧しい農夫を家に入れ、厳しい天候がすぎるまで自分の子どものように世話をした。その母親は、晩年、クララ清貧会（Poor Clares）[45]修道院に入った。聖マラキ[46]の伝記作者であるクレルヴォーのベルナルドゥスによれば、アイルランドの聖マラキが若かりしとき、最大の関心事は死んだ貧窮者を埋葬することであった。一三世紀半ばに東洋から教皇宮殿にやって来たある参観者は、復活祭週に大勢の一族郎党すべてを集め、教皇自身がイエスにならってそれぞれの足を洗い、腰の周りを包んでいた布でそれを拭っている光景を見て、いたく驚いたものであった。

裕福な者の間では、施しと信仰の実践はさらに目覚しいものがあった。当時の年代記作家の書くところによれば、一三七七年、裕福なフィレンツェのニコロ・デッリ・アルベルティの葬儀には、五〇〇人もの貧しい人々が棺に従ったとある。しかし、この人々は、彼が一生の間に名前を語らずに助けた膨大な数のほんのひと握りの者たちであった。

公開で行う償いや感謝などの精力的な活動は、さらに日常的なものとなっていった。フ

(44)（1221～1290）イタリアのフランシスコ会士。歴史家。ブルゴーニュの歴史を記す。従来の修道院史の枠を超えた著作で、資料的価値があるとされる。
(45)フランシスコ会の第二会。アシジのフランシスコがクララとともに、1212年に創立した女子修道院。厳格な禁欲制と完全な無所有を特徴とする。

マリアお告げ

(46)（1094～1148）アイルランドに生まれた。アーマーの大司教。グレゴリウス改革の先駆者。様々な修道院改革に尽力した。聖人として列聖された。

ィリップ六世は、息子が瀕死の病から奇跡的に回復したあと、病床からサン・ドニの教会まで歩いていった。

四マイルストーンかそれ以上の距離があり、このような精力のいることに慣れていない彼のような地位の者には、相当過酷な労苦であり困難なことであった。

彼はこの苦行に続いて、徹夜の祈り、聖遺物への礼拝、神に捧げられたすべての聖務日課に出席した。

もちろん、このような公開でなされる気前のよい行いや、自らを貶める行為の背後にはさまざま動機があった。すなわち、高位の人々の敬虔な振る舞いは、その地位にふさわしい程度に賞賛されるとの期待があった。しかし、法外な現れ方をする信仰が純粋に真摯であり、利己心からではないということはありうることだった。一三世紀の初め、スーリンギアの伯爵夫人であるハンガリーのエリザベス(47)は、自分の持ち物をすべて捨てて、フランシスコ会の第三会員として清貧のうちに生きた。また、一世紀後、マジョルカのフィリップは莫大な世襲財産を放棄し、放浪するベギン会士として生きた。

平信徒の宗教心が花開いたもう一つの証《あかし》は巡礼であった。はるか彼方にある聖人の聖堂を訪れるということほど、中世びとたちの宗教的想像力を完全に満足させるものはほかに

(47)（1207～1231）ハンガリー王アンドリュー２世の王女。1227年、フランシスコ会第三会に入る。1235年に列聖。

はほとんどなかったといっていいだろう。巡礼たちは、何世紀にもわたって聖地へ旅した。ローマへの巡礼も、さらに頻繁に行われた。たとえば、サクソン人の王であるケンレッド(48)、ブーレッド(49)、カドワラ(50)、そしてイネ(51)はローマに埋葬されている。ベーダは、イネの時代、多くのイングランド人が、男も女も、貴族も平民も、平信徒も聖職者も、教皇の御座するローマへ旅をしたと述べている。

巡礼の一つの魅力は、聖なる場所に「実際の旅」をすることによって「霊的な旅(52)」を行うということだった。もう一つの魅力は、巡礼がもたらすまさに霊的恩恵そのものであった。殉教者の祝日には、償いの三分の一、あるいは四分の一の赦免を得ることができた。聖木曜日に「海を越えてやって来た」巡礼者は三年間の免償(53)、さほど遠からぬところからの者には二年間の免償が与えられた。

中世時代の終わりごろには、ローマにやって来ることによって得られる恩恵の価値は何倍にも高められた。しかし、そのころには、巡礼は遠くに旅をすることが重要だということではなくなっていた。地方の聖人の数が急速に増えてゆき、地方の聖堂への巡礼もまた盛んになっていった。イングランドのカンタベリー、フランドルのティーゲム、フランスのモン・サン・ミシェル、そしていずこよりも尊いとされたのが、スペインのサンディアゴ・デ・コンポステラであった。あらゆる町や村には巡礼者の集団ができた。一〇マイル～一五マイル程の距離にある近くの聖堂に、日帰りの巡礼で詣ることは共同体の生活の重

(48) マーシア王。五年の治世の後、王位を放棄し、教皇コンスタンティヌス１世（708～715）のときローマに行き修道士となり、その地で没した。
(49) Burgred とも。マーシア王（在852～874）。

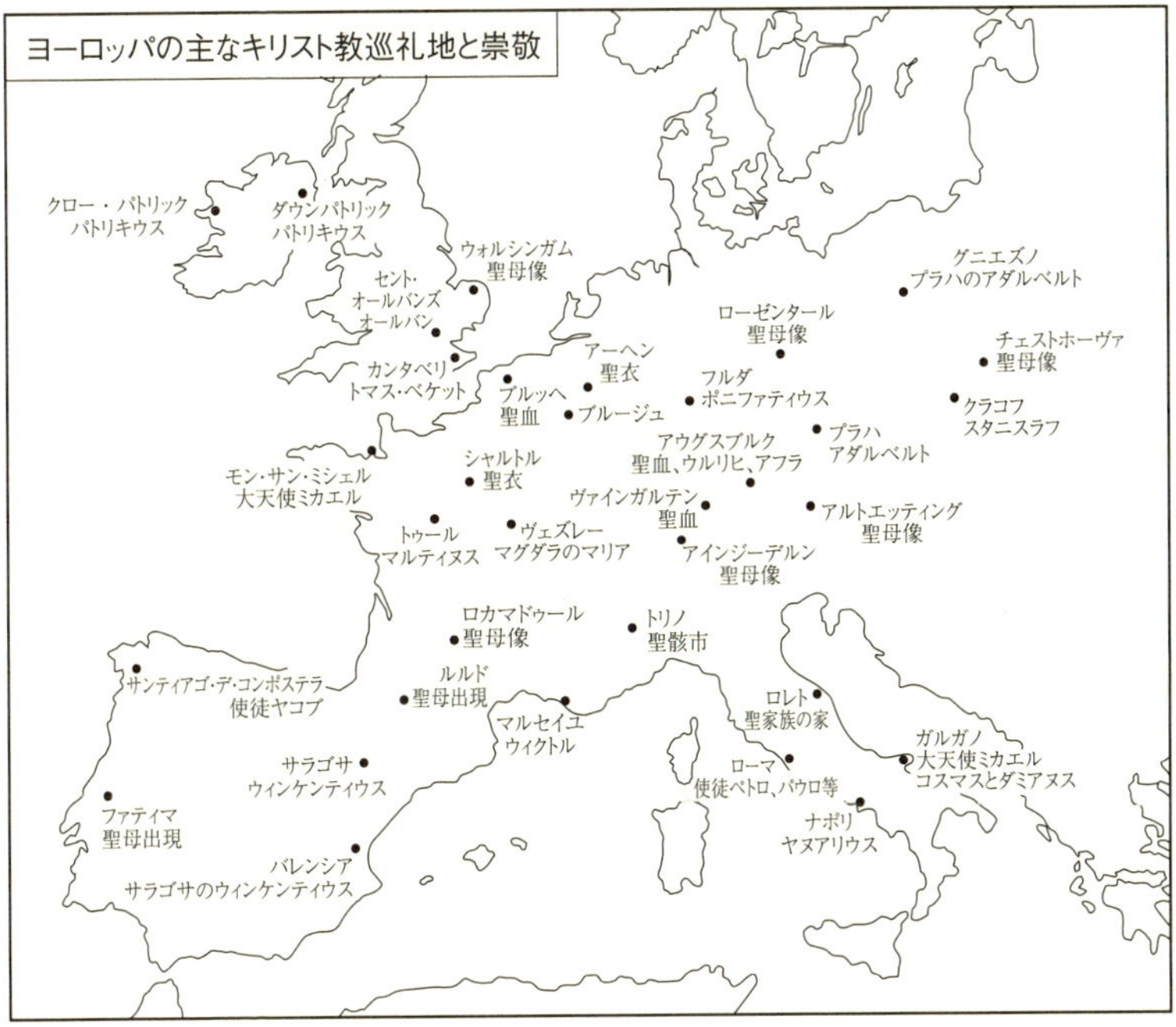

ヨーロッパの主なキリスト教巡礼地と崇敬

---

(50)（659頃～689、在685～687）ウェセックス王。ワイト島、サリー、サセックス、ケントを征服。2年後王位を捨て、ローマで教皇より洗礼を受け直後没。

(51)（在668～726）ウェセックス王。726年退位。ローマで没す。アルフレッド大王以前に最も重要なアングロ・サクソン人の法典「イネの法典」を編纂。

(52)霊魂の行脚。神の国に至る精神的修業の旅をさす。

(53)罪が赦されたとき、それに対して与えられた罰の行使が免除されること。初めは、大罪に課せられた厳しい教会法上の償いの軽減であった。やがて罪の軽重に従って償いが課され、巡礼、祈り、善行などで全面的にあるいは部分的に償いが免除された。中世以降、償いの免除が罪の赦しそのものと混同され、宗教改革で批判された。

大な危機や解放を意味していた。

巡礼は、単なる共同の形をとる宗教的償いではなかった。それはしばしば、市民生活における罰則としても科された。規定された巡礼の道筋に沿って歩んでいるときだけ身の安全を保証されるという条件で出発する、望ましからざる者の巡礼もあった。とはいえ、そうした者が道をはずれていったとしても決して監督の及ぶところではなかった。裁判の命令による巡礼は、魔法使い、政治的陰謀を企てた者、町から有害と裁かれた「役立たず」のろくでなしども（Ne'er-do-wells）には都合のよい罰だった。敬虔な旅人のほかに、異端審問所の法廷で有罪の判決を受けた自らの意志によらない巡礼や巡礼を代行して生計を立てている職業的な旅人も加わり、巡礼者の流れは大いに賑わった。

巡礼の群れがあまりにも多いので、助言を与え、旅を豊かにするためにあらゆる種類の旅行記や旅行案内がつくられた。そのなかでもきわめて初期のものに、コンポステラ巡礼のためのハンドブックがある。これは一二世紀の中ごろ、ポワトゥあるいはサントンジュ出身のフランス人によって書かれたものである。そこのハンドブックにはさまざまな道筋が示され、その街道沿いの町や地域が紹介され、その地の住人のもてなし方や怒りっぽさについて説明が加えられている。各地の水質についても細かい注記が添えられ、著者は「ナバール方言」[54]についてもわずかながら語句の説明が与えられている。たとえば、「神」「マリア」「パン」「ワイン」「主人」「女主人」「王」「聖ヤコブ」は、わずかながら彼が役

(54)フランスの南西部およびスペイン北部にわたった古王国地帯で話された言語。

に立つと考えた単語例である。

巡礼の物語、つまり聖地に至る現実の、あるいは空想に満ちた旅の記録は、一四世紀、一五世紀には人気のあった文学形体である。このような本物の記録のなかに、フランドルのアングルールの領主であるオギエ（Ogier）八世の手による見事なまでに詳細にして率直な物語がある。オギエと彼の一行は、一四一三年七月、エルサレム、エジプト、そして小アジアの聖人が祭られている聖堂を訪れようと出発した。彼らは北イタリアを横断し、ヴェネツィアで船に乗り、一〇月の初め、ようやくのことでエルサレムに到着した。オギエは聖地で数え切れないほどの教会、聖遺物そして洞穴状の神殿に案内された。所々には、由来も定かならぬとはいえ興味ひかれる伝承が伝えられていた。

彼は、ある話を聞いた。ある大きな石に腰をおろし、イエスは弟子たちに説教した。その間マリアはそば近くにある別の石に座り、説教を聞いていたのだという。また、ヨルダンの谷では、「地上の楽園の実」と彼のいうところのバナナを見つけた。それは、エジプトのキリン、ワニ、象と同様、好奇心がそそられるものだった。そして、象のラッパのような大音声に対して「慣れていない者には雄叫びで恐ろしくなる」と言っている。

CAPITULUM hujus Almae Apostolicae et Metropolitanae Ecclesiae Compostellanae sigilli Altaris Beati Jacobi Apostoli custos, ut omnibus Fidelibus et Peregrinis ex toto terrarum Orbe, devotionis affectu vel voti causa, ad limina Apostoli Nostri Hispaniarum Patroni ac Tutelaris **SANCTI JACOBI** *convenientibus, authenticas visitationis litteras expediat, omnibus et singulis praesentes inspecturis, notum facio:* Dnus Yoshiko Shimizu

hoc sacratissimum Templum pietatis causa devote visitasse. In quorum fidem praesentes litteras, sigillo ejusdem Sanctae Ecclesiae munitas, ei confero.

Datum Compostellae die 12 *mensis* Augusti *anno Dni* 1996

Secretarius Capitularis

SIGILLUM CAPITULI BEATI JACOBI COMPOSTELLAE

巡礼成就証明書「コンポステラ」（清水芳子『銀河を辿る』新評論、2003年より）

カイロは、印象深いところだった。

「驚くほど大きい町で、サラセン人やほかの民族などの人々であふれており、自分の目で見た者でなければ誰も信じられない程であった」

だが、ピラミッドはそれ以上に驚くべきものだった。そうした純観光的な記述に比べると、キリスト教の聖遺跡に対して向けた関心は低く、実に対照的である。

ナイルへの旅を終えた後でサラセン人の海賊に襲われ、一行は一一月の終わりに聖アントニウス(55)が過ごした砂漠の聖域にやって来た。そこからアレクサンドリアに戻り、再びヨーロッパに向けて海路を出発した。港を出てから数日して船は舵を失った。だが、恐ろしく長い夜を過ごしたのち、巡礼たちはクリスマスの朝、キプロスにあるリメッソ（現在のリマソル）の港に入ることができた。逆風のために二月の終わりまでギリシア付近の諸島にとどまり、それから四旬節の間、別の船を待ってロードス島の海岸付近で立ち往生していた。やがて、すべての島にいた巡礼者はギリシアの船を雇うために団体をつくった。ついに、その船が彼らをヴェネチアに運んだ。

五月の終わり、オギエは復路の旅の最後の一足を歩みだした。再び北イタリアを横切り、スイスを抜け、ブルゴーニュとシャンパーニュを通り、六月も終わりに近づいたころにアングルールに戻った。

(55)（251頃～356）エジプトの隠修士。修道者の祖。ナイル右岸の砂漠の丘陵地帯で隠遁生活を始めた。やがて、多くの追随者とともに紅海近くの砂漠の中央に居を構え、霊的指南に身を捧げた。

オギエの記録の調子は冷静であり、宗教的歴史に対して彼の払う注意は表面的であった。彼は敬虔な心から旅を始めたのであるが、彼の旅の興奮と冒険は、明らかに霊的意味に強く向けられていたとはいえない。また、たしかに多くの巡礼たちも同様な無関心さを感じている。しかし、見事なキリスト教の寺院を見て心から深い感動を覚える者たちもいた。あるロシアの巡礼は、エルサレムを初めて見たときの仲間の様子を次のように述べている。

エルサレム

……キリスト教徒は、それぞれエルサレムという聖地の光景にかぎりない喜びを感じ、信仰深い者たちはみな涙を流した。これほど熱心に望んだかの地、そしてわれらの罪を取り除きたもうためにわれらの神なるキリストが受難を甘んじ受けた聖なる石を見たとき、誰も感動の思いを隠しておくことはできなかった。そこで一同はエルサレムへと急ぎ歩みを進めたのである。(＊3)

巡礼、施し、償い、個々人の敬虔な信仰、これらは明らかに中世盛期のキリスト教的信仰の内面性を表している。一三世紀ころには、教会の教義や祭儀に一般民衆の敬虔な信仰がしっかりと結びつき、そうした信仰形態は永続的なものとなった。しかし、その時代の信仰の姿をその視点からだけ見るのは過ちである。教区司祭や巡回説教師の説教も、一般民衆の信仰を導き発展させることに貢献していたからである。しかし、彼らも一般民衆の信仰を支配することはできなかった。なぜなら、魔法にかけられた世界の強い力は教会の力をはるかに超えており、農夫や村人の宗教的あるいは半宗教的実践に影響を与え続けていたからである。中世の聖職者は、キリスト教的信仰から古く神々《こうごう》しい由緒あるものの影を取り除こうとしたが成功しなかった。

そのような行事のあるものは、教会が大目にみるか、あるいは教会が奨励したことに一工夫を入れた、形を変えた程度のものがほとんどであった。古くから慣習的に続いてきたことの一つに、教会と教会の庭は逃亡者や犯罪者に聖域を提供したということがある。礼拝堂、墓地、病院に逃げ込み、宗教施設の周囲四〇歩以内にいる者を捕らえたり罰したりすることはできなかったからである。さらに、教会の庭の土、廃墟となった教会の建造石、聖体を携えている司祭すらも避難所となった。

このように神が存在する場所を正確に明らかにすることは、十字架がもつ奇跡的性格を明確にした。また、一一世紀になってからは、西ヨーロッパの野原や道筋に急速に増えた十字架に対する信仰を強めることになった。市場に設けられた十字架は、修道院に支払う一〇分の一税を集める場所を印したものである。境界に置かれた十字架は、政治的司法権の及ぶ範囲を示したものである。説教する場所に建てられた十字架は、巡回説教師のためであった。「泣き」十字は、償いを記念するものである。追悼の十字架は死別の印である。これらすべての十字架は、生きている犯罪者に避難所を提供し、長く続く死刑という不名誉を撃退するのに貢献した。騎士の試合であるトーナメント(56)や、法的に正統と認められている判決上の決闘(57)における勝者は、相手が命を落とした決闘場に十字架を建てる義務を負った。

一二世紀、一三世紀には、聖変化用の聖体に目に見える形で敬意を表す実践が行われるようになり、大きな影響をもつほどになった。聖体を一目見るだけでも救済されるだけの力があり、見た者に恩恵が与えられると信じられた。一二〇〇年以降は、信仰深い者に聖体を見ることによる恩恵を与えようと、ミサの間に聖体を高く掲げることが習慣となった。また、聖体を見た日には、飢えや渇きを感じないということも庶民の間では信じられていた。そのような者は強欲とは無縁であり、「まだ果たされていない誓いや言葉」はすべて許されることになっていた。なにより大事なことは、急に盲目になるとか、突然の死に見舞われることから守られる(58)ということになっていた。

聖クリストファーもまた、死を寄せつけないとされていた。そこで彼の絵や像が、急に

(56) 中世後期に行われた騎士の馬上槍試合。平時における騎士の鍛錬、王侯貴族の娯楽の目的でしばしば催された。

(57) 中世の封建社会では神の審判として裁判上の決闘が合法的に行われ、決闘による勝者は裁判上の勝者となった。1215年、ラテラノ公会議で禁止された。

橋や道の角や教会の壁に掛けられるようになった。中世後期には、ほとんどの聖人は同じように何らかのはっきりした役割が与えられていた。だが、仮にも聖人たちのキリスト教的徳が崇められるとすれば、それは聖人に対する軽視の念からではなく、近親感からであった。

ある種の聖人たちは、特別の職業技術を好むとされた。ペトロはパン屋の守護の聖人[59]であり、ヨゼフ[60]は大工の守護の聖人であった。一方、ほかの聖人は、ある病気を治すとか貧困者を富裕者にするとされた。聖アルベルトゥス[61]は狂犬病を治し、聖アポリン[62]は虫歯を治すとされた。豚は聖アントニウスに聖別され、聖メダール（St. Medard）[63]はぶどうの木に霜を下ろさせることはないとされた。フランドルでは、寝取られ男の守護の聖人である聖アーノルドには嘲りという形の敬意が払われた。

教会が列聖の証拠を集めるときに見せる注意深い公正な手続きに比べ、庶民は縛られることのない情熱を注いで聖人に聖性を与えた。古来より伝えられた遺物は、キリスト教世界でよく知られていた人々に熱心に結びつけられ、混淆されていった。ウィルトゥス[64]は天使となり、ヘラクレス[65]はイエスとなった。信心深い多くの者はサン・ジェルマン・デ・プレにやって来て、ゲルマニクス(Germanicus)[66]やアグリッピナ[67]のカメオに口づけをし、二人をマリアとイエスにした。

聖人はご利益があると考えられていたので、とりわけ崇敬された。信仰が現実に実践さ

(58) 3世紀の殉教者。子どものキリストを背負って川を渡ったといわれる。「クリストファー」とは「キリストを背負う者」の意味。旅人の守護の聖人。

(59) キリスト者の守護となる聖人。守護を求める祈りがそのとりなしで神に通じるとされた。守護の対象は個人・職業・場所・国など。

れる根底にこうした実利的役割を期待する姿勢が見られるのは、多くの宗教に共通していることである。食事は、教会で祝福された食べ物から口をつける習慣があった。洗礼時に着用する衣服は、ある種の魔術を行う際に貴重であった。そのため、教区民が魔術に用いようと盗まないように焼き捨てなければならなかった。

聖遺物はしばしば盗みの対象となった。カンタベリー寺院やセント・オールバンズ教会では、ベケットの聖遺物が納められている聖廟の近くに見張り部屋が建てられ、昼夜、修道士が見張番をした。前述したように、身につけて災いから身を守ってくれるようにと祭儀のときに口にされる決まり文句や、聖書のなかの一節が布やお守りに刻みつけられた。こうした信心は、おそらく聖職者が奨励したものであろう。法律家のアゴスティノ・トリオンフォは、教区民に神や聖人の名前のついているまじないを売った聖職者を罰している。

聖別された物や場所は、特別な需要にこたえるには都合がよかった。和解したばかりの家族同士は、ワインを飲み、ワインと血の秘蹟に与《あずか》ったあとに、聖別された聖体を分かちあって食べ、和平の印とした。さほど形を変えることなくキリスト教の祝祭日として、春分や一月一日といったキリスト教以前の祭りが教会や教会の庭で祝われ、ダンスも踊られた。これは、しばしば司祭自身の指導のもとで行われた。全教区を挙げて興奮し、踊りに精力を使い果たし、黒死病や飢饉の恐怖から逃避しようとしたのであった。教会会議が繰り返し教会内で踊ることを禁じる命令を出したことは、その習慣の根強さを証明している。

(60) キリストの養父。マタイではその職業を大工としているところから、大工の守護の聖人とされている。

(61)（727年没）聖金曜日に狩をしていたとき、現れた鹿の角の間に十字架が見えた。この瞬間に改宗し生活を改めた。妻の死後、隠修士となり、司祭に叙階。

トマス・ベケットの殉教を描いた聖遺物箱

---

(62) アレクサンドリアに生まれた。249年、キリスト教徒に対する迫害が起きたとき捕らえられ、歯を一本ずつ抜き取られ、後に火あぶりの刑で殉教した。

(63) (470頃〜560頃) ヴェルマンドワの司教。フランク王国の貴族の家に生まれ司祭となり、その後司教となった。天候の守護の聖人として知られている。

(64) ローマ神話に登場する勇気の女神。

(65) ギリシア神話中最大の英雄。ゼウスとペルセウスの孫アンフィトリオンの妻アンクメネとの子。デルフォイの神託に基づき12の功業を成し遂げた。

(66) (15B.C.〜A.D.19) ローマの将軍。ローマ皇帝カリギュラの父。

(67) (13B.C.〜A.D.33) アグリッパの娘。ゲルマニクスの妻。

(68) 聖人の遺体もしくはその一部（毛髪、爪、血痕を含む)。広義には聖人が生前使用したり触れた物や墓にかかわるものをも指す。聖遺物崇敬は、迫害時代に殉教者に対する崇敬と並行して行われた。

教会の宝物には、魔法の力があると考えられていた。聖遺物のように教会にある宝石は病気を治癒し、出産の痛みを和らげることができるとされた。さまざまな宝石のありがたい効能については、中世の宝石職人の手でカタログがつくられていた。アルベルトゥス・マグヌスは、宝石の力と効能について何編かの論文を書いている。マシュー・パリスは年代記作家であり、写字室《スクリプトリウム》(69)の親方であり、加えてセント・オールバンズ修道院の宝石保管係であった。彼は、自分が管理しているそれぞれの宝石の治癒的効力についての報告を書いている。

この種の信心を通して五官を超越した効力が認められれば、教会で教えられる信仰に取り入れられた。聖別されたものに奇跡を起こさせる潜在力があると考えるのは、あらゆるものには生気があると知覚する心性の延長線上の思考である。十字架や墓地の周りの聖なる場所、聖体や祭壇の飾り、聖句、聖人の肖像などに、神性が宿ると知覚することは目では見えない奇跡を具体的な場所やものに根づかせたいという心を満足させた。何よりも重要なことは、新しい形で目に見える崇拝物が念入りにしつらえられた結果、中世びとの幻視的想像力が養われたことである。聖変化の聖体を見ること、あるいは守護の聖人を見ることが強調され、これによって敬虔な信仰心の視覚は活性化された。

中世後期における教会装飾は、目を奪うまでに壮観である。崇拝者たちは、空想力豊かな悪魔の姿をした彫像に囲まれた。歪んだ体や怪物の頭をもつ生き物や躍動する形の悪魔、

(69) 写本技術は修道院付属写字室に伝えられ、キリスト教関連の写本が製作された。

またアラビアやインドのモチーフが教会の壁を取り巻いていた。サタンのような生き物は、否応なく神性の僕という役割を与えられた。邪悪な顔をしたしかめ面の三位一体の彫像は、正統の信仰である三位一体の神を嘲っていた。

格式ある崇拝の雰囲気が神の唯一の勝利というわけではない。むしろ、光と闇の力関係の不安定な休戦協定ともいうべきものがあった。ここには、魔法にかけられた世界の暗黒面が悪魔神学と溶けあっている。暗黒面は知られざる、しかし強力な、無形の存在に対する恐怖を表現している。無形の存在は同時に、中世時代にはあまりにも多い、気まぐれに襲う悲劇的側面を際立たせる。

この運命観に対して、善の神学はほとんどなんの慰めも安心も与えなかった。裁きは神のものだが、それを防ぐことも予言することもできないため、人間は不安になり落ちつかなくなる。人間のなすきわめて無私な行為すら、神の正義に反するかもしれなかった。地獄に落ちた罪人《つみびと》に対してくだされた神の裁きに同意しなければならなかったとき、ダンテ(70)はその悲惨さに哀れみを感じたというわけで非難された。難産に同情して、両親を慰めようとした助産婦が、死産した子どもに洗礼を授けることは許されていなかった。人間の同情は神の裁きに口出しをするときには不適切であり、罪深いこととされた。

しかし、正確に言って神の裁きは不可解なので、人間の側からすれば気まぐれにしかみえない。冒涜者、高利貸し、自殺者、破門された者がキリスト教による埋葬を拒まれ、そ

(70)（1265～1321）。中世の偉大な詩人の一人。グェルフ党を支持。政争でフィレンツェを追われた。『新生（*La Vita nuova*）』、『神曲（*Divina commedia*）』を著す。

れゆえに楽園から締めだされていたとされているが、借金をしたまま死んだ者、馬上槍試合で死んだ者、遺言をせずに死んだ者たちは不運の犠牲者というしかない。

中世の説教師たちは、救済の気まぐれな本性を強調して語った。一二世紀の記録に、幻視を通して見た地獄巡りの旅について記されたものがある。それによれば、苦悶に喘いでいる罪人たちが不平を言ったという。人間はすべて罪を犯すが、神は善行や長所を考慮せず、ほんのひと握りの者だけしか選ばなかった、と。しかし、その不平は、人間の側における正義という観点から見たときだけしか正当性がない。しかも、この記録から得られる教えはといえば、信仰深い者は神の神秘的な畏敬に満ちた流儀を崇めなければならないということなのである。

中世の信者たちは、この説明できない正義に取り囲まれていた。そこから逃れることは不可能で、いかなる思いも行為も秘密にしておくことはできない。聖ベルナルドゥスは次のように書いている。

あなたは、罪を犯したとき自分一人だと思っている。しかし、あなたのあ

ダンテ

らゆる行為に対して、ほんの壁一枚だけで悪事を知る一群の証人をすべて締めだすことができるなどとは考えないことである。善悪の天使は、最高判決が下される前にあなたの行為を証明する。最高判事は、あなたのすべての動きを見てきた。彼は主張する。

「誰も安全ではない。あなたの前には罠がしかけられており、そこから逃れることはできない」

表面的行為だけが非難されるのではない。オカルトを実践すれば異端審問所は強制的に処置を講じるが、その主な目的は罪深い思い、すなわち疑いや正道をはずれた信仰を切り離すことである。不確かさは過ちと同じくらい致命的である。一人ふける知的思いのあれこれにすら、永遠の死を招く罪を犯す危険がある。

これまで見てきたように、占星学はそのような危険からはおおむね排除されていた。しかし、ある神学者のなかには自由意思と神の全能についての信条に反するとして占星学を攻撃する者もいる。多くの反対者のなかに、一三世紀のヘイルズのフランシスコ会士アレクサンデル・ハレンシスがいる。(71) 彼は、星占いを迷信と決めつけた。実際には、占星学は大いに盛んであった。アウグスティヌスは『神の国（*De civitate Dei*）(72)』のなかで、天文学に対し、広範にわたり反論している。しかし、この種の特定の非難に釣りあうかのように一般に受け入れられていた宇宙観というものがあった。地上の出来事は、星の運行に拠るものだという宇宙観である。『オカルト（*De occultis*）』のなかで、アクィナスはこう言っている。

アウグスティヌスですら、生身の人間に対する星の影響を認めており、天候を予告し、医療的効果を高めるために行われる占星学的計算を行った。一方、それらは悪魔の助けによって遂行されるということも認めていた。

一般民衆は、子どもが生まれるときには占星術を行った。しかし、結局は、あれやこれやの運命をだます試み、つまり手相術、占い、夢の解釈などは悪い運命の避けがたさを強調するだけであった。

一三四八年以来繰り返し押し寄せるペストの流行のため、もっとも暗い思潮が中世の信仰のなかで主流を占めるようになった。巡礼たちは、モンセラート山の墓地で――「われらは死に向かいて急ぎ行く（ad mortem festinamus）[73]」――と歌い、死の舞踏は一般民衆の宗教の中心へと近づいてきた。

(71)（1170頃～1245）イングランド出身の神学者。パリで学び、『神学大全』を著した。晩年フランシスコ会士となり、フランシスコ会学派を創始した。

(72)（413～426）『告白』『三位一体論』と並ぶアウグスティヌスの主著の一つ。歴史哲学、宗教哲学の古典として西欧思想潮流に多大の影響を与えた。

私は死に向かって歩む、と司教は言う。否応なく。あとに司教杖も、サンダルも、司教冠も残していかなければならない。

私は死に向かって歩む、と騎士は言う。多くの闘いから勝利をもぎとった。しかし、死に打ち勝つすべは学ばなかった。

私は死に向かって歩む、と論理学者は言う。他人には議論を巧みに終えるすべを教えた。しかし、今、死が私の議論を永久に閉ざす。(*4)

繰り返し襲う絶望のなかで、中世ヨーロッパの人々はしばしば矛先《ほこさき》を聖職者に向けた。一二三七年、フリードリヒ二世がミラノのグエルフ市を包囲していたときの様子を、マシュー・パリスは次のように記している。

市民たちは絶望的になり、神に後足で砂をかけ、神を信頼せず、教会にあった十字架を足元に下ろした。そして、四旬節(74)の週の六日目に肉を食べた。また、イタリア中の多くの者は、こうした絶望の深遠に沈み、ののしり、冒瀆の言葉を吐いた。彼らは口にするのも憚られるおぞましさで教会を汚し、祭壇を冒瀆し、聖職者と教会の役人

(73) 中世後期に広く流布した「死の抒情詩」といわれるものの一つ。この世の無常を強くうたった。

を追いだした。(＊5)

たとえそう頻繁ではなかったとしても、これほど露骨で徹底的な冒涜は、中世の人々にとって驚くべきことであった。とくに、一二〇〇年以降の平信徒と聖職者の間では痛烈で野蛮な敵意が長く続き、両者の特徴を表す次のような諺が残されている。

海が干上がり、
悪魔のルシファーが星々の間に再び、のぼるとき、
そんなときがこないかぎり、平信徒が
聖職者の忠実な友となることはないだろう。(＊6)

百年戦争による社会混乱、イングランド、フランス、北海沿岸の低地帯（現在のオランダ、ベルギー、ルクセンブルグ）における民衆反乱の結果、当然なことだが不信心と反聖職者主義が蔓延することとなった。一三二三年から一三三八年のフランドルの反乱(75)では、反乱軍の指導者の一人は、自分は教会に足を踏み入れたことはなかったと豪語した。もちろん、この種の敵対関係は、中世教会の複雑な性格から発しており、財産や政治的問題と深くかかわっていた。イタリアでは、教会と教皇派の大儀を区別することは不可能で、ミ

(74) ラテン語で「第40の」の意味。英語の「Lent」は日が長くなる季節（春）を意味する。灰の水曜日に始まる復活祭前の40日間をさす。復活祭に洗礼を受ける人々の準備の期間であり、回心と償いの期間でもある。

ラノ市民は祭壇を汚すとき、道徳上のジレンマと同様に政治的ジレンマも覚えるのであった。しかし、ミラノの反聖職者主義はこの危機的時期が終わったあとも続いた。しかも、その後、中世末期における市民生活のなかでこの反聖職者主義が大きな変化の一つとなって定着したのである。

市民は、聖職者に与えられている特権に対する考え方とその事実にいよいよ我慢がならなくなっていた。何世紀もの間、聖職者として叙階されていた者は、税金と司法告発が免除されていた。このような権利は、中世都市のなかでもより開放的となり、それまでの伝統から離れていった社会では不適切に思われた。教会会議で禁止したにもかかわらず、一三世紀の間にほとんどのイタリアの都市は聖職者に対して強制的に税金を支払わせるようになった。また、役人は世俗の法廷で彼らを告発する権利を得た。極端な例では、実質的な罰を受けることなく平信徒が聖職者を追い出す、あるいは攻撃するということさえ許された。

しかし、こうした形の司法的報復は長くは続かなかった。やがて、一種の休戦協定が結ばれたが、都市の行政府のほうが疑うべくもなく有利な条件であった。市民が宗教施設や慈善団体に寄贈する総額を制限し、市街に近い地域に新しい修道院を建設することを禁じたため、教会の収入額は低くなり、信仰を実践することそのものが制限され、その心は別の方面に向けられることになった。フランスやイタリアの各地域では、急進的な反聖職主

(75)特に、1323〜1327の反乱をさす。中世を通じて散発的に怒った農民の騒乱の一つ。「フランドル沿岸部の反乱」ともいわれる。

義者たちは逆破門の制度をもうけた。すなわち、寄贈しない、ミサやそのほかの秘蹟をボイコットする、食物を喜捨することまで拒否するほど聖職者を無視するという、一種の逆破門を行うことを決めたのである。

しかし、一般庶民の聖職者に対する対立感情は、装いも新たに生まれ変わった町のあり方と古い荘厳な宗教組織体の威光との間に起こる衝突というだけの理由ではない。それ以上に、これはそれまで深い流れとなって続いてきた末の結果なのである。反聖職者主義の大きな源は、異教的宗教に対する情熱と、異端に対する密接な結びつきの双方から生まれてきたものなのである。

異端とは、すなわち正統的教義を超えた、あるいはそれを変えた教義を信仰することで、西洋教会は常に異端とともにあった。異端は、ラテン諸国およびゲルマン民族の人々の豊かな宗教的想像力に、党派的なあるいは誤った教義に関する知識が加わったゆえの避け難い結果だった。しかし、祭儀を表面的に遵守することだけが崇拝の対象となっているところでは、異端が一般庶民のなかで組織的に発展していくということはあまりないことだった。信仰が内なる魂の確信と瞑想にとって問題となったときに、正統な教義とは相違する見解が出てくるのである。

一二世紀の半ばごろには、キリスト教は十分に浸透し受け入れられていた。正統な信仰から別の形の信仰へと発展していくほどまでに浸透し、受け入れられていたのである。すなわち、一一五〇年以降、異端的信仰が花開くのは、ヨーロッパにおけるキリスト教化の最終段階における一つの側面だったのである。それゆえ、これは末端のことではなく、一般庶民の信仰にとっては核心に迫る重大事の一つであった。

何世紀もの間、異端はその教義を曖昧に、あるいは不完全にしか理解できないように表現してきた。そのため、異端は大目に見るか無視されてきた。しかし、一二世紀ごろになると、多くの聖職者は単純な誤解が異端の知的な毒に取って代わられたと確信するに至った。それについて司教のグローステストは、のちにこの毒を「公に教えられ、堅忍不抜に防御された聖福音書に敵対して、人間の感覚によって選びとられた意見である」と定義した。混乱と意識的な誤りとの間の区別はこの定義ほど明確ではないが、それぞれは互いを強めあう結果となり、中世教会が信仰の全権を与えられているとの主張の声の大きさは弱められることになった。

一一五〇年以降に現れた急進的な信仰心をもつ者たちは、規則や祭儀には耐えられなくなっていた。彼らは司祭を擦り切れた誤りの多い伝統の代理者と見なし、高位聖職者を偽善と窃盗の代行者と見なした。しかし、このことで、新しい信仰心をもつ者たちがキリスト教精神そのものから背を向けたと考えるのは誤りであり、事実はその逆である。彼らは教会を否定することによって、聖書の語るキリスト教精神の純粋な核、換言すれば使徒的理想を再発見することを望んでいた。というのも、聖書の語るキリスト教精神を中心にした崇拝をつくりあげたいと希望していたからである。西欧の異端は、カトリックに取って代わるものとして起こったのではない。カタリ派だけが例外であるが、彼らの信じるキリスト教がより正しい正統のキリスト教であることを確信して、これをさらに完成させたいという試みとして起こったのである。

異端は局地現象で、南ヨーロッパの二、三の地域の、ある程度のかぎられた信徒しかもたなかったであろうと考えるのはきわめて大きな誤解である。北イタリア、中央イタリア、南フランスの至る所に散在しているワルド派やカタリ派の数は膨大であり、それに加えるに、ワルド派はトゥール、メッツ、リエージュで、相当の数に至った。トリエには三つのワルド派の学校があった。ほかにも、ババリア、ボヘミア[76]、モラヴィア[77]に異端派集団がおり、盛んであった。さらに東に行くと、二元論者のボゴミル派が現れ、一一世紀後半にビザンティンで勢力をもち続けた。

異端は、教会がもっとも堅固である地域においてすら盛んであった。一二世紀のカタリ派はなんとローマに公の学校を開いた。それは教皇領において、とくにヴィテルボの周辺では特記するべきほどの勢力があった。一三世紀初頭の記録を記したヴィトリのジャックによれば、北フランスのすべての市民自治区は、実際的にはそれぞれ熱心な異端派の信徒を抱えていたという。

一二世紀の異端はごく普通の現象であった。カタリ派はカトリック聖職団と論戦する際

(76) 主にチェコ人が中世初期までに居を定め、13世紀までに神聖ローマ帝国に入れられた地。中世後期は絶えず宗教紛争が起こる。1415年、ヤン・フスの焚刑。

(77) 10世紀中葉のブルガリアに興り、小アジア、プロヴァンス地方に拡がる。マニ教が起源。1450年以降ヘルツェゴヴィナに逃れ、イスラム教徒となる。

に、またカタリ派自身の教義を決定する際に自分たちの代弁者を支持する、あるいは双方の議論に上った教義の内容について決断するために何百人もの信者が集まった。一三世紀の半ばには、すべての異端信仰は強力な弾圧の対象となった。異端は衰退し、水面下での宗教活動となっていた。にもかかわらず、多種多様な異端信仰は根強く生き延び、広がっていった。このことを示す証拠は豊富にある。イングランドだけは、この時期、異端は稀であった。

これらの異端信仰——教団名としてよく知られているものが比較的少ないために、非正統（非カトリック）信仰が実は広く浸透し、受け入れられていたという実態が把握しにくくなったいる。たとえば、実際には、ワルド派、ウミリアーティ(humiliati)[78]、パタリン派(Patarines)、アルノルドゥス派（Arnoldists）に並んで、マナンドル派（Manandrians）、アリタニット派（Arrianites）、オリゲネス主義者(Origenists)[79]、バジリデス派（Basiliadites)[80]、カルポトラニト派（Carpotranites）、ケリマニト派（Cherimanites）、ナザレ派（Nazarenes）、オフィタル派（Offitares）、アトロポロルフィト派（Atropornorfites）などの異端があった。

一二六〇年代のある異端審問官のリストによれば、イタリアだけでもそのほかに三〇以上の異端信仰の名が挙がるほどだった。リスト中のいくつかの名称には、初期キリスト教会時代に盛んだった異端の名残が認められる。聖職者たちは、当時存在した異端を、常習

(78) 抑謙派教団、あるいは謙遜者教団と訳される。12世紀の異端の一つ。悔悛の厳格さ、集団的清貧、病人、貧民の中で労働することで知られる。

(79)（185頃～254頃）キリスト教会の東方の教父の中で最も偉大な人物の一人。皇帝デキウスに捕らえられ、拷問死。今日では重要な神学者と見なされている。

的に古い時代にあった異端と同一視した。しかし、名称を混同しているにしろ、異端信仰が多様であったという事実は変わらない。異端同士間でしばしば不和を起こしたということ自体が、異端が多様であったということの証拠となるだろう。

一三五四年、エクセターの司教グランディソンは、彼の記録簿のなかで、コーンウォール人司祭のトレミュールのラルフが異端的教義を説教した廉で破門になったと記している。ラルフは熱心な神学生であった。おそらく学習の結果、彼は何かしらの権威を獲得したのであろう。そこで、彼は自ら主唱する真実で多くの人々を教化したのである。彼は聖変化(81)に反対した。聖ペトロや聖ヨハネについてもおもねることなく語った。そして、聖変化への反抗のシンボルとして教会から聖水を持ち出し、それを公然と燃やした。

個人的レベルで自分が信じていることが確実であるかどうかを学び、それについて判断するということは、中世時代では普通でなかった。しかし、これも聞いたことがないというほどのことではない。とはいえ、大きな異端的行動はこのような個人による教義の再評価から発達したわけではない。中世の教義を扱う歴史家は、長年、異端は階級闘争の産物であると信じていた。この見解によれば、教義上の逸脱は社会的反抗の、まぎらわしい見せかけということになる。近年の歴史的立場は、異端運動における純粋な宗教的要素を再び強調している。その立場によれば、中世の異端は支配的に優勢ではなかったにしても、国家民族的および経済的な一角を占める大きな存在であった。

(80)バジリデス派の異端。バシリデス（140年頃没）はグノーシス主義の創始者。シモン・マグスの直系の精神的継承者。

(81)聖餐式（ミサ）の中心部分でパンとぶどう酒がキリストの聖体に変化すること。

教会が重要な政治力をもつところでは、異端は政治的反抗の結集拠点となりえた。ボヘミアのフス派[82]やイングランドのロラード派[83]で起こった通りである。西ヨーロッパのあらゆるところで、教会の富は莫大で、世俗の貴族の富が見劣りするほどであった。これは多くの者にとって、ローマの教会がまことの信仰を伝える場とはなりえないことを示す十分な証拠であった。なぜなら、まことのキリスト教徒は虐げられている人々同様、常に貧しかったからである。しかし、教会の政治的経済的意図の深さがどうであれ、すべての西欧世界の異端には共通の目的があった。すなわち、使徒的生活を回復することである。

何世紀もの間、貧困と禁欲に価値を置く初期のキリスト教の伝統はベネディクト会修道院[84]で保持されてきた。とはいえ、修道士や修道女と異なり、初期キリスト教徒たちは説教で際立っていたのである。福音布教は彼らの恒常的義務であった。しかし、福音布教を行う用意をもたなかったため、修道院の創立者たちは不完全な形でしか使徒的キリスト教を実践することができなかったのである。修道院は世俗的生活に対して何らかの役割は果たしていたが、重要な意味において閉ざされた世界であった。修道士たちは使徒的生活を布教するというよりは、それを保持することを欲していた。

一一世紀の終わりから一二世紀初頭にかけて修道院制度そのものが内側から変化し、多くの新しい修道会が創立され、禁欲的生活を実践するためにより完璧な形態が創設された。世俗世界に禁欲の実践が大流行したのはこれに並行している。前述したように、人気ある

(82)（1370頃～1415）ボヘミアの神学者で宗教改革の先駆者。ウィクリフの改革に共鳴。1412年ローマより破門。14年異端宣告されて15年に焚刑。

(83) 14世紀末、イングランド教会の正統的信仰に反対する者につけられた名称。ウィクリフに共鳴した運動。15世紀中頃までに衰退。宗教改革の領導的運動。

説教師は、はじめて世俗の男女の生活に禁欲の価値を取り入れさせようとした。この時期に、聖人のイメージそのものが変化した。初期封建時代には、ほとんどすべての聖人は修道士か聖職者であった。一一〇〇年以降、新しい聖人のうち平信徒の数が大いに増加した。しかし、そのなかに商人や労働者はほとんどいなかった。

結局、使徒的生活を実践しようという熱意は、その多くが巡回托鉢修道士や世俗の第三会の修道会が担っていった。とくに、フランシスコ会とドミニコ会の第三会(85)は、世俗世界を離れることなく、より厳しい生活をするという欲望を満足させることができた。彼らは、世俗のなかで生活するが緩和された修道会会則に従って生活する平信徒の人々で構成されていた。しかし、この熱意の大部分は非正統的な教義に到達することになった。仰謙派（humiliati）は、染色されていない衣をまとい、独立した集団を形成し、共同生活を営み、清貧のうちに自給自足の生活をした。ワルド派の人々は裸足で説教した。ワルド派の女性は、男性と同じ

聖ベネディクトゥス

(84)『ベネディクトゥス会則』を遵守する修道会の総称。請願をたてた修道者に定住を義務づけ「祈り働け」をモットーに、聖務日課と労働を重視している。

(85)修道会によって創立されたカトリック信者の会。正規修道士の第1会、修道女の第2会に対していう。第3会には在俗と修道院で暮らす律修がある。

ように自由に説教した。初期キリスト教会の数百年間、抑圧されてきた女性司祭の伝統をようやくのことで回復したのである。多くの異端的集団は説教するだけではなく、洗礼を授け、告白も聴くという聖職者の役割も引き受けていた。

異端についてよく知られているイメージの一側面は、ナルボンヌのイヴォが書いたとされる手紙から見えてくる。彼はボルドーの大司教に所属する聖職者であった。異端で告発され、北イタリアのコモのパタリン派に手紙を書いて相談した。彼らはイヴォを擁護し、彼ら教団を繁栄させる計画を打ち明けた。また彼らは、自分たちの信仰をいっそう堅固に支えることができるようしっかり学ぶため、学者をパリの学校に送ったということも告げた。同時に、パタリン派の商人たちは市場で平信徒に福音布教をしていた。このパタリン派の人たちが、イヴォをミラノの別の人々のところに送った。そこからイヴォは、イタリアの町々にある「カタリ派」の人々のところに向かい、そこに滞在した。いずれの場合も、追跡の手からは安全に守られた。異端派の集団ネットワークはドイツにまで広がっていた。そこでは、ベギン会の異端者が彼を受け入れた。手紙によれば、イヴォは発見されるという不安も恐れもなく、何年もの間追跡されることなく異端の地下組織のなかで暮らした。

その手紙が本物であろうとなかろうと、また実際の根拠があろうとなかろうと、これは異端に関する一三世紀の一つの様相を語っており、それゆえに重要である。実のところ、異端の教えに共感しない平信徒にとってはすべての異端はどれも同じように映った。実際には、異端はそれぞれ異なり、かなりの不一致があった。しかし、平信徒の見るところ、異端は相互に反発しあい陰謀を企て、共同援助しあうことに熱心な、たいした違いのない集団にしか見えなかった。

異端に関するこの見解は、カタリ派に関するかぎりかなりの程度まで確かであった。カタリ派は、多くの点で西欧の異端のなかでは独特であった。一二世紀に、ラテン世界の十字軍は聖地を再奪還するために東方へ出掛けた。そのとき、ボゴミル派の説教師たちは少人数で西側に入り、カタリ派の教会を建てて強化した。ほどなく、彼らは高度に組織化された信徒の一団をつくる援助を行った。この信徒の一団は、ヨーロッパの多くに散らばった集団とともにベジエからポー川を渡り、トスカーナやロマーニャに下りてきて、南東方面へと広がった。その最盛期、一一六七年、カタリ派の教会はサン・フェリックス・デ・カラマンで、コンスタンティノープルにあるボゴミル共同体の司教であるニケタスの指導のもとに教会会議を開催

ベギン派修道士

した。ニケタスの出席はカタリ派の信仰の統一を象徴し、教派を強力にすることに貢献した。彼はその会議でカタリ派教会の司教たちを指名し、さらに二元論がカタリ派の教えの基礎であるとしてその優位性を再確定した。

この厳格な二元論は、対立する二つの原理が優位を求めて永遠に闘争すると教える。悪の力が善に打ち勝とうと実りない試みを行い、その結果、物質世界であるこの世が現れる。悪がその創造者である。創り手同様、この世界は根源的に悪である。人間は子どもを産み、肉食し、命を長らえるために邪悪さを永続させる。というわけで、カタリ派のなかでもっとも厳格な者たち、つまり完徳者はすべての世俗的なものにかかわることを放棄し、エンデューラ（**endura**）[86]という緩慢な飢餓によって命を終わらせた。

要約すれば、カタリ派の信仰は中世のキリスト教にとっては風変わりすぎて、和解の余地のないほど奇妙なものである。しかし、日常の様子を見れば、カタリ派の教会は会員のあり方や宗教上の習慣の両面においてローマ教会と驚くほど似ていた。『アレクシアス（*Alexiad*）』のなかで、アンナ・コムネナ[87]は次のように書いている。

ビザンティンでは、「ボゴミル信徒は陰鬱に見え、鼻まで覆って前かがみでブツブツ言いながら歩く。しかし、彼の心は矯めがたい狼である」。

(86) カタリ派の修業形態の一つ。物質的なものを拒絶することは生を軽んじることにつながり、その結果、絶食して自殺することが行われた。

(87) (1083〜1148頃) ビザンティン皇帝の皇女。アレクシオス１世コムネノス息女。父の伝記『アレクシアス（アレクシオス伝）』を書いたことで知られる。

西欧では、二元論的異端者たちは異常なアウトカースト階級などではなく、むしろ概して貴族の家系から出ており、その社会でももっとも富裕で影響力のある人々のなかから集まっていた。ラングドックの地域では、多くのカトリックの高位聖職者がカタリ派あるいはカタリ派を養護する貴族出身であった――ナルボンヌのカトリックの大司教ベレンガールは、バルセロナの伯爵であるカタリ派のレイモン・ベレンガールの庶子であった。また、トゥールーズとカルカッソンヌの高位聖職者も似たような関係であった。

カタリ派の宗教は、多くの点でローマ教会の習慣と類似している。カタリ派の償い、告白、共同の祭儀的聖餐は、ローマ教会の秘蹟に似ている。カタリ派の唯一の祈りは主祷文であり、それは唱和して唱えられた。教育の最初の段階の終わりに、カタリ派の入信者はそれを繰り返し唱和するという栄誉が与えられた。何よりも際立つことは、カタリ派の聖書は基本的にカトリック教会で用いるラテン語のウルガータ聖書(88)と同じであったという点である。

ほとんどの西欧の異端と同様、カタリ派は自国語で書かれた聖書のテキストによくなじんでいた。しかも、ほとんどの部分を記憶していた（ワルド派もまた、聖書の長い箇所を暗記していた。あるドイツの年代記作家はこう書いている。ワルド派の農夫に会ったときのことだが、その男はヨブ記を全部読み、ほかの数名の者もキリスト教の聖書を丸まる朗詠することができた）。

(88) トレント公会議（1546）によって公認された唯一のラテン語訳聖書。基本的には聖ヒエロニムス（342頃～420）による。

二元論の祭儀の記録はほとんど現存していない。しかし、カタリ派の洗礼式について書かれた断片のなかにある言語は驚くほど学問的である。それは、部分的に次のように読める箇所がある。それによれば、「洗礼は水で洗う、すなわち水をたらすスペルティンクティオと呼ばれる。それゆえ、数種の洗礼があったと理解される……」。

司祭はすばらしい識別力で、用語と秘蹟そのものの多様な意味を次々と説明していく。異端者たちが彼らの聖職上の要請から、そして異端審問の敵を混乱させるために論理に頼ったということは、ドミニコ会士の異端審問官であるベルナルド・グイの言葉からも明らかである。一四世紀初頭に書いたもののなかで、彼は次のように注記している。

当代の異端はそれをあからさまに告白するというより、彼らの過ちを糊塗して弁解しようとするため、学識ある者が自身の聖書の知識をもって彼らが誤っていると証明することはできない。なぜなら、彼らは言葉のごまかしやすばしこい論理上の策を弄して逃れ出てしまうからである。それゆえに、学識ある者もしばしば彼らにはまったく打ち負かされてしまう。その上、異端はそのためにかえって栄光が与えられ、さらにいっそう強化される。彼らは学識あるものを嘲ることができると知って、それからは賢くも、狡獪な策略、罠、回りくどい婉曲な言い方……のなかに隠れ家を見つける。しかも、平信徒のキリスト教徒はこの種の出来事をスキャンダルにしてしまう。もし、ひとたび異端審問の一連の過程が始まっても、困惑して中断せざるをえなくなる。平信徒は、学者が田舎者や村人にからかわれていると見てとって、そのために、ある意味で彼らの信仰は弱められてしまうのだ。なぜなら平信徒は、われわれが、すぐさま明晰にはっきりと教義の説明をできると考えている。だから、即座に彼を確信させることができないとしても、誰もわれらに論戦を挑むことはできないのだ。……それゆえ、平信徒のいるところでこのような抜け目のない異端者と信仰のことについて議論することはよいことではないのである。(*7)

異端は、無知から起こるのではない。読み書きの普及に伴うもう一つの局面なのである。使徒的生活の原則に従って生活し、しばしば聖書的学問において聖職者より学識ある非正統（カトリック）的信仰生活を営む男女の膨大な集団は、中世の信仰世界のなかの、一時的あるいは異常な現象というわけではない。教会に対する適切な非難のないところでは、異端は容易には見いだすことができない。異端が発達し始めたころ、異端的なパストゥーロたちはカスティリャのブランシュ(89)に「改革の使徒たち」と歓迎された。(90)ワルド派の創立者であるペトルス・ワルデス（一二一六年頃没）には、フォンテブローの優れた正統的キリスト教の修道院で修道女になっている二人の娘がいた。

断続的な、そして折々の野蛮な迫害に屈することはあったが、異端は決して完全に抹殺することはできなかった。ワルド派の共同体は一八世紀までイタリアのアルプスの遠く離れた地域で永らえていた。聖職者や平信徒に攻撃されながら、異端は何千もの人々に寛容と好意をもって見られてきた。一四世紀、一五世紀になると、教義的過ちは多くの聖職者の大きな関心事とはならなくなっていた。教会の掲げる宗教は中世世界の中心からはるかに移動し、無関心は異端よりもはるかに重大な問題となっていた。破門という事実は、ますます思いがけない反応を引きだした。あるイングランドの村人は七年間の教会の破門のもとにあったが、彼は審問者に彼自身はキリスト教のコミュニティーの外にいなければならないことは恐怖などではなく、「彼の仕事が彼を救ってくれる」と言った。

教会は平信徒の信仰を導くことはできたが、それを完全に取り込むことはできなかった。彼らの信心行動には、それ自体のリズムと歴史があった。その歴史は神学や教会の諸事一般とも関連するのであるが、それは少なくとも中世的思考のもつ幻視的傾向と関連していた。宗教的信仰は命のないものや無形なものに対する信仰によって豊かになるが、視覚や感覚の素養によっても豊かになるからである。

三位一体やミサの聖変化でパンとぶどう酒がイエスの肉体と血に変わるといった概念は、同時代性と複数のアイデンティティに慣れている人々にとって理解するのは容易であった。フォリニョのアンジェラが、神が秘蹟となって現れるのを見たとき、そしてイエス・キリストが世界中のキリスト教会の祭壇でどのように同時に存在できるかを知ったとき、知的

(89)（1188～1252）仏王ルイ８世王妃。

(90) 1100年頃、ブルトン人の隠修士で説教者のロベール・ダルブリッセルによって設立された大修道院。ベネディクト戒律に基づく修道士と修道女のための男女共同礼拝修道院。

直観がミサの神秘を明らかにした。しかし、ノジャンのギルベールによれば、この同じ知的啓明は母親のそばでミサに与《あずか》っていた小さな子どもにも起こったという。司祭が聖体を掲げるのを見たとき、その子どもは母親のほうを向き、司祭はパンではなくて幼子を腕で支えてナプキンでその子どもを包んでいると語った。

ギルベールの意見によれば次の通りである。

「直観と奇跡は、運河を通って流れる水のように、徴しを観取《かんしゅ》する恵（神からの贈り物）をもつ者を通して運ばれる」

その才能はあまねく与えられており、多くの者がその恵を与えられていると付け加えている。ヴィジョンは、疑われたり恐れられることはなく信じられた。臨終の予言が信じられ、注意を向けられるのと同じように。

神はこの種の奇跡的な媒体や自然の驚異を通して求められるべきものである。ちょうど、神がヘブライ人に対して旋風や炎の柱を通して現れたように。理性の目を通して現れる摩訶不思議さ、そしてヴィジョンの垣間見こそ、人間が究極の報いに至るまで与えられる現世における信仰の糧であるはずだった。ギルベールは言う。

「なぜなら、キリストの永遠の直観を除けば、そのほかのすべては楽園だからである」

第5章

領土と支配

一二四一年、ロシアとハンガリーがモンゴル軍に侵略されたという噂がはじめてヨーロッパに広まりだしたころ、フリードリッヒ二世は同胞君主たちに対して書簡を送って迫りつつある西欧存亡の危機を訴えた。書面には「略奪団がタルタロスの住み処からこの世に現れ出て、突然の嵐のようにキリスト教圏の玄関口ドイツに攻め入ろうとしている」と述べられている。「しかし、キリスト教圏は立ち上がり、敵に対して勝利する日が必ずやって来る」と彼は続けて、次のように語るのである。

そのときには、怒りと戦闘の情熱に駆られたドイツ、騎士道の母であり乳母であるフランス、好戦的で大胆不敵なスペイン、勇猛な兵士と艦隊に守られたイングランド、激しい気性の軍人が多いアルメーヌ、海運国ダキア、人の意のままにはならないイタリア、平和を知らないブルゴーニュ、ギリシャやアドリアやティレニアの海に浮かぶ、いまだ征服されたことのない島々と、海賊をもつ飽くことなきプーリア、血の気の多いアイルランド、行動的なウェールズ、湖沼に富むスコットランド、氷のノルウェー、そして西欧における全王家の星のもとに君臨するすべての高貴にして名高い国々、これらが命の源である十字架に先導された精鋭部隊を送り出して勝利するのである。(＊1)

モンゴル軍は運命のいたずらに阻まれて、結果的にはヨーロッパを征服することはでき

(1) ジンギス・ハーンの第3子オゴダイ・ハーン（在1229～1241）が、ウクライナ、ポーランド、ハンガリーを征服したときの様子に言及したもの。

(2) ギリシャ神話で、怪物タイポーンの父、ガイアの夫。また、その住処である地獄の底なしの淵。

なかった。しかし、仮に西欧の戦闘意欲がどの程度のものなのかをモンゴル軍が試していたとしても、フリードリッヒが述べたような軍事抵抗に遭うことはなかったであろう。というのは、一三世紀のヨーロッパは秩序ある社会ではなく、異分子の集合体だったからである。

中世の統治形態を模索していた策術家たちは、人事（human affairs）には調和があるということを説明する必要に迫られてアリストテレスを好んで引用した。そのうちの一人は、「事物は間違った配置を望まない。たくさんの王国が割拠するのが間違いであるならば、一つの王国だけにすればよい」と述べている。この理論的前提はやがて帝国という考え方と結びついていった。そしてその結果、封建支配、俗支配、王室支配の三つのネットワークが、皇帝という究極の支配形態を構成するという支配理論に発展したのである。

しかし、このような理論にもかかわらず、中世のどの為政者たちも、支配ヒエラルキーに定められた地位を乗り越えようとして自分たちの身分に高い階位をつけていた。都市の役人たちは自らを「男爵」や「マグネイト」と呼び、封建領主たちは「王」という肩書きをつけていたのである。たとえば、ウィリアム一世[3]の時代には、ノルマンディは「ノルマンディ君主国」と呼ばれていた。アキテーヌ公も自分の領土（フランス南西部）を「君主国」と呼び、ほかの国王と大使の交換をしていた。また、フランス王の封臣ヌヴェール（フランス中部）の伯爵たちは「地域の王」という肩書きを使っていた。アイリッシュ海

（3）（1027〜1087）ヘイスティングスで英軍を破り、イングランド王となった。征服王。

ウィリアム１世

に浮かぶマン島の王レジナルドは、一二世紀に教皇インノケンティウス三世の封臣として王国の授受を行い、「世俗における最高の支配者である」と公言していた。さらに、同じ一二世紀に、スペイン王アルフォンソ七世[4]は古代王国レオンの皇帝の肩書きを復活させた。

　中世の統治形態は、「多次元的現実」という認識に基づいて形づくられていた。というのは、キリストの体のように、絶対的な統治権力は同時にたくさんの場所に存在しうると考えられていたからである。それぞれの為政者には、地域の絶対的な首長として、またより大きな地域の首長たちに従属する封臣としてという具合に、いくつもの次元の異なるアイデンティティがあった。このように重なり合う権力支配は、多面的な支配構造のなかでは敵対する権力というよりは強調的権力、つまり共同支配者という認識がされていたのである。

　しかし、実際、中世においては権力の境界は認識の境界と同じように柔軟性があった。その結果、実際上はさまざまな支配権力が入り乱れるという混沌状態、すなわち系統だっ

（4）（在1126～1157）レオン＝カスティリャ皇帝。

た記述説明が不可能なほどの政治的混乱が出現していたのである。

一二～一四世紀の俗の支配形態は漠然とながら相互にかかわりをもつ一連の小宇宙と見ることができるが、そこには常に二つの側面からの圧力が存在していた。一つは、あらゆる都市、封土、王国は支配の及ぶ領土を拡大しようとしていたということである。もう一方では、あらゆる政治勢力が自分たちよりも強い支配力をもつ勢力と連合することにより、自らの威厳を飾り立てようと躍起になっていたということである。この点では、ローマほどこの構図がぴたりと当てはまる都市はほかにはなかったということができる。

ローマの司教はキリスト教圏における霊的指導者であり、ローマ教会の助祭や司祭は西方教会における枢機卿であった。また、ローマの伝統的な俗の支配者である皇帝はヨーロッパ全王侯の上に位置するものとされていた。しかし、普通のローマ市民は、このような優位性を誇り、そこから恩恵を被ってはいたけれども、絶えず教皇や神聖ローマ皇帝の権力に対しては反抗していたのである。たとえば、ブレシアのアルノルドゥスやコラ・ディ・リエンツォ(5)、そのほか多くの無名指導者に導かれた民衆の共和主義運動はしきりにローマ市の自治を主張していた。

教皇を頂点とする覇権は一二七八年になるまで再建されることはなかったが、そのため、「神聖ローマ皇帝の帝位」を受けるためにローマにやって来る皇帝たちは、しばしばローマに入ることを拒まれることがあった。たとえば、フリードリッヒ赤髭王(6)は、民衆の妨害

(5)(1313～1354) ローマの民族運動の指導者。古代ローマの復興を目指したが、追放され、のちに殺害された。

(6)(在1152～1190) 神聖ローマ皇帝フリードリッヒ1世。

を阻止するために要塞都市サン・アンジェロの真下を流れるテヴェレ川(7)に架かる橋を封鎖することで、ようやくサン・ピエトロ大聖堂で戴冠することができたほどである。また、あらゆる神聖ローマ皇帝のなかでも、もっとも親ローマ的であったオットー三世(8)ですら、戴冠を契機に頻繁に起こった混乱のためにローマを離れることを余儀なくされたほどである。聖ベルナルドゥス(9)の伝記を書いたある作家は、オットー三世の口を通して以下のような憂愁味をおびた演説をローマ市民に対して行わせている。これはおそらく、アヴェンティヌスの丘(10)にある自宅の塔から行われた演説である。

あなた方は、私の愛するローマ市民ではないのですか。あなた方のために、私は故国と愛する人々から離れたのです。あなた方に対する愛から、私は私と同じ血が流れるザクセン人やゲルマン人たちを打倒したのです。あなた方のために、私はヨーロッパの隅々まで征服しました。それはすべて、あなた方の父親が赴くところをことごとく支配下に収め、あなた方の名声が隅々にまで行きわたることを慮ってのことなので

サン・ピエトロ大聖堂

す。私は、あなた方すべてを愛しています。私は、あなた方を私の息子として養子にしたのです[(*2)]。

ローマの自治体は、神聖ローマ皇帝と教皇という巨大な覇権のなかにあって「小世界」を形成していたが、自らも主権を主張したために皇帝と教皇の安寧を乱していた。また、これ以外にも、政治機構の複雑さが災いして彼らの悩みの種となる領域があった。さらに、彼らの通常の統治・支配方法ではどうすることもできないような特権や免除の制度、古代から続く地域の慣習などのエンクレーヴ[(11)]も存在していた。

相続された土地は封土であることが証明されなければすべて個人所有の土地である、という強力な主張は「領主のいない領土はない」という法的格言と常に軋轢を生んでいた。自由保有地（allodium）はヨーロッパ中のあらゆる封土に散在していたが、その所有者は封建領地のヒエラルキーに縛れることはなかった。また、封建制の中核をなす地域（北フランスやイングランド）の外側の地域では、自由保有地が常態であるところが多かった。反対に、封建的土地所有の制度が強力なところでさえも、領主権をめぐる訴訟の裁判は必然的に貴族階級の暇つぶしであることがしばしばであった。このように、中世の裁判所は土地の保有権や使用権をめぐる争議で満ち溢れていたのである。

所有地に対して、正当な所有権を確定する証文が存在しない場合がしばしばあった。イ

（７）イタリア中部を流れる川。ローマ市内を経て、ティレニア海に注ぐ。

（８）（955～983）ザクセン朝第３代王。神聖ローマ皇帝。

（９）（1090～1153）1112年にシトー修道会に入る。クレルヴォー修道院の創設者。

（10）ローマのテヴェレ川東岸にある七つの丘の一つ。

ングランドにおいては、封土に関するこのような状況において真実を確認するために、ノルマン王たちは「先祖の死（mort d'ancestor）」という国王令状を考え出した。この令状によれば、近隣に住む「自由の身分で、法律の認める一二人の人間が」、権利主張人の父親が死の当日実際に争点になっている土地を所有していたか否か、またその権利主張人が実際に死亡した人間のもっとも近親の者であるのか否かを証言しなければならない。「そして、その間、その一二人の証言者は実際の土地を検分しなければならない」と、この令状には書かれている。こうして、実際に目で記憶を確認すると彼らの宣誓は記録され、判事によって判決が下されることになるのである。

記憶が正しいことを確かめるために、数世代遡ることもしばしばあった。たとえば、あるとき、アンジェー（フランス西北部）のサン・ニコラ修道院とサン・モール聖堂参事会員の間である争議が起こった。裁判記録によると、サン・モール聖堂参事会員が所有する森林の土地の一部をサン・ニコラ修道院の修道士たちが勝手に使っていることを訴えたものであることがわかる。彼らは、その土地にある聖ランベルトゥス[12]に奉献された教会は自分たちのものであると主張した。そして、それを証明するために一人の非常に高齢の農夫を探し出してきたのである。

その農夫は、若いころ確かに自分の牛がその土地を耕しており、聖ランベルトゥスに対して一〇分の一税を払ったことを証言することになった。そこで両者は、サン・ニコラの

(11) 本来は、他国の領土に囲まれた孤立した領土や植物の大群落の中の孤立した小さな群落を表す用語。ここでは、文化的に孤立し、残存する慣習などを指す。
(12) (635頃～705頃) 司教。リエージュで殉教。

修道士を判事として冷水の神判[13]でこの紛争に決着をつけることにしたのである。老農夫は高齢で体が弱っていたので、彼に代わって証言をして神判を受けてくれる若い男を連れてきたが、その前に老農夫は封土を特定しなければならなかった。彼はロバの背中に乗せられ、封土の昔の境界に沿って検分していった。そして、老農夫が指差したところ――つまり、彼の視覚的記憶が特定した境界――に印をつけるために地面に杭が打たれた。しかし、最終的には、神判の結果老農夫の間違いであることが判明し、サン・ニコラの修道士たちは以前と同じように森を使い続けることになったのである。

この事例では、所有者を決めるのに記憶だけでは十分ではなかったことになる。というのは、冷水の神判という神の判断に照らして確認しなければならなかったからである。神判では、真実を発見する力を借りるために、自然界にある有魂体《ゆうこんたい》[14]が呼び出される。そのような有魂体の一つである水に対して、嘘つきや犯罪者を跳ねのけるように祈ると、自然界の純粋な要素としての水は罪のある男や女を受け入れなくなるのである。冷水による神判の手順としては、被告訴人はまず断食を求められる。それから、教会に行き、聖体を拝領する前も無実であったことを聖遺物にかけて宣誓しなければならない。司祭は聖水に祈りをささげたあと、その一部をもって神判の行われる場所に赴き、被告訴人に飲むように与えるのである。そのあと、司祭は沼あるいは川に向かって次のような命令の言葉を投げかける。

(13) 神明裁判。神の意思を受けて罪科を判断する裁判。正直が神の加護を受けるとする信念に由来する。

(14) 人間や動物以外で霊魂をもつとされる自然界の事物。

「水よ、汝に厳命する。この男に落ち度がある場合はこの男を絶対に受け入れずお前の上を泳がせ、男が自分の罪を隠すような魔術も何もできないようにせよ」

そして、被告訴人は福音書と十字架に口づけをし、最後に聖水を振りかけてもらってから着ているものを脱ぎ捨て、川に投げ入れられることになる。そして、もし男が沈めば清廉潔白であることが宣言されることになるのである。

司法手続きとしての冷水の神判はあまりに問題があったために、俗の為政者や、のちには教会そのものによって禁止されることになった。本来は異端者を探し出すことがこの神判の主要な目的の一つではあったが、異端審問が制度化されるに伴って、より精巧で、証拠に基づいた裁判が行われるようになり、冷水の神判は時代遅れになったからである。

しかしながら、ヨーロッパの地域によっては中世を通じていろいろな形の神明裁判が廃れることなく続けられ、「魔法にかけられた世界」のあらゆる霊力を頼みとして用いていたのである。たとえば、戦いの神判では戦士を腑抜けにしたり、逆に強靭にしたりする目的で、まじない、御守、薬草などが使われていた。また、一三世紀半ばには、アルベルトゥス・マグヌスが自らまとめた世界驚異譚のなかに、熱湯の神判で受けたやけどを治療するための調剤レシピが書かれている。この神判では、被告訴人は熱く焼けた鉄を手にとって歩くか、熱湯の入ったポットに手を入れて、ポットの底にある小石を取り出さなければならなかった。数日たって手から包帯が取り外されたとき、やけどの状態がどのようになっているかによって無罪か有罪を決めたのである。損傷を受けないようにするためには、硫黄の溶液か、あるいは卵の白身と野生のラディッシュでつくった膏薬を手に二回塗って乾かす対策をアルベルトゥスはすすめている。「こうしておけば、損傷を受けることなく火のなかに手を入れることができる」と、彼は述べている。

視覚的な記憶や神判による裁定は、どんなに状況が明らかな場合であっても、中世の秩序を正しく保つための指針としてはあまり当てにはならなかった。加えて、中世の土地所有の状況もしばしばはっきりしないことがあった。というのは、中世ヨーロッパの政治権力が多元的であったように、その地理的条件もまた多元的であったからである。

書斎のアルベルトゥス・マグヌス

中世においては、地理的な領域は土地所有者の間で単純に分割されていたわけではなかった。土地所有に関しては分割の論理がかかわっていたが、分割されたのは土地そのものではなく、

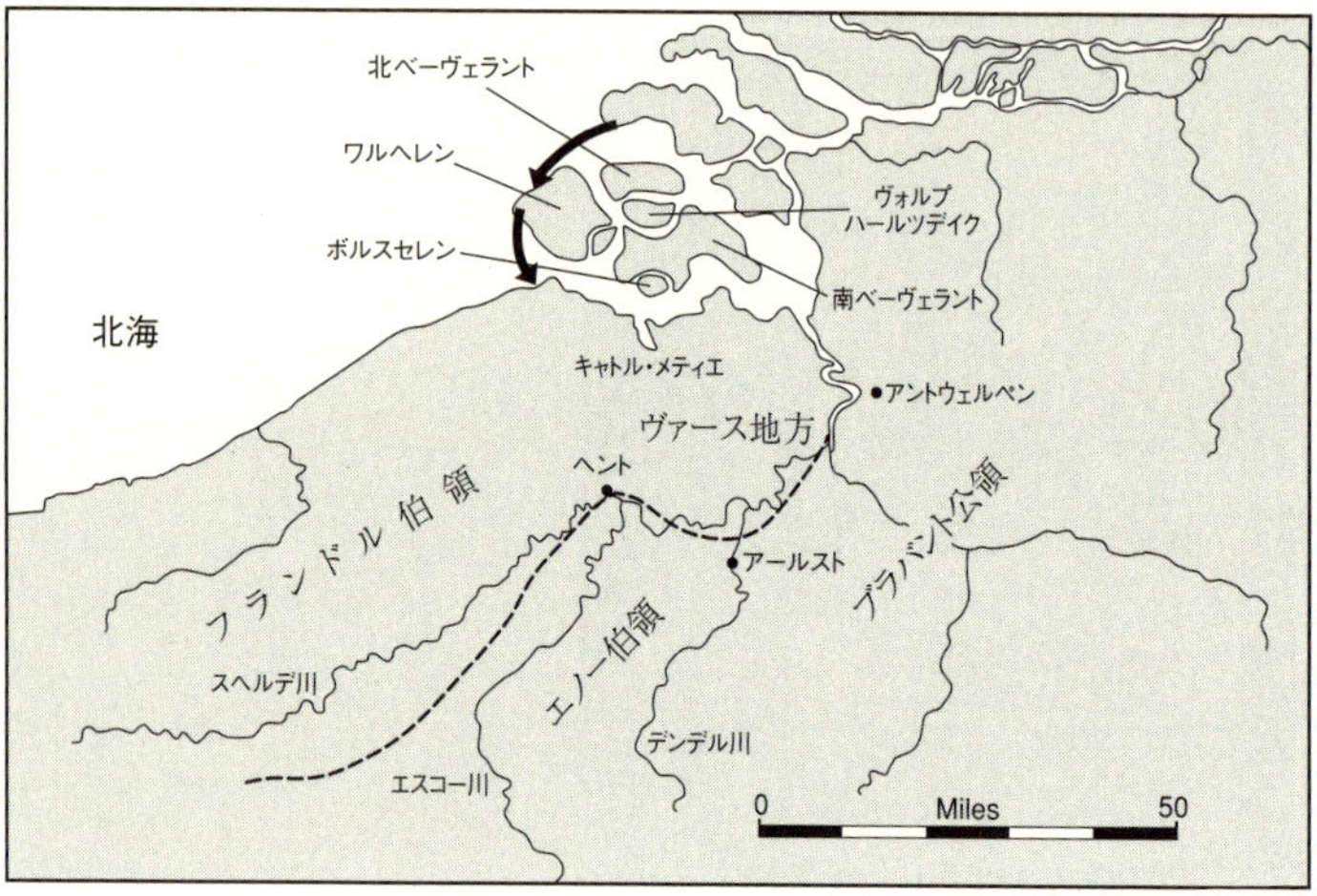

帝国領フランドル（1050〜1300）

その土地に対して行使しうる物理的に分離することができないさまざまな統治権のほうであった。すなわち、政治的権力の場合と同じように、土地所有には一人の最高権力者を頂点とする一連の支配権がかかわっていたのである。封建的ネットワークが弱い地域においては、所有権は主として地域の領主あるいは統治者に握られていた。しかし、封建的結びつきが強力な地域においては、最小の封土でさえも理論上はその地域で最強の封臣あるいは王侯と結びついていたのである。

このように所有権は絶対的なものではなく、どちらかといえば包括的な性格をもっていた。すなわち、所有権は直接土地を管理保有する者だけに帰属する権利によって決まるのではなく、その保有者の上位に位置するすべての権力者たちがもつ集合的な権利によって決められていたのである。このような集合的権利は、何世代も昔に遡る王家やほかのさまざまな政治勢力との間で調整されてでき上がったものである。

このような状況を把握すれば、神聖ローマ帝国領フランドルに見るような、複雑に絡みあう領土所有権の謎がどのようにして出現したのか、その経緯が理解しやすくなる。フランドル伯領の東側境界線に沿って細い帯状に延び、アントウェルペン西方の北海に向かって広がる領土は、一三世紀半ばまではフランドル侯爵領であった。しかし、侯爵が帝国の家臣であったために、侯爵領とフランドル伯領とを区別するためにこれら六つの小さなフランドル侯爵領は集合的に「帝国領フランドル」と呼ばれるようになった。しかし、現実には、これらの領土の一つ一つには独自の法的立場と複雑な歴史があったのである。

たとえば、まずエスコー川とデンデル川に挟まれたアールスト伯領として知られている領土は、本来はブラバント(15)の一部であったが、フランドル侯が一一世紀半ばごろに接収したものである。そして、のちに神聖ローマ皇帝がこの領土の権原《けんげん》を獲得したとき、フランドル侯はアールストを治める皇帝家臣になったのである。

ヘントの城壁内の面積よりも小さい、オーバースヘルデという小さな地域はスヘルデ川の二つの支流に挟まれた町から延びていた。一二五〇年代にフランドル伯妃マルグリート(16)はオーバースヘルデをヘントに併合し、町の長老に支配をゆだねた。それ以来、フランス

(15) ヨーロッパ西部の旧公国。
(16) ブルゴーニュ豪胆公フィリップと結婚。その結果、公領と伯領は合併した。

国王に対する忠誠を幾度となく宣言してきた都市部ヘントと同じように政治的な浮き沈みを経験することになったが、一三世紀後半になって帝国軍によって征服されてしまった。

ワルヘレン、南・北ベーヴェラント、ボルスセレン、ヴォルプハールツデイク（この島は、最近までベーヴェラントに併合されていなかった）からなるゼーラント諸島ももう一つの「帝国領フランドル」を形成していたが、一二五六年に（侯爵の封土である）ホラント伯領に併合された。この場合、皇帝権を証明するのに四世紀以上も前の判例がもち出された。すなわち、ワルヘレンは八四一年にロタールがデンマークの海賊ヘリオルドに与えたものである。したがって、ワルヘレンはロタールの世襲財産の一部であったはずであるから、神聖ローマ皇帝位にあるものに帰属するものであるとの主張がなされたのである。「キャトル・メティエ（Les Quatre Metiers）」と呼ばれる法的連合を形成していたアクセル、フルスト、ボンカンデ、サッセナーデの四都市は、その置かれている地理的な条件からだけでもフランスに帰属すべきものであった（ヴェルダン条約によって、エスコー川西域のすべての領土はフランス王国の一部になるはずであった）。しかし、一部民族的な理由から中世盛期に至るまでずっとユトレヒト教区に帰属したままとなり、したがって、ロタリンギア領[17]あるいは神聖ローマ帝国領のままであった。さらに、これら四つの都市にはフラマン人ではなくフリジア人たちが住んでおり、最終的にはホラントの伯爵たちの支配下に置かれたのである。また、おそらく一一世紀ごろは、その伯爵支配の上にはさらに

(17) 中世のロレーヌ王国。

侯爵による大君主支配があったと思われる。

五番目の帝国領フランドルは、歴史上の創造物《フィクション》である。年代記作家ジャン・ド・チルロードがヘント史を書いたときに、ヘントにある皇帝の城と海とをつなぐ水路がオットー帝の時代に掘られたという話を書いたことから、この皇帝の城が皇帝領の一部として勅許状やほかの証書に書き込まれることになっただけなのである。事実、一〇世紀にある侯爵が町に要塞を建設したが、その二〇〇年後には廃墟となり、皇帝とヘントのつながりを証明するものは何もなくなってしまった。

謎解きの最後は、ヴェルダン条約(18)のもとでフランス領になっていたヴァース地方（the Waes）と呼ばれる地域であるが、この地域は、西フランク族の支配者ロタールが九六九年に封臣である西フリジア伯のティエリに与えた領土である。ティエリはロレーヌ王国の支配者ヒエラルキーに属していたために、同時に神聖ローマ皇帝の家臣でもあった。こうして、ロタールと皇帝の二人に対する忠誠心のためにヴァースの立場は微妙なものとなってしまった。ヴァースはアールストの議会でフランドルの伯爵たちの領土であるとの判断が出されたが、ホラントの伯爵たちは一二世紀に至るまで領土権を主張し続けた。勅許状の記録を見るかぎり、ヴァースは少なくとも一二五二年まではフランス領であったことは明らかである。というのは、この年、西フリジアのティエリの子孫、ホラントのヴィルヘルムが神聖ローマ皇帝としてこの領土に対する正統な主権を主張したからである。そして、

(18) シャルルマーニュの孫たちの間に起こった王家の内紛を解決するために、843年に締結された条約。

ヴィルヘルムは、ヴァースはフランス王から譲渡されたものであるとするマルグリートの主張を拒否し、彼女にフランドルの明け渡しを要求したのである。

以上、比較的マイナーな帝国領を例に挙げながら支配地勢図がいかに複雑であったかを概略した。その方向性は、漠然とした封建関係だけでなく歴史によっても左右されており、その支配地勢図の統一が保たれるか否かは厳密にいえば行政上の便宜的な問題であった。そして、帝国領フランドルに見たような政治的グループは、通常、そのグループの立場が危うくなるときまで法的に混乱した状態のなかで存続していたのである。したがって、それぞれの権利を明確に規定することは、国と国との野望にかかわる場合は別として、地域をうまく統治するためには必要のないことであった。現に、一三世紀に帝国領としてのフランドルがなにがしかの意味をもったのは、フランス君主国が領土を拡大しようとしたときだけである。一五世紀になるころには、この立場は再び混乱状態に戻っており、一六〇九年に北部の諸州がスペインから独立するまでこのような状態が続くことになるのである。

ヨーロッパ全般にわたって、封臣が複数の君主に仕えることは一般的なことであり、地理的に一国の内部にある封土がほかの君主に属することもありえたことである。たとえば、シャンパーニュの伯爵たちはフランス王に仕える立場ではあったが、彼らのもつフランス国内の封土のうち三つはドイツ皇帝から拝領したものであった。フランスのトゥールーズ伯に至っては、ドイツ皇帝からプロヴァンス地方まで拝領している。このように、エスコー川東部の地域の状況が複雑になったのは、フランドル伯には、皇帝以外にフランスとイングランドの王にも家臣として仕えていたという事実があったからである。そのような経緯から、フィリップ・アウグストゥス[19]とヘンリー二世が一一八〇年代に戦争をしたとき、フランドル伯は騎士を送って両軍を支援しなければならなくなったのである。

ヘンリー2世

中世における複雑な政治領土のなかでももっとも複雑な状況にあったものが、今日の南東フランスとスイスにまたがる地域、つまりブルゴーニュであった。この地域は、「ブルゴーニュ王国」として一一世紀には神聖ローマ帝国の封土となったが、その後、徐々にフランス王国の支配下に取り込まれていった。「小ブルゴーニュ」として知られるスイス東部の諸州はほかの州から離脱し、一三世紀以降は実質的な独立を保った。また、ブルゴーニュの領土の上部四分の一を占める「自由州」は、一五世紀にフランスのブルゴーニュ諸公の支配下に置かれた皇帝封土であった。この公国そのものはフランスの封土であり、そしてフランスの県であった。ほかにも、ブルゴーニュの方伯領[20]、「ブルゴーニュ行政区」と呼ばれる皇帝直轄地区、

(19)（1165～1223）カペー朝のフランス王。統治の改革を進め、都市コミューンの保護に努めた。別称、フィリップ尊厳王。
(20)一地方の諸侯を取り締まった大諸侯。

またジュラ山脈の北東、南西に広がり「ブルゴーニュ彼方やブルゴーニュ此方」などと呼ばれる地域も存在していた。

　このような状況では、自分たちの支配者がいったい誰なのか、その支配者はどのレベルの権力者なのか、村人たちがしばしば混乱を起こしたとしても驚くには当たらない。たとえば、境界を示すのに使われた昔の標識が必ずしも現在の実情と一致するとはかぎらず、土地と土地との境界になっている川も定期的に流れを変えていた。また、主要な開拓前線《フロンテ》地《イア》帯に接する封土も数多く存在した。さらに、少なくとも六人のフランス王国の封臣がフランス、ドイツの双方に領土を保有しており、ほかにも地域の境界を越えて存在する封土は数多く見られたのである。

　しかし、このような不確実な状況を明確に裁定してくれる中央文書院のようなものは存在していなかった。たしかに、ローマ法王の聖庁尚書院[21]には実質的に全ヨーロッパの教会管区それぞれの管理区域に関する記録はあったが、聖職者といえども間違いを犯さないはずはなく、その意味では、地域の慣習や最長老のもつ記憶のほうが土地の境界に関してはしばしばもっとも信頼できる指標になったのである。

　言葉も、土地問題に関しては手掛かりにはならなかった。政治的に中心から離れている外辺地域においては、共通の言葉が突然に別物になることはない。代わりに、辺境地域のはるか手前から方言が徐々に変化してゆき、その変化は辺境地帯をはるかにすぎても延々

(21)［カト］監督司教区の行政管理を行ったり、司教区の行政記録や裁判記録等の保管をする部所。

(22)ローマが侵攻した時、ブリテン島の南部に住んでいたケルト系の一部族。

と続くのである。また、それぞれの言語コミュニティーのなかにも異なった言語集団が存在するのが一般的であった。ブリトン人[22]はケルト系の方言を話し、バイユー[23]というノルマン人の町の周辺ではスカンジナビア語の方言が使われていた。また、一二世紀のイングランドでは、英語とノルマンフレンチの二つの言語はどこでも耳にすることができた。のちにこの二つの言語は一つになったが、コーンウォール、ウェールズ、あるいは北部辺境地域には、近年に至るまでまったく異質な言語を話す地域が存在していたのである。

統治権、境界、言語がこのように錯綜していたために、単に個人ばかりではなく、社会全体が自分たちの政治的アイデンティティに関して混乱してしまうことがしばしばあった。しかし、事の複雑さはこれだけではなかった。というのは、もっとも秩序ある状態のときでさえも、中世における地理の問題には通常の支配からはずされた地域、すなわち例外がつきまとっていたからである。たとえば、慣習法や封建法の外側では広大な土地が森林法[24]によって支配されていたが、実際はその多くが開拓された土地で、多くの農場や村落が存在していたのである（ノルマンディの多くがそうであったように、イングランドでは、エセックスの州全体がこの森林法で支配されていた）。

このような土地では、管財人、管理人、森林監督人などが伝統的に職権を乱用し、国王や公爵の名を騙《かた》って無法状態さながらに支配していたため、そこに住む住民たちは周りの

(23) フランス北西部ノルマンディーの町。ここに伝わる「バイユーのタペストリー」は、ノルマン征服（1066）の模様を織り込んだ貴重な歴史資料。

(24) 本来は不法狩猟や盗伐から国王や貴族の既得権を守るために７世紀後半頃からメロヴィング朝フランク王国で設けられるようになった法。

世界で起こっている政治的変化とは無縁な状況に置かれてしまうことがあった。また、一三世紀にはフリードリッヒ二世が名ばかりの教皇領であるサルディニア島の支配権を主張したが、この島は、「商人たちの避難島、難船者たちの安らぎの場、流刑者たちの聖域」として実質的に独立を保ち続けた。さらにほかにも、教皇や皇帝が支配権を主張する領土が数を増していった。一四世紀のローマ法学者バルトルス[25]の言葉を借りるならば、ヴェネツィア、ジェノヴァ、ミラノ、フィレンツェなどの偉大な自治体は「支配者を認めない共同体」である。

このように異なった形態の集落は、やがて封建時代のヨーロッパにおいてさまざまな例外を生み出していった。たとえば、ケント州では、「サリング」[26]や「ヨーク」[27]と呼ばれる耕作地はイングランドにおけるほかの州の「ハイド」[28]や「ヴァーゲート」[29]と呼ばれる耕作地とは異なって、長子相続ではなく、すべての息子たちの間で平等に分割相続されていた。また、リッチモンドという男爵領では、騎士たちの報酬は個人的に忠誠関係を結んでいる封臣が支払うのではなく領内のすべての村が支払っていた。このほかにも例外的な保有形態が存在していたために、個人的な君臣関係という考え方が実質成り立たなくなっているところも存在していたのである。

以上のように、政治や法律の研究家たちが述べているような普遍的な事実からひとたび逸れると、中世ヨーロッパの大きな政治集団も特異性の塊と帰してしまうのである。とい

(25)（1313〜1357）イタリアの法律家。ペルージャ、ボローニャ大学に学び、ピサ大学の法学教授となる。『ユスティニアヌス法典（ローマ法大全）』の注解で有名。
(26)ハイドに相当する耕作地（ハイドの項を参照）。
(27)一対の牛が一日に耕作する土地。

うのは、それぞれの地域の支配形態が、地理的にほんの数十マイルしか離れていないような場合ですら慣習も統治の手順もシステムも大きく異なっていたからであり、どこでも個人的な例外のために法律がねじ曲げられ、支配者が死ぬと、どこでも一時的な無政府状態に陥っていたからである。

　中世の政治においては分裂支配が普通であった。たとえば、ヌヴェール伯領では、数千に及ぶ小規模領地のうちヌヴェール伯が直接治めていたのは、王室封土、ほかの大君主の封土、自由保有地（封建関係の封土という連鎖から除外されている完全私有地）以外の領土だけであった。こうして、ヌヴェール伯が実質的に支配する領地では、借地人や農奴からそれぞれ金と物資による税や年貢を徴収し、さらに裁判の罰金、河川の通行料や市《いち》の場代などの収入を上げていた。伯領の借地人などが変われば譲渡や処分に対する税も徴収していたのである。

　さらに、ヌヴェール伯は貨幣を鋳造したり、職人やその生産品に課税したり、あるいは封臣に対して歓待を要求するなどの諸権利も保有していた。これらに加えて、領地内で死亡した私生児やよそ者の所持品も、放棄された財産や「所有者の手から彷徨《さまよ》い出た物品」と同じように伯爵の所有物にすることができたのである。これらの利益は教区の司教と折半していたが、さらにその見返りとして彼は一〇～二〇人の騎士たちを国王軍に送り、王室領を領土内の敵から守る手助けをしたのである。

(28) アングロ・サクソン時代のイングランドの地積単位。犂１丁と牛８頭で１年間耕作できる広さ。およそ40～120エーカー。

(29) １ハイドの４分の１。30エーカー。ヤードランドともいう。

ノルマンディにある六八の大封土は、（中世の大半の時代をイングランド王として君臨した）ノルマンディ公爵とフランス王の二者によって分割されていた。そのうちの一〇の封土は教会領であった。これらに加えて、歴代の公爵が都市から上がる収入を教会聖職者たちに譲渡していたので、多くのノルマン人の都市においても教会聖職者が地区全体の領主であった。また、ヌヴェール伯領のようにノルマン人の公爵たちは、借地譲渡税、貨幣鋳造や裁判からの収入はもちろん、租税、使用料徴集や商取引に関する諸々の権利までも享受していた。

しかし、一方では、譲渡した在所の領地の多くからは、たとえば一対《いっつい》の金製の拍車やつがいの鳥などのような、単なる象徴的な見返りしか求めないこともあった。というのは、ノルマン人の公爵たちは広大な私有地のみならず、ぶどう園や養豚場も所有しており、ワイン輸送やニシン、サバ、そのほかの魚の水揚げに対する謝礼金をも徴収していたからである。また、ノルマンディの沿岸に打ち上げられた巨大魚——中世におけるイギリス海峡ではクジラが一般的であった——は、種々の税金と同じようにすべて公爵の収入となった。

ヌヴェールでもノルマンディでも、在地の支配者たちには二つの権力があった。一つは公的権力のすべてを付託された者としての権力であり、もう一つは彼らの直属の封建領主から付託された権力である。したがって、中世西欧の自由人には忠誠義務を果たすべきシステムが二つ存在していたことになる。

一つのシステムにおいては、封臣と領主が諸々の契約関係を結び、両者が互いにサービスを提供する誓約をする。これらは在地の宗主権(30)を中心とする私的な封臣関係であり、一三、一四世紀ごろから徐々に強力になっていく国王や皇帝との封臣関係よりも伝統的ではあるものの、結びつきは希薄であった。また、古代世界におけるローマ皇帝の権威が崩壊して以来失われたままになっていた公的権力という概念が、もう一つのシステムによって王権のなかに復活することになった。

宗主権支配は私的な契約に基づいたものではあるが、王権支配は公の権力に基づいたものである。前者には明らかな限界があり、双方にとって規定された義務関係があったが、後者は絶対的なものであった。こうして、王権支配はやがて国王裁判所や復活した市民法（ローマ法）(31)の後ろ盾をもつようになっていった。しかし、中世びとの想像力をとらえ、中世的な支配構図の先駆けとなったのはむしろ宗主権支配のほうであった。

以上のように、忠誠関係を結ぶシステムが二つ存在していたために、被支配者階級も二つ存在していた。一つは個人的に下封契約を結んで領主たちに仕える「封臣」と呼ばれる男女の階級であり、もう一つの被支配階級は、法的権限で支配者たちと結びついている「家臣」と呼ばれる階級である。どちらの結びつきにおいても強力な忠誠関係が見られたが、相互依存という社会の理念――すなわち、歴史や神の摂理などという大義のために政

(30)（suzerainty）地域の領主との私的な封臣関係。

(31) 古代ローマにおいて、神官である貴族が独占していた法知識を12枚の板に記して成文化した12表法が作られた。以後、市民法（国内）と万民法（国外）が作られ、６世紀にユスティニアヌス１世の下でローマ法大全が完成した。

体（government）が存在するのではなく、生きるために存在するという理念——を実践していたのは前者の関係だけであった。というのは、中世初期においては、政体は生きるための手段にすぎなかったからである。そして、それが公的権力を具有する抽象的な制度に変質してしまってもなお、相互依存という考え方は国王の職務に長く引き継がれていたのである。

国王支配のシステムに生じた混乱の多くは、このように並行して存在する支配システムに起因していた。中世のもっとも有能な国王たちは二つの政治的威圧手段、二つの被支配層、それに二つの権力源を握っていたので、その権力をそれぞれの状況に合わせて臨機応変に行使していたからである。たとえば、フランス王はシャンパーニュ伯の領地では封建領主として支配していた。すなわち、彼はシャンパーニュ伯の領主であったのである。しかし、シャンパーニュの封土の三ヵ所では神聖ローマ皇帝が彼の領主であった。これらの封土においてフランス王は、封建的忠誠義務ではなく、伝統と古《いにしえ》の支配形態に基づいて君主として支配したのである。

封建的忠誠が期待できない場合、中世の国王たちは公的権力という手段に訴えた。また、君主権が問題にされた場合は、封建領主としての大権を頼りとした。そして、このように支配方法が変わったことで、国王の軍隊にも変化が現れた。すなわち、中世の軍隊の中核は封臣たちの忠誠義務に基づいて形成されていたが、この中核は、一三世紀までには傭兵や国王の家臣が徴兵して雇い入れた公の戦士で構成されるのが日常的になっていたからである。

在地の軍隊についても同様である。たとえば、ヌヴェール伯は自分の封臣に加えて伯領の借地人や農奴を軍に徴兵することができた。というのは、彼らは家臣として伯爵軍に仕える義務があったからである。また、中世の戦においては、訓練されていない歩兵たちはほとんど役に立たなかったので、たとえばニヴェルネ(32)の荘園領借地人たちは実際には出陣しなかったはずである。しかし、その代わり、城の警備や要塞の建設などをして領主軍の後方支援をしていたのである。

中世における統治はどの分野においても、領主支配と君主支配が相互に作用しあっていたことは明らかであり、とくに封建領主的特質の上に築かれた中世最強の支配形態においてはなおさらである。そして、それは人から人への生きた鎖によって聳え立ち、名誉の誓いで固く結ばれた個人的な人間関係で成り立っていたのである。

しかし、さまざまな公的相互依存（関係）に目を奪われすぎていると、中世ヨーロッパの秩序ある封建支配にとって最大の脅威が、実は政治的反乱などではなく、友情関係であったという事実を簡単に見落としてしまうことになる。このような背景があるために一二世紀の国王たちは、個人的野心や政治的な野望に駆られることのない忠義な家臣を発掘しようとして、生まれの卑しい男たちのなかに顧問を探し求め、王国内の大封臣たちを封ず

(32) フランス東部のロワール川上流東側の地域。

ることができるような地位に登用したのである。こうして、一介のロンドン商人の息子であったトマス・ベケットは大法官にまで登用され、その後ヘンリー二世の宮廷では大司教になった。これより先、同じ一二世紀には、ソールズベリーのロジャー(33)が卑しい身分から身を起こし、ヘンリー一世の宮廷で名声を得るまでに出世していた。

しかし、無名の身から権力の座にまで上りつめたもっとも華々しい出世劇は、ルイ六世(34)治世のフランスで起こった。このとき、ギャルラン家一族はカペー朝の宮廷で主要なポストをほぼ独占するまでに栄華をきわめたのである。まず、ギャルラン家一族の二兄弟パイアンとアンソーがフィリップ一世の治世に執事となった。さらに、一一一八年ごろ、もう一人の兄弟で聖職者のエティエンヌが国王秘書になったのである。アンソーが亡くなると、執事職はもう一人のギャルラン家の一員、ギョームに受け継がれた。その間、さらにもう一人のギャルラン家の一員であるジルベール・ド・ギャルランが主席執事になっていた。こうして、一一二〇年までにはギョームが亡くなったために、執事の主要ポストがエティエンヌに受け継がれることになったが、彼は国王軍の指揮を執ることと自らの聖職者としての職務を兼ねることに何の疑問も抱かない人物であった（国王秘書としての職に加えて、エティエンヌには受禄聖職者としてエタンプ(35)、オルレアン、パリの三ヵ所に特定任地があった。そして、二度にわたって司教になろうとしたが達成できなかった）。

フランス宮廷において、エティエンヌ・ド・ギャルランはシャルルマーニュ(36)の時代以来

(33)（？～1139）1102年にソールズベリーの司教となる。その後、国王の行政長官にもなり、国王不在の時にはイングランドを代理統治した。

(34)ユーグ・カペー朝５代目の王。フィリップ１世（1060～1108）とルイ６世の時代に王室領はパリ、オルレアンを中心にイギリス海峡にまで拡大した。

最大の権力を握ったが、それはひとえに王室の引き立てがあればこそであった。ところが、「あなたの職務と、あなたに対する国王の友情のために」と同時代のある人物がエティエンヌに書いているように、ギャルランは常に国王のそばにあったために、教会聖職者たちや貴族、そして国王の妃モーリエンヌのアデレードから疑いと非難を受けるようになったのである。

　最終的に、自己権力の拡大を狙って、エティエンヌが執事職を彼の女婿《むすめむこ》に譲ろうと画策するに及んで、国王ルイは彼から執事職を剥奪して追放してしまった。ところが、彼はこれに懲りずに宮廷の外にあって自分の地歩を固め、三年にもわたって復権を狙ったのである。結果的に、彼は秘書として宮廷に復帰を果たしたばかりでなく（ルイは、すぐには執事職を復活させなかった）、抵抗勢力に対して非道きわまりない復讐をした。彼の地位に異を唱えた二人の聖職者が、エティエンヌ一門の手によって暗殺されてしまったからである。ところが、彼が関与していたことは明らかであったにもかかわらず、ルイは彼を黙認したのである。

　エティエンヌ・ド・ギャルランが権力の座に上り詰めることができた直接の原因は、一二世紀という時代の宮廷政治が個人的かつ専断的な性格をもっていたことである。エティエンヌはほかの誰よりも高い地位に就いたけれども、出自に関しては、ルイに仕えていたイル・ド・フランス[37]出身のほかの小封臣たちとなんら違いはなかった。だから性急な野望

(35) フランス中北部、エソンヌ県南部の町。オルレアンに至る交通の要衝。

(36) フランク王（768～814）。西ローマ皇帝（800～814）。文化の興隆に努め、いわゆる「カロリング・ルネサンス」を実現させた。

(37)（Île-de-France）パリを首都とする古代フランスの州名。

さえ抱かなかったならば、彼はやがては司教、あるいは教皇にさえなることができたのかもしれない。

　中世の政体がもつ特質は、一二世紀においてはまだそれを構成する人員しだいでさまざまであった。職位はまだ人物にあわせて創設されており、ひとたび信頼できる人物が確保されるとさらに多くの職位がその人物に集まっていった。裁判管轄区域は「ヴェールマンドゥワ裁判管轄区」などという呼び名ではなく、「大法官ロベールの管轄区」などのように、それらを統括する役人の名を冠して指定されることがしばしばあった。制度や組織などを、同じように個人的な手段で慣習的に改編されていた。たとえば、シモン・ド・モンフォール(38)はローマのモデルに倣って尚書院を改造しようとして、ローマ聖庁尚書院の役人を一人送ってくれるようインノケンティウス三世に依頼した。彼は、その人物を、自分の部下を統括する長として置きたかったからである。また、修道院の創設や改革も規定に従って行うのではなく、すでに改革された修道院から修道士たちを個人的に引き抜くという方法で行われていたのである。

　個人的資質や個別の状況に依存するこのような体質は、均一性を削ぐことにつながっていった。その結果、中世の政体は地理と同じように個々に特殊化され、状況によってさまざまに異なる特質をもつ存在となった。このような経験主義的な性格は、とくに王宮において顕著であった。というのは、馴染みの顔の役人たちが変幻自在の集団となって数が常

(38)（1150？～1218）フランスの貴族。アルビジョワ十字軍に参加し、カルカッソンヌ占領後、指揮者に選出された。

に変動する封臣たちに加わり、王の支配を補佐していたからである。たとえば、イングランドでは大法官、司法長官、出納官、またフランスでは執事、秘書、主膳監などの伝統的な宮廷官職に加えて、常に構成員が入れ替わる枢密院が新たに創設された。これは、宮廷近隣の封臣たちから成る非公式な会議である（その厳粛な役割のわりには、この会議の位置づけはほとんど常に暫定的なものであった）。また、一二世紀末までは公的職務の多くが未分化の状態であったため、宮廷の役人たちは役職間で相互に交代が可能な場合があった。

統治の実態そのものも理解しにくいものであった。すなわち、統治とは国王のテントか寝室のなかで行われるものであり、法律とは王が家臣に命じたものであったからである。王国の資産はベッドの下に保管されている黄金であった。また、国王にとっては行政や司法上の職務で宮廷を移動することのほうがより重要で、給与の支払いや財務管理の統帥としての役割はあまり重要ではなかった。事実、数ある貴金属紛失事件のなかで唯一知られているのは、ジョン王[39]が王冠用宝玉（剣、宝石など）を失った事例ぐらいである。ジョン王と同時代のフリップ・アウグストゥスは窃盗に備えていろいろな場所に金庫を分散して置いたが、彼もフレテヴァルでは一つ失っている。

また、封建領主としての立場を利用しても、中世の国王は支配構造を堅固にすることはできなかった。封建的ネートワークでは、条件に見合うときにしか封臣の忠誠を期待する

(39)（在199～1216）ヘンリー２世の子。マグナ・カルタを承認した。

ことができなかったからである。このような忠誠関係は、王権の発動が変則的であったり、頻繁に乱用されたりしたために弱体化したのである。というのは、中世の政体研究者たちはこのような形態を中世の支配原理と過大に解釈してきたが、実際は封建制の本質は自由人を秩序あるやり方で序列化し、相互の義務関係のなかに固定することにすぎないからである。封建関係は中世社会ではもっともはっきりと目に見える秩序の担い手ではあったが、だからといって、システマチックでもなければ効果的な制度でもなかったのである。

一二四五年の冬、イングランド王ヘンリー三世は、少数からなる騎士団に加えてチェシャー（イングランド中部）とシュロプシャー出身の忠誠心にあついウェールズ人の集団とともに、北ウェールズから遠く離れた地の海岸付近で露営《ビヴァーク》していた。前衛の山に構えた敵意あらわなウェールズ人からいつ攻撃されるとも分からない危険な状況で、ギャノック城の守りを強化するように命ずる一方で、ヘンリーは部下たちとともに食料の補給を待っていた。空腹に加えて寒さに慣れていなかったこともあって、彼らは軽装姿で震え、雪と荒れた天候から身を守るにはあまりに貧弱なテントのなかで耐え忍んでいた。

寒さと裸同然の状態で、われわれは不寝番と断食と祈りで時を過ごした。われわれは、ウェールズ人たちが夜襲攻撃をかけてこないように不寝番をするのである。われわれは、食料が十分にないので断食をするのである。ペニー・パンは以前の二〇倍もの値段になっている。そして、われわれはまもなく無事に帰還できるように祈るのである。

と、騎士の一人は書いている。孤立し、撤退する手段もなく王と家臣たちは、野営陣地のそばに満潮時になると現れる補給船が接岸できる小さな港を見つめていた。城のほかには、もっとも幅の広いところでも石弓の射程距離ほどの幅の入り江しか王の一団とウェールズ人を隔てているものはなく、その潮の流れを航行することは困難であった。

ついに、アイルランドの補給船が視界に入ってきた。しかし、外に向かって流れる潮流に阻まれ、港の入り口で座礁したあげくに敵陣側の砂浜にしっかりとはまってしまった。ヘンリーの雇い入れた傭兵たちが小船に乗って入り江を渡り、ウェールズ人たちを船から追い払うのに成功した。彼らはさらに内陸へと追いかけていったが、そのあとヘンリーの陣地に戻る途中で敵方の家、納屋、畑などをことごとく破壊した。傭兵たちは戦利品を手に入れようと躍起になって、アバーコンウェイのシトー会修道院を略奪して火を放ち、聖杯や写本に至るまで、ありとあらゆる貴重品を盗み去った。

これらの戦利品を積んでいたこともあって、イングランド軍は港に接岸しようとしているところを攻撃されてしまった。その戦闘で両軍ともに多くの兵士が殺されたり溺れ死んだ。ウェールズ人たちは身代金を目当てに位の高い捕虜たちをはじめは生かしておいたが、すぐに殺して手足を切断してしまった。しかし、船を守っていた部隊は船の木壁を楯にして戦い続け、潮位が変わって船が再び浮上するまでもちこたえたのである。

このころには、すでにとっぷりと日が暮れていた。イングランド軍は、再び残りの部隊を救出するためにこの小さな入り江に船を出した。しかし、船に残っていた補給食料を搬出することはできなかった。翌日、彼らは敵軍が船から船荷をすべて運び去り、火を放つのをただ眺めるだけであった。残骸から彼らが確保することができたものは七樽のワインだけであった。前述の騎士はこう書いている。

ここで布陣している間、我々は死を賭して食料の確保のためにしばしば急襲をし、攻撃をすることも受けることもあった……。食料がほとんど残っていなかったので、たくさんの人馬が飢えのために死んだ。あるときは、王のためのワインすらなくなった。全陣営のなかでもたった一樽しかなかった。そのころは、一袋の小麦の値段は二〇シリング、一頭の雄牛が三～四銀マルク、一羽の鶏は八ペンスであった。これらの食料がなかったために、馬や人は痩せ細り、多くが死んでいった。(＊3)

そして、数ヵ月後、この無益な遠征は終わりを告げた。ヘンリーはすでにフランス南部の、ある係争遺産に目を向けていた。

ヘンリーがこの遠征から無事に帰還できたのは奇跡でもなんでもない。どのような状況になろうとも、最後の最後まで、ヘンリーの命は家臣たちの命よりも優先的に保障されたことであろう。ただ、ここで注目に値するのは、誰が死んでも不思議ではない究極の状況そのものではなく、どんな王でも、雨露に曝され飢えるということに対してはかくもひ弱であるということである。

たしかに、中世の国王とその家族は生涯の大半を宮廷の外で過ごし、移動に起因する疲労と不安と常に闘っていた。しかし、ヘンリーが経験した試練は格別のものであった。どう見積もっても戦略家としての能力に欠けていた彼は、ウェールズ遠征では命を落とす危機に瀕することになった。なぜなら、ほぼすべての中世の支配者に当てはまるように彼の統帥権は不安定で、絶えず戦場での勝利によって強化しておかなければならなかったからである。

このような代価と引き換えに王権は維持されていたのである。こうして、中世の政治における秩序は、危機を回避する努力によってつくりだされていたのである。平和は、戦争と戦争の間のつかの間の息つきの期間である。封建的統治とは、命がけで無政府状態と妥協しようとした実態につけられた理性的すぎる名前であると考えれば、もっともよく理解できるのではないであろうか。

第6章

王権

治世三〇年目のある晩、イングランド王ヘンリー一世は就寝中に三つの夢を見た。最初の夢では、農奴の一群が大鎌や熊手を手にして王を取り囲み、怒りに歯をきしらせ、武器を振って威嚇をしていた。王は恐怖で目を覚まし、寝所から飛び出すや群衆に立ち向かうべく剣を抜いた。王の寝所の脇で番をしていた者はその姿にびっくりして逃げ出したが、怒っていた農奴の一群は跡形もなく消えていた。

ヘンリーは再び眠りについたが、今度は鉄兜に鎧を身につけた騎士の一隊を目にする。騎士たちは槍や弓矢を手に王の命を奪おうと向かってくるのであった。前にもまして恐れおののいた王は、また目を覚まし、攻撃を仕掛けてくる騎士たちめがけ剣を振り回しながらも、助けを求めて叫び声を宮殿中に響きわたらせる。ところが、自分が一人であったことに気がついてようやく眠りに戻ることができたのだが、今度は大司教や司教、修道院の院長や副院長といった聖職者の一群が王の寝所を取り囲み、牧杖の先でつっつくのである。ヘンリーは三度目《みたび》を覚ますが、夢を見ていただけなのだとわかるとそれ以上騒ぐこともなく、静かにその一夜を過ごしたのであった。

朝になると、ヘンリーの典医グリムズバルドが王様を夕べ悩ませたのは何でありましたかと尋ねた。王が夢告を受けたことを知ると、グリムズバルドはその夢が何を意味するものなのか王に告げ、そして罪を償って貧者に大いに施しをするよう進言をした。

王位に就いて三〇年。老人ではあったもののこのあと五年は生き永らえることになって

ニューフォレスト

はいたが、この夢で見たことを肝に銘じていたことは疑いの余地がない。グリムズバルドはこの王の見た夢を年代記の記録係に打ち明け、記録係はその原因が王の課した重税にあったと考えたが、王自身は自分の見た夢のなかに反乱や政争、もしくは自身の暗殺が将来あるかもしれないということを感じたのであろう。

　夢のお告げはノルマン諸王の運命を占うにあたり重要なものとされていて、軽んじられることはなかった。たとえば、庶子であったウィリアム一世の母は、自分のはらわたがノルマンディーから伸びてイングランド全土を縦断するという夢を見てノルマン征服を予知していた。また、ウィリアム二世（赭顔王）は、御料林ニューフォレスト(1)での突然の死を迎える前の晩に大量出血の夢を見ていた。その夢のなかで、ウィリアム二世は外科医によって瀉血《しゃけつ》されたのだが、その血の流れは天まで高く昇り、空が暗くなるほど日ざしを遮ったのであった。

（1）イングランド南部ハンプシャー州の一地域。1079年、ウィリアム１世が御料林に制定した。

一二世紀の歴史家マームズベリーのウィリアムによれば、先のヘンリーは眠りが深く、いびきをかくような人物で、いずれにしても寝首を掻かれることを恐れていたふしがある。実際、右の夢を見る数年前には、侍従と召使いたちが就寝中の王を襲う計画をしていたことがあった。事前に謀略が発覚して王は共謀者に厳罰を下したのだが、それ以来、安心して寝ていられないようになってしまった。ヘンリーは夜の見張り番を増やし、寝所をしばしば変えたが、剣と盾を手元に置くことを怠らなかったという。

ヘンリー一世が安穏と眠っていられなかったというのは、中世の王という立場につきものの代償であった。人の行動を左右する絶対的な威光であれ、罰されることなく法を犯す自由であれ、人を怖がらせ恐れさせる能力や不死身の肉体をもつという点であれ、権力を測るどの物差しを用いてみても中世の王たちが実際にもっていた力にはむらがあり、その及ぶ範囲はかぎられたものであった。地理的に広大な領土を治めていたとしても、現実に王の威光がものをいうのは、王自身か王の忠実な臣下が見回っている地域だけにかぎられた。つまり、多くの場合、民衆が王に従うかどうか決める際には、王に対して抱いている抽象的な忠誠心よりも、王の郡代（bailiff）がどれだけ近くにいるかということを賢明に判断した結果に基づいて決めていたのである。

しかし、戦闘や重要案件の処理で国外に出る必要が常にあったため、王が姿を現して初めて生まれるこの威光はその都度弱まってしまうことになる。たとえば、ヘンリー二世とリチャード一世(2)の治世を合わせたほぼ四五年間のうち王が国内にいたのはその三分の一もなく、いたとしても主として国の南西部にとどまっていた。このような状況下では、王の利権が各地の領主の手に自動的にどれほどわたっていたかも容易に想像がつく。フランス王ルイ九世(3)の封臣たちは、王が抑えようとしたにもかかわらず農奴を解放して新しい爵位をつくり出し、そしてもっとも重要な立法権をますます自らの手中に収めていった。

一二世紀から一三世紀のほとんどの間、イングランドとフランスの二王国においては裁判で領主が幅を利かす範囲が広大であった。一二世紀のイングランドでは多くの裁判が民事か封土に関するもののいずれかで、いずれの案件もその土地の領主が裁決した。財産権とその行使に関する一切は領主の手のなかにあり、さらに教会法の権威が広く行きわたっていたことを考慮に入れると、王の行使できる司法権などほとんど残っていなかったのであろう。封建時代のフランスにおいては、王の法はその直轄領で適用されたのみであった。直轄領以外では、領主が団結してそれぞれの地方で法令を宣言し、領主はみなそれぞれの土地で裁決を下した。

王権をさらに制限したのは、常に困窮していた王室の台所事情であった。一つの教会区の年収が一〇ポンドの時代にあって、諸王がその大きな王室を賄うのに一年で数千ポンドから三万ポンドないし四万ポンド以上の金額を要した。中世君主制研究のフランスの大家

(2)(1157～1199)(在1189～1199)獅子心王と呼ばれるイングランド王。ヘンリー2世とアリエノールの第3子。
(3)(1214～1270)(在1226～1270)カペー朝のフランス王。死後に列聖され、聖王と呼ばれる。

シャルル・プティ＝デュタイイ[4]の推算では、一一七〇年から一一七一年にヘンリー二世は二万三五〇〇ポンドほどの歳入を手にし、王とその家臣は自分たちの生活にその四分の一近くの額を費やしたという。しかも、この年の租税は公平に徴収されず、王室収入のほぼ半分がイングランドにある州のうち四州でのみ徴収されたものであった。

イングランド国王はフランス国王よりもよい暮らしぶりであったが、どちらも経済的に生き残るためには臨時収入に多くを頼っていた。毎年、王室の歳入を何千ポンドも増やしていたのは相続上納金（封土の所有者が変わったときに国王に納めるもの）、後見権（未成年の相続人の後見として国王が私有地を管理、搾取する権利）、科料、そして裁判による利益などの臨時収入であった。フィリップ尊厳王の臨時収入には、フランドル伯とブローニュ伯から取った相続上納金五〇〇〇マルクとアラース[5]産の織物七〇〇〇ポンド分があった。さらには、一二〇〇年のグレ協約[6]によってイングランド王ジョンから二万マルクを受け取った。この額は、三〇年前にジョンの父ヘンリー二世が得た総収入に匹敵する。

むろん、これらの金額に加え、さらには王自身や王室の者を饗応するように封臣に要求する権利を王はもっていたが、それでも足りることがなかったのは確かなようである。金は王室外交の重要な一要素をなしていて、王という王がみな現金を必要としていた。年代記を記したノルマン人ワース[7]は、ヘンリー一世が兄ロベール[8]からノルマンディー公領を奪おうと一一〇五年にノルマンディーにわたったときの様子を伝えている。ヘンリーは金貨、

（4）（1868～1947）フランスの古文書学者。
（5）フランス北部の町。中世ではタペストリーの生産で有名であった。
（6）フィリップがジョンを正統なイングランド王と認めた協約。
（7）（1100頃～1171以後）『ブルート（*Roman de Brut*）』が有名。

銀貨を大量にもって来たのであるが、それを大樽に詰めて荷馬車に載せ、公領を巡りながら賢明にも、忠誠を求めた各地の貴族、城主、騎士に分配したのだという。

戦場における糧秣《りょうまつ》や、必要に応じて軍勢を移動させるのにかかる費用は巨額になることもあり、包囲攻撃が長引いて生ずる物資の窮乏が戦費の増大を招いた。そのほかにも、諸王が一二世紀、一三世紀にますます頼りとした傭兵はとても高くついたし、領主に加勢する義務を負っているはずの騎士にまで本来なら払う必要のない金を払った。この種の費用の金額を明らかにする確かな記録はないが、実例からおおよその見当はつけられる。前述のように、ウェールズとの国境では戦時中、雄牛一頭の値段が助祭一人の一年分の生活費に等しく、雌鳥一羽が一週間分の給金に相当した。もっとスケールの大きな話では、フィリップ尊厳王が騎士六五〇人、従者一三〇〇人ほどからなる軍勢と、その馬と武具を海路で聖地パレスティナまで引きつれていった際、その海路の費用だけで銀貨六〇〇〇マルク近くにもなったという。

右の比較以上にわかりやすいのが、西洋の諸王は、アラブ人支配者に比べてしまうと貧民同様であったという実態である。一〇五〇年、エジプトのカリフ(9)の遠縁にあたる二人の王子が没したとき、カリフに遺された財宝は息をのむほど壮麗であったという。数百ポンドの重さのエメラルド、ルビー、真珠に加えて、何千もの水晶の瓶、皿、インク壷、金の器、スミレを挿す二〇〇〇もの金の花瓶、そのほかの花を挿す四〇〇〇もの花瓶、三八の

(8)ノルマンディー公ロベール2世（1054頃～1134）のこと。ウィリアム1世の長男。1106年に末弟ヘンリー1世に敗れたあとは、死ぬまで獄中生活を送った。

(9)イスラムの政治的、社会的指導者のこと。イスラム教の預言者ムハンマドの後継者という意味をもつ。

荷船（うち一隻は銀製）、宝石をちりばめた短刀、刀、槍、城ほどの大きさの絹地のテントには黄金の支柱、何百ものタペストリーや貴重な石を彫ってつくった精巧な細工がつき、純金製のマットレスまであったという。つまり、これらの財宝に比べれば、アンジュー朝(10)やカペー朝(11)の宝物などは確かにみすぼらしいものであった。

以上、述べてきたことを考えれば、次のような見解に至らざるをえないであろう。すなわち、中世ヨーロッパの諸王はある意味で、ハゲタカと大差ない存在であったということである。所領内の出来事から利益を上げようと躍起になり、打ち上げられた船や動物、そのほか放棄されたものに対する伝統的な権利をもち、王室領内で跡継ぎをもうけずに死んだ庶子や外国人の遺産を要求する存在であったからである。そればかりか、偶発的な損害の代理権も王の手にわたった。たとえば、建物の枠組みから立派な木材が落下して四人の大工が死亡した折には、その木材がエドワード一世(12)の宮廷にたちまち運ばれていってしまった。

宮廷における背信行為もまた、王の統治権をないがしろにしていた。不忠な家臣は、寛容な王に裏切りで報い、その政治的破滅を招いたりして主たる王の力を削ぐこともできたのである。『鼻の低いギヨームの武勲伝（*Geste de Guillaume au court nez*）』のなかで、伯爵ギヨームは大領主に次のような注進《ちゅうしん》に及んでいる。

(10) イングランドのプランタジネット朝で最初の３代ないし４代の治世を指す。ヘンリー２世がフランスのアンジュー伯家の出身だったことにちなむ王朝名。

(11) 987年から1328年までのフランスの王朝。

(12) (1239～1307) (在1272～1307) イングランド王。ヘンリー３世の子。

あの連中は裏切り者、不逞の輩であります。ペテン師、欲の深い者どもであります。お側に置かれましても、偽りのみを申す者どもなのであります。実に殿は土地と金子を下賜されましたが、神の御意思が御身の破滅にあらずとも、連中の見せかけの忠義が破滅の因由《いんゆ》となりましょう。(＊1)

あらゆる階級の廷臣は、味方とするにはみな心もとない者ばかりであった。最高位にある者にすら数々の欠陥があり、それが主君の統治に影を落とす恐れがあった。ベケットに宛てた書簡で、リジューのアルヌルフはイングランド宮廷の同僚たちが見せる性向を「異常な野心」という言葉で表現している。つまり、競争心をもち、かつ常に妬んでいるというのである。アルヌルフはこう書いている。

「同僚たちの心は苦痛に嘖まれている」

常に人の足をすくうこと、自らが昇進することを目論む彼らの得物は偽善なのである。賞賛を熱望し、ライバルが主君の気を引けば苦痛を覚えるのだが、それでも陽気な顔をしていなければならない。連中の、明るさや優しい言葉を信じてはならない、とアルヌルフは言う。そして、こうベケットに忠告する。

「賞賛を送る者の朗らかな表情、そしてへつらいの甘い歌声を恐れなさい」

このように、王の権威は絶大というわけでもなく金銭に窮することもあり、また味方や家臣が不忠であることもあったりして、そういうことが中世の王の力を弱めることもあった。しかし、そうでありながらも、そういう障害を単なる不都合な程度のこととしか思わせないほどに穴埋めする力の源を諸王は同時にもっていたのである。その源の第一が、王権の威光そのものであった。王の威光は、「魔法にかけられた世界」の力を王に付与していた。

古代から西洋の王は戴冠式と聖別式のもつ神秘性によって、普通の人々とは違う存在とされてきた。神の血筋を引くとはいわないまでも、神に選ばれ、認められた王を自任する伝統を中世の諸王はもっていた。それによって彼らは、俗人と聖職者の二つの顔をもつという独特の地位を享受していたのである。二つの顔をもっていることを示す習わしを一つだけ挙げるとすれば、俗人と違い王はパンとぶどう酒の両方をもって聖体を拝領したことが挙げられよう。通常、両方をもって聖体拝領に与《あずか》るのは聖職者のみに許されることだったからである。

フランス王家が神に聖別された正統なものだと語る諸伝説のおかげで、カペー朝は一一世紀、一二世紀の軍事的、経済的危機のなかでもちこたえることができた。第一回十字軍に続く何世代もの間、伝説があまりにシャルルマーニュを名君に仕立てたおかげで、現に玉座に座っている彼の子孫の影を薄める結果になったこともあった。イングランドでは、ケルト[13]の族長であったアーサー[14]がシャルルマーニュ同様の威光を身につけていた。グラストンベリーの修道士たちは、自分たちの修道院内にアーサーとその妃グイネヴィアの墓があると固く信じていた。ベケット殺害の汚名を返上する意図もあったのであろう、ヘンリー二世はこの説を支持した。

この有名な祖先の亡骸は、ヘンリーが二人を記念して建立した礼拝堂に一一九一年になって移された。亡骸を目にした者は、グイネヴィアの見事な髪とアーサーの骨の大きさに目を見張ったという。アーサー王伝説につながる遺物の具体的な発見がその後も続くということには、アンジュー朝が魔力をもった一人の王の血を引いていることを知らしめようとする目的があったのである。一二七八年、エドワード一世はグラストンベリーのこの墓所を再び開けさせた。二年後にそこでアーサーの王冠が見つかると、王冠は手の込んだ儀式を経てエドワードに献上されたのである。

このように、イングランドにおいても、フランスにおいても、ともに王朝にまつわる伝説が王家の威光を強めていた。また、伝説は同時に王族に課せられた使命そのものの性質も変容させていた。一二世紀、一三世紀、そして一四世紀と、封建的君主をはるかに超えたイメージを王たちはまとうようになったのである。

シャルルマーニュに対して謀反を起こした封臣との紛争を描いた詩『ルイ王の戴冠（*Couronnement Looys*）』では、年老いた王が王権について次のように息子に語っている。

(13) ここではブリテン島の主要先住民であるブリトン人のこと。

(14) ブリトン人の伝説に現れる王。6世紀の初め、ブリトン軍の指揮権を得て、ブリテン島に侵入してきたサクソン人に対し、勝利を収めたとされている。

シャルルマーニュはルイ(15)に言った。

「神が王たちをおつくりになったのは、その人々を高尚な人物にされるためであって、偽りの裁決を下すほど高くまつり上げたり、贅沢な暮らしをさせたり、終わりなき悪行を行わせるためではない。若年の跡継ぎから領地を召し上げたり、貧しい寡婦からかすめ取るために王をおつくりになったわけではないのだ。そうではなく、王の責務は、いかなる不正も自らの足で踏みつぶすこと、そう、それを投げ飛ばして完全に押しつぶすことにある。貧しい民の前では慎ましやかであらねばならぬ。援助と助言を彼らに与えなければならぬ。神への愛から、しかるべき正義と正道を彼らに授けねばならぬ。しかし、高慢な者に対しては、獲物を捕らえた豹のごとく相手と同じだけ高慢に振る舞われなければならぬ。高慢な敵が戦を仕掛けてきたらどうするか。配下の勇敢な騎士をフランスに送れ。三万騎以上を送るのだ。そして、敵のなかでももっとも高慢な者のいるところを討て。その土地を荒廃させ、敵の財産を奪い、そして相手を捕らえて手中にしたのなら、いかなる慈悲、憐憫の情も見せてはならぬ！　ズタズタに切り裂け。火で燃やせ。海に沈めよ……」(＊2)

ここでは、封建的宗主を超えた役割を王が担っている。国の象徴であり、道徳的懲罰の執行人であり、民衆のためとはいえ野蛮さを備えた恐ろしい武力をもつ。古代の洗練され

(15)ルイ１世のこと。フランク王（在814〜840）、西ローマ皇帝（在814〜840）。シャルルマーニュの第３子。教会を保護したので敬虔王と呼ばれる。

た政治的概念からは遠く離れた君主像であるが、同時に超封建的でもある。王には封建的宗主をはるかに超えた権力が与えられ、封臣や配下の者だけでなく、国民すべてに対して責務を負うようになっている。

この超封建的な君主像は、別の現象に顕著に見られる。王族には、触れることで疾病を癒す力があるとされた。「魔法にかけられた世界」の力を巧みに操ることも恐るべき王権の徴《しるし》の一つであったのだ。フランスとイングランドの王家では、王のこの手技を「王の悪疾」、すなわち瘰癧《るいれき》を触れて治すという王の能力に象徴的に見ることができる。

瘰癧はリンパ管の炎症で、人を醜くする病であった。中世では各国に蔓延していたのだが、これを王が治すということが、一三世紀まではカペー朝とアンジュー朝のお決まりの行事になっていた。つまり、病の治療が国王にとって当たり前の仕事になっていたのである。ルイ九世は、毎日ミサが終わると病人に触れていた。ほかの王たちも少なくとも週に一日は空けておいて、宮廷で癒してもらおうとヨーロッパ中から旅してくる病人に治療を施すようにしていた。イングランドの王たちが瘰癧患者たちのために下賜したものの記録を見ると、王に触れてもらうことを願った人の数がおおよそわかる。記録をもとにすれば、エドワード一世は一年の間に一〇〇〇人の患者に触れ、祝福することがしばしばであった。

それだけではなく、フランスやスコットランドへの行幸中もそれを怠らなかった。エドワード三世は王としてだけでなく治療者としても崇められていた。日常的に病人に触れ、実際に治癒させたことも少なくなかったようである（瘰癧は蔓延してはいたが、伝染性の病気ではなく、また一時的に病状が緩和することも珍しくない病気であった。イスラム教徒の紳士ウサマ[16]によれば、彼が聖地で出会ったフランク人医師はその治療法を知っていたという）。

王に病気を治す力があることについて疑う者も当然いた。そのため、神学者ブラドワディーン[17]はエドワードが病気を治したことを証言している。『ペラギウス派に対する神の大義について（*De causa Dei contra Pelagium*）』で、ブラドワディーンは次のように記している。

> キリスト教の奇跡を認めぬ者は誰であれ、来て自らの目で見るがいい……。その病気が人知れず進行していようとも、ひとたび患者のために祈りが捧げられ、王の御手が患部に触れ、そして祝福して十字を切ったならば、キリストの御名においてその患者は完治したのである。

自分が治った、もしくは人が治ったのを見たと主張する者も少なくなく、そのなかには海外から来た者も大勢含まれているとブラドワディーンは付け加えている。

その治療が真正のものであったかどうかは別にしても、王に触れてもらえば病気が治る

(16) ウサマ・ブン・ムンキズ（1095〜1188）のこと。シリアの文人で武将。十字軍のとき、エルサレム王や騎士らとの親交があった人物。

(17) トーマス・ブラドワディーン（1290頃〜1349）。神学者、数学者。オクスフォード大学の教授、カンタベリー大司教。ウィリアム・オッカムの説を攻撃。

と（少なくとも）瘰癧《るいれき》患者自身が固く信じることで、一部の瘰癧患者が癒されていたことには疑いの余地がない。

一三世紀までには、王が触れて病気を治すということは永続的な奇跡になっており、王権のもつ「魔法にかけられた」雰囲気を醸し出してそれを強化していた。治療を求めて来た人が何千人にもなったことを考えると、この西洋の二大王国が名声を得たのは、その政治的、軍事的優位性のみならず、王たちがもつ治療能力によってもいたのではないかと思わざるを得ない。

実際、王権のもつこの奇跡的な特性は世間に広まり、模倣を生み出す傾向をもっていたのは確かである。イングランドでは、聖金曜日(18)に王が供えたコインを指輪にすると、その指輪は痙攣や癲癇《てんかん》を治したとされていた。また、一四世紀、一五世紀までには、ほかのヨーロッパ諸国の王も、苦痛を和らげ、癒しを広めるような限定的な能力をもっていると主張し始めていた。しかしながら、女王、王妃にはこの王族固有の能力はないということが明確にされていた。この能力の欠如を、フランスではある理論家が王位から女性を排除することに結びつけた。また、イングランドでは、王妃が痙攣を癒す指輪を祝福して配ることを許していたものの、瘰癧を治すために触れることは禁じていた。

中世の王というものがとくに複雑な存在となるのは、おそらく王権のこの側面においてであろう。公式には教会の階級組織に組み入れられていないものの、治療者として王は奇

(18) 復活祭の前の金曜日。イエスの受難と死を記念する。

跡を行う者の範疇に属していた。王のもつ能力は多くの聖職者の能力に近いだけでなく、それを超える部分もあり、瘰癧《るいれき》を患う修道士や聖職者が俗人と一緒に王に触れてもらおうとやって来たことはまさにそれを証明している。教皇ボニファティウス八世との歴史的な対決から五年、フランス王フィリップ四世は三人のフランシスコ会修道士(19)と一人のアウグスティノ会修道士(20)に触れ、ほかにも瘰癧患者が教皇領(21)からフランス宮廷にやって来ては王の祝福を求めた。

王の聖職者としての側面にまつわる問題は、伝統的には油を注がれる聖別式に関係があった。古代の習慣に従って、王たちは頭に油を注がれ聖別された。司教も頭に油を注がれて聖別式を受けたが、司祭は手に油を塗られるだけであった。一二世紀の典礼学者は教会関係者の特別な威厳を保ちたいと考え、戴冠式を改定し、王は聖油を肩と手にのみ受けるようにした。だが実際には、フランス国王も、イングランド国王も、神聖ローマ帝国(22)の皇帝がドイツ国王として戴冠したときのように聖油を頭に注がれ続けていたのである（それでも神聖ローマ皇帝としては、教会の副助祭(23)の叙任式とほぼ同じ儀式を経験した。中世の書物にも、副助祭という言葉で皇帝を呼ぶものがある）。

聖油を正確にどのように注いだのかということは、王権を宣伝する側にとっても、教皇権を宣伝する側にとっても興味深いことであった。しかしながら、聖油を注ぐときの技術的な面に目がいきがちだが、そこばかり見ていると、民衆の抱く王権のイメージを形成し

(19) フランシスコ会は、1209年、アッシジのフランチェスコが創立した修道会。

(20) アウグスティノ会は、13世紀、トスカーナを中心に活動していた隠修士たちが組織し、1244年にインノケンティウス４世が認可した修道会。

(21) ローマ教皇が世俗支配する領域のこと。

たもっと大きな諸問題をかかえって見失うことになってしまう。

王が教会組織を本当に脅かしたのは戴冠式の特殊な形式ではなく、王という存在の聖性においてである。王は、あらゆる奇跡を行いうる存在と見なされていた。一二世紀のデンマークでは、王に触ってもらったおかげで子どもが美しくなり、豊作に恵まれると信じられていた。また、そう遠くない昔でも、不作であれば君主が退位させられることがあった。

王族の遺体は、聖人の遺体のように聖遺物として崇められていた。たとえば、フィリップ尊厳王の遺体が起こしたとされる奇跡もあった。一三世紀の『ヘイムスクリングラ(*Heimskringla*)』は、ノルウェー王ハルフダン(24)の遺体を四つに切り分け、それぞれ王国内の別の地域の塚に埋葬して豊作を保証した様子を伝えている。そのほか民間信仰では、魔術師の血筋に生まれた子どもと王の子どもには、ともにほかの人間と区別するしるしが誕生の際につくといわれていた。それは「母斑」と呼ばれるもので、しばしば赤い色をして右肩に普通できる斑点のことを指している。明らかに民衆の理解では、王ははるか昔から聖職者の範疇に移っていたのである。

そのような神聖な存在に、行政という世俗的な現実を取り仕切る能力を求めることはほとんど冒涜行為に等しかったろう。そして実際に、中世の王たちに対する同時代の膨大な数の批判はあるけれども、王が日々の統治という仕事を怠っているというような批判は滅

(22) 962年、東フランク王国のオットー1世が帝位に就いたときに始まり1806年まで続いた、ドイツ、フランス南東部、イタリアを含む大帝国。

(23) (subdeacon) 聖職で司祭(priest)、助祭(deacon)に次ぐもの。

(24) (824～864) 厳密にノルウェー王となるのは、この子ハーラル1世から。

多になされなかったのである。古典作品の復興を通じてほんの少しずつではあっても公権力という概念が再発見されつつあった時代にあって、王による統治にあらゆる「公益」を守ってもらおうなどと考える者はいなかった。だが、ただ一つの分野において、王たちは統治権の強化に努めるようになる。古代に盛んであった法律研究が一二世紀になって再び盛んになると、法律は封建的君主としての地位を伝統的に制限してきたものに対してもっとも有効な武器となった。次第に王の配下の法学者たちが、法的優位性という反駁不能な砦で神聖な王権を取り巻いていった。

忠誠心においても、有能さにおいても、王家の家臣として法学者の右に出る者は少なかった。名家の出である者や、資産家という者は珍しく、法学者は自分のもつ知識で身を立てていたので封建社会の権力機構にとって明白な脅威となることはなかった。さらに重要なことは、彼らが、王や王の法のため以上に何かをする大義をもたなかったということである。法学者の負う社会的な責任はあくまでもその雇用者に対する奉公のみであり、その知的義務は同様に範囲の狭いものであった。伝統的に中世の学問分野は神学が頂点に立って君臨する複雑な階級があったのだが、一三世紀までローマ法の研究はその階級制度の埒外とされ、独自の職業倫理に基づいた領域で発展していた。一三世紀のローマ法の注釈者アックルシウス(25)は次のように問いかけている。

(25)（1182頃～1260頃）イタリアの法学者。後出のアゾの弟子で、13世紀に活躍した注釈学派の一人。『ローマ法大全』のための注釈書を編纂した。ボローニャ大学の教授を務めたあと、フィレンツェで裁判官となった。

法律家や法学者にならんと欲する者は、神学を研究せねばならぬということになるのか。そうではあるまい。なぜなら（この者に必要な）すべての事柄が法体系に見いだせるからである。

中世末期までは、ひた向きな忠誠心をもち、如才なく、そしてほかの家臣に比べて知的に独立した存在であったために、法学者は王にとってなくてはならないものになっていた。また、主な宮廷ならばどこでも法律を修めた者を何十人とかかえていた。彼らは君主に助言をし、その代理人となり、法文書作成や法律制定を行ったのである。マシュー・パリスはこう述べている。「狩猟者が猟犬を飼うように、王は法学者を手元に置くのだ」、と。

中世の弁護士や代理人、そのほかの法律家が君主制を強化した手法を逐一まとめようとすれば、それは結果的に、一二世紀よりもあとの統治の歴史を大部分こと細かに述べなければならないであろう。したがって、次に挙げる例だけで全体像をつかんでいただきたい。

アンジュー朝のイングランドでは、不動産を介した人と人とのつながりは封建法に基づいていた。封建法のもとでの封臣、つまり土地保有者は、その土地の法的な所有権をまったくもたず、ただ所有を許されているだけなのである。だから、さまざまな理由でその土地を取り上げられることもあった。しかも、事実上は償還請求などは認められなかった。封建法というのは特権を守る法である。他方、国王の判事たちによって生み出される法は

ヘンリー２世の印章

(26) 1179年頃にヘンリー２世が制定した訴訟方式で、土地の権利をめぐって訴えられた被告は、陪審が裁決するこの大審問裁判か、決闘裁判かのいずれかを選択することができた。

(27) ある土地が教会のものか、俗人のものかを確定するための訴訟。1164年にクラレンドン法により、このような案件が国王裁判所で処理されることになった。

(28) 不法な手段で土地を奪われた者が、その土地を回復するために起こす訴訟。1176年のノーサンプトン条例で明文化された。

正義、公平の法であった。

ヘンリー二世の治下、アンジュー朝の土地に関する法を支えていた五つの柱が封建法の不公平を正すため整備され、結果的に封建法に取って代わったのである。土地回復訴訟である大審問裁判（the grand assize）[26]と並んで、聖俗保有地確定訴訟（the assize of *utrum*）[27]、新侵奪不動産回復訴訟（the assize of *novel disseisin*）[28]、相続不動産回復訴訟（the assize of *mort d'ancestor*）[29]、聖職者推挙権回復訴訟（the assize of *darrein presentment*）[30]は、世俗と聖職者の両方の封臣たちに保護を与えた。結果としてこれらの訴訟は、国王の名のもとに行う裁判を金で買い、領主との紛争を国王の法廷にもち込む権利を与えたのだ。

ヘンリー二世に続く王の治世においても、国王の法学者、裁判官たちはこの訴訟手続きを発展させて新しい法や新しい法手続きを生み出し、封建法に基づいて各地方の領主が裁決していた裁判を封じこめたばかりでなく、封建的土地保有を永続化させていた慣習を違法とした。そして、最終的には再下封を禁止し、封建法に基づかない土地の保有形態を推進した。つまり、きわめて単純な言い方をすれば、一四世紀の初めのイギリスにおいては、すでに資産に関する法はコモン・ロー、すなわち王国全土で通用する国王の法と実質的に同義になっていたのである。

ここでもまた、国王のもつ二面的な権威のために、法学者がいることで国王の受けた恩恵も二通りあったことに注意を向ける必要がある。つまり、イングランド最大の地主とし

(29) 前所有者の死亡によって相続した土地が他人に奪われていた場合に、その土地を回復するための訴訟。1176年のノーサンプトン条例で明文化された。

(30) 聖職者推挙権の保有者が、不法な手段でその権利を侵された場合、その権利を回復するための訴訟。

て国王がもっていた権利はほかの領主たちと同じように弱まってしまったが、ほかの領主たちを治める宗主権は、その損失を埋めてあまりあるほど強化され、その恩恵に与《あずか》ることができたのである。

中世の王たちは、ますますこの法学者という新しい集団に頼るようになっていった。それは、政治上の関係においても、教会との関係においてもそうであったし、王室や財政にかかわる交渉事においても、ほかの者に邪魔されることなく自ら統治できた不明確な領域においてもそうであった。もちろん、法学者が不審な仲間とも手を組む連中であることを国王もほどなく知ることになる。国王にとって便利な存在となるぐらいに従順なのだから、王室の敵にとっても便利な存在になりうるということである。当時の法は矛盾だらけで迷路のように入り組んでいたので、さまざまな立場の人間に利用され得たのである。

「殿様を喜ばすものには法の力が備わっている」というような金言の意味は、王室の権力よりも民衆の力を上にした、同じく由緒ある言葉によって帳消しにされてしまう。すなわち、「殿様の命令でも公共の利益に反するものは無効である」という金言もあるのだ。

法学者たちは、共和主義という古典的イデオロギーを最初に回復した人間であった。神の思し召しによって権力をもっているのだと主張する神聖不可侵の国王が、このイデオロギーでは民意に基づく賃借人にすぎなくなってしまったのだ。ラウテンバハのマネゴルド(31)はこう述べている。

(31)（1030頃～1103以降）アルザスのラウテンバハ生まれで、叙任権闘争のときの論客。神聖ローマ皇帝ハインリヒ４世を攻撃した論文などを著した。1096年、トゥールの教会会議に出席したあと、皇帝によって投獄された。

施政者として失格の領主は、不忠な豚飼いを農場主が追い出すように追放される。

このように、法学者とは本来、神聖王政と対決すべき存在であったのだが、中世の法学者たちは王権を擁護した。それればかりか、専門職としての威厳を法学に取り戻すことまでなした。

公正、公平な司法を施すことは、かつて貴族が暇つぶしとして行うか、政争の道具として用いるようなことであった。それを、民事法の法学者は職業としたのである。彼らはその職を完璧にまっとうしたのでも、また公正で、法の前に謙虚な姿勢で処理していたなどと言えた義理でもなかった。それでも法廷に法律家がいるというただそれだけのことが、神ならぬ人間が統治する社会で、正式な裁判が人に与える印象を違ったものにすることもできたのだ。

国家とは、個人と個人のかかわりを超えた存在である。そのことを封建制は長いこと曖昧にしてきた。封建制に基づく王政は、もちつもたれつの関係と自分が生き残ることに執着しすぎていて、国家を抽象化して見る視点がほとんど欠如していた。抽象化した国家とはローマ法でいう「公のもの」(32)という概念で、それはその市民の集合体、その国土をも超越した存在であった。

しかし、中世の行政を変革したとはいっても、法学者はその伝統的な外見を保守するこ

(32) ラテン語で「res publica」という概念。このラテン語は、英語の「republic（共和国、共和制）」の語源となるフレーズ。

とにも熱心であった。一方で封建制の力を排除しようと努めていながら、封建的な権利と名誉を手にすることに躊躇はなかった。法学者アゾ[33]は、自著である『法制大全（*Summa institutionum*）』でこう記している。

武具をまとった騎士もいるが、武具をまとっていない騎士もいる。そのほかにも、文字と学問で武装した騎士もいるのだ。

武装した貴族、武装していない聖職者に加えて、法学を修めた騎士がいるというのである。民法の注釈者は、自分たち法学者にも騎士の称号が授けられるべきだと主張しており、一一八〇年代においてすでに法学博士は「〇〇卿」と呼ばれることを要求していた。そして、ボローニャの偉い法学者には例外なく爵位が与えられていた。また、ユスティニアヌス[34]の文章を都合よく解釈して、二〇年にわたって大学で教鞭を執った法学博士は伯爵の爵位を得るという学説を生み出した者までいた。

中世の社会は、こういう時代錯誤に対しては寛容な社会であった。中世思想の多くがそうであるように、中世の社会は古い考え方を改めるのと同じだけ、新旧混在を許容しながら発展した社会であったのだ。変革を過去の制度の再発見であるかのように繕えるのがもっとも秀でた統治者であったため、彼らは前例を逸脱していると非難されることを恐れた。

(33)（1150頃～1230頃）ローマ法研究の注釈学派が最盛期を迎えたころの法学者。彼の著した『ローマ法集成』は広く普及した。

(34)ビザンツ皇帝ユスティニアヌス１世（在527～565）のこと。『ユスティニアヌス法典（ローマ法大全）』の編纂をした。

以上のように、君主としてうまく治めるためにはいくつかの条件が必要であった。まず、「同時に至る所に存在」していること。次に、恐ろしい存在であること。そして、有能な法学者と役人を少人数かかえていること。それに加えて、民衆を信用させる奇跡的な能力があれば統治は成功したのであった。これらの要件が揃わないと、国王の個人的な能力だけではとうてい一国を治める重荷を背負うことはできなかった。

一〇五四年ごろ、本来ならばイングランド王になるはずであった子どもが一人生まれた。その子の名はロベール。当時、ノルマンディー公であったウィリアム一世とその妃マティルダ(35)の間に生まれた第一子で、生まれた当初から父の公務と所領を引き継ぐべく教育を受けていた。この子は背が低くて丸い体格をしていたので「短袴公《たんここう》」や「大根足公」とあだ名されていたが、人を引きつける力を備え、言葉遣いの上品な人物であった。この点においてロベールは、その高貴な生まれもさることながら、ノルマン人の貴族のなかで抜きん出た存在となっていた。たとえば、騎士道が流行する前からすでにロベールの物腰は騎士道にかなったものであった。友人に対しても敵に対しても等しく丁重に振る舞い、裏切り者にさえ寛容で、とてつもなく太っ腹であった。また、戦場においては生まれつきの優れた才能を発揮した（その盲目的な丁重さは、謀反を起こしたノルマン貴族すら気品ある紳士のごとく扱い、やっと攻略したばかりの城をもとの持ち主であるこのノルマン貴族に明

(35)（1031～1083）イングランドのウェセックス王家の血を引き、フランドル伯ボードゥアン5世の娘。ウィリアム1世の妃。

け渡したりするほどであった。その結果、誓約を相手が破るたびにロベールは何度も落胆を繰り返すのであった）。

ロベール短袴公はイングランドの王位継承者として仕込まれ、正式に指名もされていた。幼少においては文学と騎士にふさわしい学芸を修めた教師を数人つけられており、イングランド征服の年にウィリアム一世はノルマン貴族を召集し、その面前でロベールを王位継承者として指名した。それにこたえて諸侯はロベールを主君とし、忠誠を誓った。その時点のロベールはわずか一二、三歳の子どもでしかなかったが、二度目に指名を受けたときにはもうりっぱな大人になっていた。

自分の死期が迫っていることを悟ったウィリアムは、このときも諸侯を呼び寄せ、自分の治める全土を相続する者、つまり主君としてロベールを認め、忠誠を誓うように要求した。このときのウィリアムの所領はイングランド王国をすでに含んでいた。ところが、そのすぐあとに父王とこの継承者との間に起こった諍いは皮肉な結果に終わってしまう。すなわち、騎士団を味方につけて謀反を起こしたロベールはジェルベロワで父王ウィリアムの軍勢とぶつかるのだが、息子の側とたった一度立ち合っただけでウィリアムは馬から落とされて負傷してしまった。自分の軍勢が息子に敗北を喫するということ自体、ウィリアム征服王には屈辱的であった。ウィリアムはロベールを呪い、廃嫡《はいちゃく》すると迫ったのであったが、ほどなくして両者は和解した。そして、ジェルベロワの戦いののち、ロベールはウィリアムの後継者として三度目の指名を受けたのである。

ところが、一〇八七年にウィリアムが没するまでにロベールは再び父の不興を買って亡命をしてしまう。ウィリアムは臨終に際し、のちのウィリアム二世（赭顔王）を王位継承者に指名して、ロベールにはノルマンディーとメーヌの領地を与えたのみであった。

その後、二〇年の間、ロベールの周りの者たちは、王国の権利は元来ロベールのものなのだから兄弟から王国を取り戻すようにとロベールに迫っていた。ウィリアム二世が生きているうちはウィリアム二世から、ウィリアム二世が暗殺されると一番下の弟ヘンリー一世から奪いとるように迫ってばかりいたのである。イングランドは征服で獲得した領土であったから実際には長子相続権の対象外ではあったのだが、ロベールはこの一件を法の問題としてではなく名誉の問題としてとらえていた。

ロベールは、ウィリアム二世もヘンリーもともに自分の正当な権利を侵したのだと確信しており、ウィリアム一世が臨終の際に行った後継者指名にも、自分の方が生まれが秀でているというヘンリーの主張にも納得してはいなかった（ヘンリーの主張するところによると、ロベールはノルマンディー公の子にすぎないが、自分はイングランドを征服したあとに生まれているのだから、国王の子であるというわけである。幻想的な予言が、この主張を裏づけていたように思われる）。

しかし、自分が相続するべき遺産を横取りされたことに激怒していながらも、ロベールは征服欲を明らかに欠いていた。ロベールを王位に擁立しようとする動きと、ロベールの置かれたノルマンディー公という立場が一世代の間にわたって反乱の火種となったのであるが、ただ一つの例外を除くと、ロベールがイングランド侵攻を実施に移したことはなかった。その例外的一件は興味深い。ロベールに従う者がどんどん増えて、その軍勢を率いてロベールは海峡をわたり、抵抗を受けることなくノルマン王朝の首都ウィンチェスター(36)にまで行軍を続けることができたというのである。このとき、国王ヘンリー一世は本当に身の危険を感じたのであるが、どうにか話をつけて武力決戦の代わりに金銭を受け取らせ(ロベールは常に金に窮していた)、その危機を回避した。その後、ある友人の所領を救う取引をヘンリーと交わしたなかでロベールはこの金すら返却してしまう。

一一〇六年、ロベールはノルマンディーのタンシュブレーで捕らえられ、残りの二八年の生涯を獄中で送ることになる。ロベールをロマンスに登場させて歌う詩人たちは、この悲痛の年月にロベールがウェールズ語を覚え、詩を書いていたのだと主張した。ロベールの作とされる詩には次のようなものがある。

セヴァン川の注ぐ海、
相争う荒波に突き出た岬の森に育った樒(＊3)の木よ。
悲しいかな！　若くして死にゆく者よ。

(36)イングランド南部ハンプシャー州の古都。アングロ・サクソン時代ウェセックス王国の中心市であった。

ロベールが一一〇六年に捕らえられるずっと前から、文人たちは彼をロマンスの英雄に仕立て上げていた。他方、年代記を記した国王側のノルマン人は、ロベールを放縦な謀反人、または快楽に溺れた、間抜けな男だといって片づけてしまっている。このような偏った見方はともかくとしても、ロベールが将来の王として失格であったわけはわからないでもない。父ウィリアム一世や弟ウィリアム二世、ヘンリー一世と違って、ロベールは「同時に至る所に存在」しようという気がなかった。ロベールには野心がなく、政治的目標もなかった。封建社会の政争において、戦場で勝ち取った勝利を完全なものとするのに必要な賄賂、政治的策略、計画的外交といった念入りなネットワークの構築などはロベールには思いもよらないものだったのである。また、ロベールは記録をつけることにもまったく関心がなかった。自分の宮廷での謁見や権利令状の発行、裁決を下すことにも同様にまったく関心を払わなかった。ノルマンディーにある自分の所領には財務長官と財務省らしきものを置いてはいたが、租税徴収の体制は整わず、あったとしても微々たる歳入があるのみであった。

その一方で、ロベールの戦績は目覚ましいものであった。ジェルベロワの戦いでウィリアム一世を下したことなど、一連の見事な戦勝を記したリストのなかでは単なる一項目でしかない。第一回十字軍ではその卓越した戦功を十分に上げることはできなかったが、当地で武勇伝を残して帰国している。ある文学史研究者によると、聖地パレスティナでは一二世紀初頭に、一つの完全な叙事詩群がロベールを題材にして書かれていた可能性があるという。

たしかに、現存するものからでも詳しい伝説を再構成することはできる。一二世紀の書物には、異教徒もキリスト教徒もロベールを馬から落とすことはできず、ロベールは十字軍の最高指揮官であり、ドリュライオンの戦い(37)では誰にも負けない働きをし、またたった一つの戦闘で「赤い獅子」ケルボガとサラセンの王二人を倒したとある。さらには、ロベールが国王になれなかったことに関して、伝説的ともいえる理由すら存在する。聖地でロベールはエルサレムの王冠をすすめられたが、それを断ったという。その不遜な行為のためにロベールは神の怒りを買い、正当な遺産を引き継ぐことができなかったとされている。

この文学的証明はうまくできているが、事実をひどく歪曲したものである。実際のロベールは、残酷な十字軍の兵士でも血気盛んな戦闘員でもなかった。実戦とほぼ同じくらい戦闘ゲームを愛するような戦士であったのである。弟ヘンリーがモン・サン・ミシェルのある半島に逃げ込み、ロベールとウィリアム二世が協力してこれを包囲攻撃した折には、時間潰しに砂の上で馬上模擬戦を行ったという。ロベールは善戦したにもかかわらず、一度しか参戦しなかったウィリアム二世のほうは一介の騎士によって落馬させられてしまう。ウィリアム二世は敵を買収するほうを例外なく好んだが、ロベールは立派な武功を上げることに専心した。たとえば、サン・スネリの(38)「難攻不落」といわれた要塞をロベールは難

(37) ドリュライオンは小アジア中部(現代のトルコ)にあったフリギアの都市。1070年頃、セルジューク朝トルコにより陥落するが、1097年、十字軍がトルコ軍に対して大勝利を収め、奪還に成功した。

なく攻略しており、また父のウィリアム征服王が三年かけて包囲したブリオンヌの城は、だいたい午後三時から日没までの間に落としてしまった。

だが、せっかくの才気も一貫性がなければ、ノルマン・イングランド王国を手に入れて保持するのには不十分なのである。友人を助けるためであれば大金を惜しまなかったロベールだが、自分を思って計画を立ててくれる人にとっては不甲斐ない人物であった。もっと悪いことに、威光を示すのに必要な残忍さを見せて自分の勝利を仕上げるということを、ロベールは決してしようとしなかったのである。ウィリアム二世がノルマンディー征服を最初に試みたときにロベールはルーアンを奪還するのだが、ウィリアム二世側についた謀反人を処刑するように促されたのにもかかわらず、ロベールは投獄で十分だといって耳を貸さなかった。ところが、このときロベール側についていたヘンリーは、兄ロベールに慈悲の心を捨てるよう説いて、反乱軍の首領をルーアンの塔から後ろ向きに突き落として処刑してしまったのである。

しかし、そのヘンリーも、以前にロベールの騎士道に適った慈悲で命拾いをしていたのであった。モン・サン・ミシェル包囲戦でウィリアム二世がヘンリー側の水の供給を断ったことがあったのだが、ロベールは部下に命じ、ヘンリーの手の者が何人か水袋をもって前線を通過するのを黙認させたばかりか、ワースの記述によれば、景気づけにワインの樽をヘンリーへ送りつけることまでしたという。

(38) ノルマンディーにある村。百年戦争後期の1432年にもイングランド軍はここを攻撃した。三方を急流に囲まれた要塞があった。

支配するうえで恐怖が不可欠であったこの時代、このようなことは恐るべき主君のすることではなかった。一〇〇年後、リチャード一世（獅子心王）が似たような振る舞いで名を馳せるが、そのころにはすでに十字軍にまつわる話のおかげで騎士道風の礼節の観念が定着し、自分も礼節を身につけたいと人が思うようになっていた。リチャード一世はロベール同様、生前から伝説的英雄になっていたのであるが、ロベールとは違って、安定して争い事の起きないような後継者に恵まれ、さらには有能な役人がついていたので王にもなれたのであった。

リチャード一世が難なく即位できたのは、父ヘンリー二世の模範的な功績のおかげである。ヘンリー二世が、中世の国王のなかでもっともよく国を治めた王であることに疑いの余地はない。その三五年に及ぶ治世の間、ヘンリー二世はとりわけその行動力で際立っていた。当時の人間がこう記している。

朝から晩まで、馬に乗っているときと食事をしているときを除いてじっと座っていることのない王様だ。普通の人間なら一日かかる距離の四倍、五倍の距離でも、一日で駆ることがしょっちゅうである。

謁見した人は皆、王の落ち着きのなさにびっくりしたという。側近や王室の一員も、それが日常のことだと受け入れるほかはなかった。ヘンリー二世が国を治めた期間のなかの平均的な一年間に彼がどのように移動したかを検討すれば、その成功の秘訣がはっきりしてくるかもしれない。

一一七四年の初めの何ヵ月かのあいだ、ヘンリー二世はノルマンディーで越冬した。フランス王ルイ七世(39)との間で休戦に合意した結果であった。このヘンリーのもとに、ダラムの司教ヒューがスコットランド国境線上でスコットランド王と休戦に合意したこと、ロジャー・ド・モーブレー(40)が王の許可を得ずにアクソルム島で築城していたことを知らせる報告が届く。新しいカンタベリー大司教リチャードがようやく四月にローマで教皇によって戴冠したこともあり教会との関係も穏やかであったので、当面の間、モーブレーの脅威は捨てておくことにした。雪解けを待ってすぐに移動し、まずアンジュー、次にポワティエへ行ってサントを解放した。サントは、息子リチャードの配下による攻撃に晒されていた。五月にはアンジューに戻り、アンスニを落とし、ソームル周辺の土地を荒らしたが、そこで得た利益を守るためにアンスニに築城まで行った。

スコットランドが休戦協定を破ったことをヘンリー二世は四月に聞いていたが、今度はフランドル伯がフランドル人騎士を三〇〇人イングランドに送り、このためにすでにノリッジが略奪に遭っていたという知らせが六月になって届いた。ヘンリー二世は急いでノルマンディーに取って返し、配下の傭兵、ブラバント兵を七月初旬にイングランドに派遣し

(39) カペー朝第6代のフランス王（在1137～1180）。王妃アリエノールを離婚したため、結果的に多くの領土がイングランド王のものになった。

(40)（？～1188）モーブレー家はノルマンディーのクータンス司教ジョフリー・ド・モーブレー（1049～1093）に始まる。

て自身もすぐに船に乗り、ボンヌヴィルの宮廷で会議を開いたほかは止まることがなかった。ヘンリー二世とともに海をわたったのは息子ジョンとジョーン王女、そして捕虜としてフランス王妃アリエノール(41)、幼い王女マーガレット、チェスター伯、レスター伯夫妻、それに息子リチャードとジョフルワの妃たちも一緒であったと思われる。

サウサンプトンに上陸後、ウィンチェスターに行き、そこからウィルトシャー内に進んでアリエノールをロバート・モルドゥィットの監視下に残した。そして、グロスターへ進み、マーガレットとそのほかをデヴァイズの城内に監禁した。そのあと七月九日までに王はカンタベリー入りをし、ベケットの墓で悔悛を行うために四日間そこに滞在する。だが、五日目にはミサをすませて出立し、ロンドンまで馬を駆った。ロンドンでは、スコットランド王ウィリアム(42)が配下の騎士によって捕らえられたという知らせが届いた。その間、父王に反旗を翻した長男ヘンリーの艦隊がフランドル沖で悪天候に阻まれていたため長男に侵略される危険は当面減じていたが、ヘンリー二世は病に倒れ、数日間病床に臥してしまう。それでも七月一九日には再び起き上がり、七五マイル北にあるハンティンドン包囲に自ら加わるために出発する。病床に臥している間でも、新しい軍馬の装具や包囲攻撃機は用意させていたのである。

ハンティンドンが七月二一日に陥落すると、ヘンリー二世は休むことなくヒュー・ビゴッド(43)とその配下のフランドル人と対決すべくフラムリンガムの城へ向かった。国王が向か

(41) アキテーヌのアリエノールのこと（1122〜1204）。アキテーヌ女公（在1137〜1204）。フランス王ルイ７世と離婚後、イングランド王ヘンリー２世の妃となる。リチャード１世、ジョン王の母。

っているという知らせを聞くと、ヒューは城を明け渡した。傭兵たちは帰国を許されたが、その所有するものすべてをイングランドに置いていかなければならなかった。国王は七月二五日に足止めを余儀なくされたが、それはテンプル騎士団員の馬が王の太股を蹴ったという事故が起きたからであった。それでも月末にはヘンリー二世はノーサンプトンで別の反乱の脅威に対処していた。数ヵ月前からダラムの司教ヒューが、騎士四〇人とフランドル人軍とを乗せた艦隊とともに甥のバール伯を海峡の向こうから連れてきていたからである。謀反の意志がないことの証明として、ヘンリー二世は司教に臣従礼を更新するよう求めた。ヒューは異

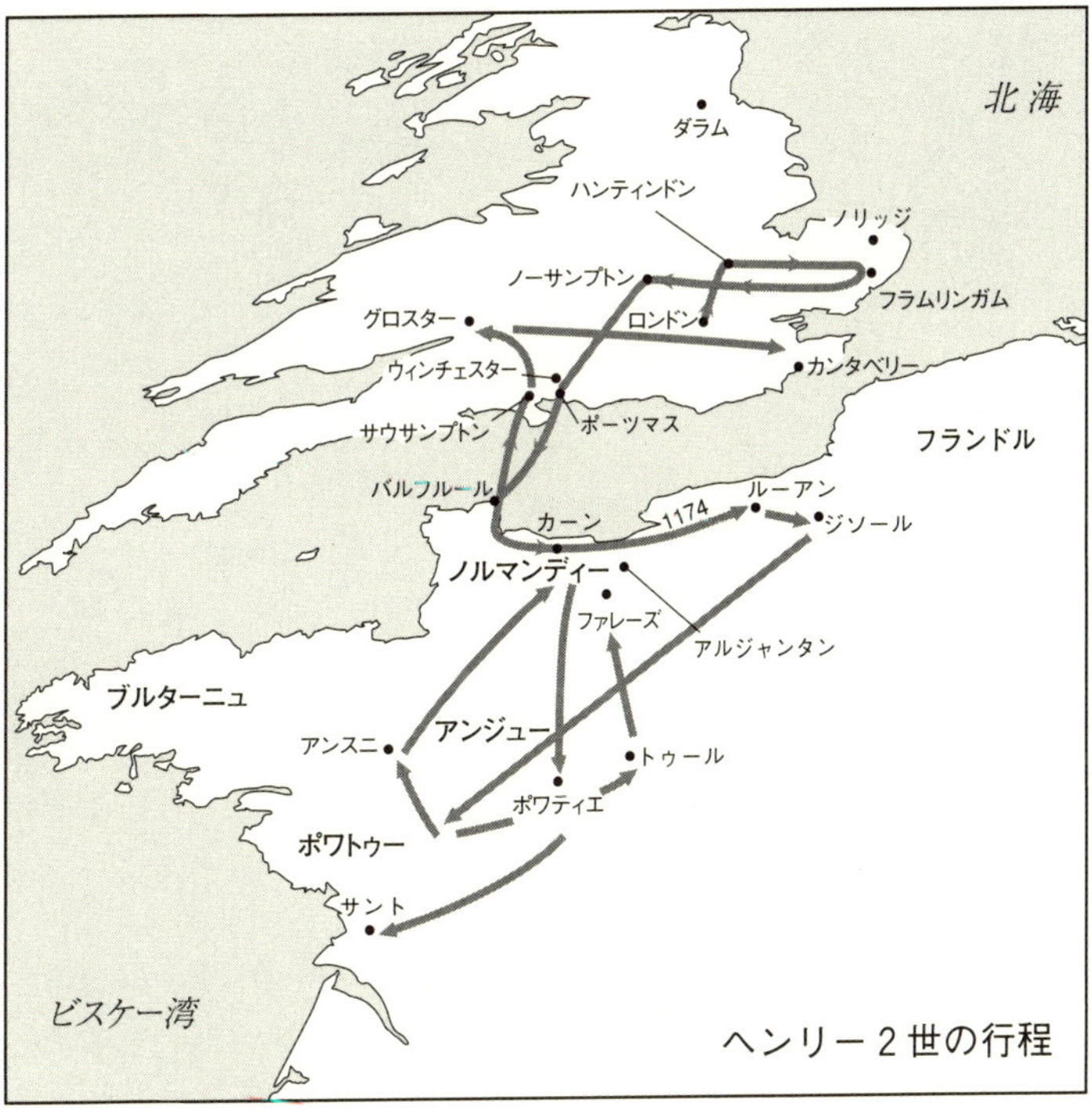

ヘンリー２世の行程

議を申し立てることもせずにこれを受け入れ、国王に三つの城を明け渡し、甥は海峡の向こうに帰してしまった。

八月初旬までには、北部の有力な四人の領主が六つの城を明け渡した。このことだけでも北部で国王の威光が再び強まったわけであるが、さらには捕らえられていたスコットランド王がノーサンプトンにある国王ヘンリー二世の前に引き出され、王の異母姉妹エマと北ウェールズ王子デイヴィッド・アプ・オーウェンの縁組みが結ばれた。

この祝いの催しを終えるとすぐに、ヘンリー二世はノルマンディーに連れていくと決めた遠征軍を集め始めた。イングランドに一緒に連れてきてからまだ五週間も経っていないブラバント兵を引きつれ、それに加えてウェールズ兵の大軍を徴用してポーツマスから海峡をわたってバルフールに上陸した。

上陸するまで、捕虜のスコットランド王と反乱を起こした諸侯も一緒であった。捕虜をカーンに残し、ヘンリー二世は海岸沿いに東へと軍を進めた。その途中、ローマからの帰路にあった聖職者二人に会い、教会側の動きについて情報を得る。耳にした情報に満足すると、彼はルーアンに進んだ。ルーアンにヘンリー二世が到着すると、この町をフランス王ルイ七世と息子のヘンリーが包囲している最中であった。そこで八月一〇日から一五日にかけて、ヘンリーはウェールズ人の傭兵を包囲軍の物資補給阻止にあたらせた。その結果、ルイ七世とその軍勢は夜陰《やいん》に乗じて逃亡し、イル・ド・フランスへと退却せざるを得

(42)（1143生）（在1165〜1214）ヘンリー２世の子リチャード、ジョンと手を結んで1174年にイングランドに攻め入るが、ヘンリー２世側に敗れて捕らえられた。
(43)（1095頃〜1177）ノーフォーク伯爵家を創設した人物。よく国王に反抗した。

なくなってしまった。

三週間後、ヘンリー二世はルイ七世とジゾールにおいて和睦を結んでいる。さらにその後、軍勢を率いて二五〇マイル南のポワトゥーへと進み、九月二一日にはリチャードを降伏させた。そして、ポワトゥーの海岸沿いにある町でリチャード・ド・ルシという反乱のなかで忠義を貫いた者に形式的な下賜金で報いた後、一週間もしないうちにトゥール近郊の町で三人の息子と和睦するため会見した。王室一家はノルマンディーのファレーズにおいて一〇月一〇日に再会を果たし、正式に和睦が結ばれる（捕虜は、カーンの牢獄から当地へ移された）。

晩秋に入り、移動も兵糧もままならなくなってきたので、ヘンリー二世はそれに従って多くの時間を行政に割くようになっていく。ノルマンディーの数々の城からノルマンディーとイングランドの修道院に対して特許状を発行したり、御料林にまつわる裁決や封土に関する申し立て処理を監督したりした。一二月には、スコットランド王との間で自分に有利な協定を結んで一年を締めくくった。すなわち、知行としてスコットランドを受け取ったのである。スコットランド王を釈放したヘンリー二世は、アルジャンタンでクリスマスを過ごした。

このように、ひっきりなしに続く強行軍や危機の様子を読むだけでもくたびれてしまう。ましてや、実際この国王のお供をするとなると、忠義を示すためとはいえ疲労の極みであったことだろう。中世における旅の諸条件を考えれば、陸路、海路合わせて九四六マイルほどに上るこの旅程がはかばかしく進んだこと自体想像するのが難しい。しかし、一日旅した揚げ句に荒野で夜を迎えたとすれば、旅の困難はさらに増大したのである。ブロワのピエール(44)が記している。

国王に随行した者は厳しい試練に晒されている。日が暮れてから三、四マイルも見知らぬ森を彷徨った末に見つけた宿が、むさ苦しいあばら屋であったりすることがしょっちゅうであったからだ。

当時の国王が軍にこのようなことを求めたとしても、それは理不尽なことではなかった。兵役に就くことも、統治することも、当時は屋外の仕事であったからだ。だからといって、同じことを王室の一員に要求したのは納得し難い。断続的に国王の捕虜となった血縁者や廷臣でもそうである。さらに理解し難いのは、旅と旅の間の数日、数時間の間、もしくは旅の途中でヘンリー二世が適切に、また要領よく諸事をこなしたことである。ヘンリー二世は国を治め、裁判の監督をし、令状と特許状を発行し、租税を徴収し、広大な大陸の所領と、それぞれの王国内で増える一方の役人に目を光らせていたのである。ヘンリー二世の活力が衰えることはなかった。国境に目を光らせ、封臣や他国の王との

(44)(1135～1204頃) ヘンリー２世の秘書官として各地を旅した。バースの大助祭(archdeacon) であるとともに、カンタベリー大司教リチャードの大法院担当司祭(chancellor) であった。古典の素養があり、多くの論文を著した。

関係にも目を配る一方で、近親者すら疑わなければならない場合もあり、それでも各地を絶え間なく移動していた。これが、息つく暇もないようなヘンリー二世の統治の中身であった。ヘンリーの持ち前のスタミナと王位との相性のよさがさらに加わって、統治の成功を保証していたのである。

頑健な王が治めた長い治世をこのように長々と書くと、王位というものが本来どれほど不安定な地位であったのかということを忘れてしまいそうになる。当時は、子どものときに王位に就いた者も少なくなかった。だから、彼らが自ら統治しようとすると、最初の何年かは摂政たちの重苦しいコントロールから脱却することに費やされた。そして、かなりの数の皇太子が父王よりも早くこの世を去った。たとえば、ホワイト・シップ号事件(45)でヘンリー一世の嫡男が死んだ有名な災厄もあれば、フランス王太子が一一三〇年に「その乗っている馬の脚めがけて猛突進してきた豚のために落馬し、首の骨を折って死んだ」事件もあった。

また、成人したとしても事故、病気、精神障害が国王を脆い立場に置いた。たとえば、フランスのフィリップ尊厳王はその治世の後半、イングランド王リチャードが自分を暗殺しようとしているのではないかという恐怖に苛まれていた。また、イングランド王ジョンは配下の兵士に「なまくら」と呼ばれていたが、神経性の病気に悩まされ、精神病に罹ってしまっていた。国王について民衆が信じていたところでは、国王とは理性を著しく欠い

(45) 1120年11月25日バルフルール沖で、イングランドに向かっていたホワイト・シップ号が沈没。ヘンリー1世の嫡男ウィリアム王子らが溺死した。

た存在なのである。神聖ローマ皇帝ハインリヒ五世(46)は一一二五年に没しているが、年代記にハヴデンのロジャー(47)が記すところによれば「次のように断言する者も」いたという。

すなわち、ある晩、皇后マティルダの寝所にいつものように来たのであるが……明かりが消され、召使いが下がって休んでしまうと、毛織りの服をまとった皇帝は裸足のまま、皇帝の礼服も后も、そして王国も置いて、どこかに行ってしまった。その後、二度と皇帝の姿を見た者はなかったという。(*4)

人々が抱く幻想や伝説的な祖先、そして不思議な力をもつ王権をいつも包んでいる神秘性のために、もっともよく守られている王にすら弱点があるということがわかりにくくなってしまうきらいがある。だが実際には、国王が絶対安全でいることなど決してなかったのである。

神聖ローマ皇帝フリードリヒ一世（赤髭王）が二度目にイタリアに侵攻した際、一一五九年にミラノ周辺で戦闘が再開された。そのとき、皇帝側の陣営にある見知らぬ男が現れた。陣営は、アッダ川の急な土手の上に築かれていた。この男は力が強く背は高かったのだが、馬鹿げた男であったので恐れる者はいなかった。その男の馬鹿げた振る舞いや発作を兵士たちは面白がっていたので、からかう対象として男は陣営にとどめ置かれた。

(46) ザリエル朝最後のドイツ国王（在1098～1125）、神聖ローマ皇帝（在1111～1125）。叙任権闘争において教皇側と対立。

(47)（？～1201）732年から1201年までの出来事を記した年代記を残す。彼の年代記は15世紀まで広く読まれた。

しかしある朝、皇帝が夜明けとともに天幕を出て聖遺物に祈りを捧げているのを目にすると、この馬鹿な男は皇帝に飛びかかり、必死に土手へと引っ張っていって皇帝を川に投げ入れようとしたのである。二人は天幕のロープに絡まってしまい、フリードリヒ一世の叫び声を聞いた兵士が助けに駆けつけた。怪我もなく、命が助かったのは皇帝にとっては幸運であった。当初、この男はミラノ側の暗殺者かと思われたのだが、単なる狂人であることがのちに判明した。いずれにしてもこの男は、帝国の将来を一時の間、その手に握っていたのである。

第7章

秩序を乱す勢力

一三三六年、ハンティンドンの主任司祭は次のような手紙を受け取った。

略奪軍団の王ライオネルより、スノーズルの、不忠で裏切り者のリチャードに非情なる挨拶を送る。

取られて当然のお前の財貨にかけて命ずる。バートン・アグネスの助祭となるのをお前が黙認した男を即座に追い出せ。セント・メアリー修道院の院長が、正当な権利を行使して指名した者が助祭でいられるようにせよ。その者のほうが、お前やお前の血筋の者よりもこの職にはずっとふさわしい男である。

そして、もし言う通りにしなければ、まずは天の王様、次にイングランドの王様とこの王冠に誓って、チープでエクセターの司教を襲ったのと同じ運命をお前は辿ることになるだろう。（ヨークの）コーニー街にいようが、どこにいようが、お前は見つけだされるだろう。

そして、この書簡をお前の主君に見せて、裏切りの謀略や仲間集めをやめるよう、また修道院長の指名した者について正義がなされるように計らえと申し伝えよ。さもないと、上述の誓いによってお前の主君も一〇〇〇ポンド分の損害を私や部下から受けることになろう。また、お前が私の命令に従わないのであれば、北部にいる配下の子爵に命じてお前を同じくらい苦しめてやろう。

以上、我が治世一年目にノース・ウィンド城、グリーンタワーにて。(*1)

この「略奪軍団の王様」の生涯について、この手紙以外のことはほとんど知られていない。だが、国王の発する令状を真似た脅迫状は一三三〇年代に極めてよく見られ、このライオネルという男も当時栄えていた大勢の犯罪者たちの一人であった。ほかにも一三四七年のブリストルでは、「盗賊王」とその配下の武装集団が王の役人から町を奪い取って、船の徴発、略奪と殺人をお咎めなしで行う一方で声明文を発したりしていた。増大する犯罪に対処すべく国王が判事を派遣したということは、武装集団によって公然と戦争を仕掛けられていることを国王が厳かな形で認めているのも同然であった。

一四世紀半ばの二〇～三〇年間、イングランドの各地では犯罪集団がはびこっていた。彼らにはジェントリー階級と平民階級のどちらの出身者もいて、さらには有力な支援者が仕事を与え、食事を与え、国王裁判所が送ってくる判事や役人から匿ってやっていた。その仕事の内容と同じく、犯罪集団の規模は一定でなかったが、主だった事件では軍隊の規模にまで膨れ上がった。たとえば、エクセター（イングランド南西部）のある司教は、自分が目にした出来事の証言を行うなかで、兵士のような恰好をした男たちの大群が自分の土地を行進し、行く手にある柵や門を破り、何百頭もの去勢牛、乳牛、羊、そのほか価値のあるものを奪っていった様子を語っている。それを目にした村人は、食料を求めた外国の侵略軍が略奪しているのだと思ってパニックを起こして逃げてしまったという。

どんな道も公共の場も、「昼も夜も戦のときのように、公然と、または密かに武装して馬に乗る」者たちの襲撃に対して身を守れるような安全なところは一つもなかった。待ち伏せを防ぐために、道の両側は二〇〇フィートの幅で垣根をつくらずに空け、道路脇の水路は埋めるように命じられた。それでも道路ばかりでなく店のなかであっても商人やそのほかの人間が襲われることはあり、また馬に乗った山賊が、市《いち》が最高潮に達したときに会場をまっすぐ通り抜け、屋台をひっくり返して商品を盗んで、燃え上がる町を後にするようなことも起きたのである。時に暴力事件は、国王の役人と犯罪者の間の私闘という形をとり、一般市民がその巻き添えを食うこともあった。たとえば、一四世紀末のウィリアム・ベックウィスという男は、法外追放となった親族と手下五〇〇人ほどからなる軍勢を従えていて、ランカスターにいた国王の判事たちでさえ五年の間、彼らに手を出せなかったという。しかし、その五年のうちの少なくとも最後の二年間は、森深く潜み、彼らが道や家で人を襲うことはなかった。

ベックウィスの手下は、ほぼ例外なく召し使い、職人、貧しい借地人が犯罪者になった者たちで、その点ではほかの集団とは趣を異にしていた。というのは、イングランドの犯罪集団は多くの場合、かなりの割合で騎士や騎士の子息を含んでおり、ほとんどすべての集団が爵位のある者を後ろ盾としていたからである。

この手の犯罪集団でもっともよく記録が残っている集団が、レスターシャーはアシュビー・フォルヴィルの領主、ジョン・ド・フォルヴィルの六人の息子を中心にしたものだ（七番目の息子は父の所領を受け継ぎ、最終的にはその地方の司法組織に入って治安判事となった人物で、兄弟の活動にはまったく関与していなかった）。六人のうちリチャード・フォルヴィルは教区教会で主任司祭をしていたが、ほかの五人はもっぱら犯罪にのみ従事していた。なかでももっとも悪名高いのはユースタスという男で、この男は（おそらく、もっとあったと考えられるが）少なくとも五件の殺人に関与し、そのほか窃盗、暴行、強姦、強奪と前歴の多い人物である。たとえば、ユースタスは兄弟の全員もしくは何人かと協力して、財務裁判所判事一人と身分の低い多くの人を殺害したことも、国王裁判所判事を一人誘拐したこともあった。二〇年近くの間に関与したとされる強盗事件、財物損壊事件は何十件にも上った。

フォルヴィル兄弟とつながりをもったもう一つの犯罪組織があった。首領はジェームズ・コテレル、若頭は「野蛮人ロジャー」といった。ジェームズとロジャー、そしてもう一人の弟からなるコテレル兄弟は、最初、教会に強盗に入ることから手を染め、より規模の大きな誘拐や強奪事件でフォルヴィル兄弟と手を組むようになっていった。連中の評判が広まるに従い、どちらの一家も新入りを迎えるようになった。たとえば、ジョンとウィリアムのブラッドバーン兄弟や贋金づくりと経験豊富な情報屋であったウィリアム・ド・

アストンのように、新入りの一部は元来けちな犯罪者たちであったが、犯罪とは無縁の多種多様な経験をもつ者もいろいろいた。ロバート・バーナードは、リッチフィールド大聖堂に身を置いていたこともあるオクスフォードの学寮長で、また大法官庁の書記官でもあった。ジョン・ボーソンは下院に議席をもつ小領主であった。ロジャー・ド・ウェンズリーは裁判所が犯罪者を捕まえる目的で派遣したジェントリー階級(1)であったが、反対に犯罪者に加わってしまった。

実際、その数が増えるに従い、フォルヴィル兄弟とコテレル兄弟の周りにできた犯罪の渦に巻き込まれる者がどんどん増えていった。ギャングは、法が認めた慣習と制度に並んで存在していた、法の支配の及ばない社会で暗躍するようになった。

だから、早くからフォルヴィル兄弟に仕事を与えた者のなかには、センプリンガムの修道院長やホヴァロムにあったシトー会修道院の食料品係のような者もいた。後者は水車場を壊すのに二〇ポンドで無法者を雇い、その後、発見されないよう彼らを匿った。ほかの依頼人のなかにはヨークシャーの治安官ウィリアム・オーン卿、ノッティンガムの市長でノッティンガムシャーの州長官もしていたロバート・イングラム卿、リッチフィールド大聖堂の参事会、そして少なくとも王の郡代が四人、代議士も七人いた。総計では、フォルヴィル兄弟とその手下を教唆した人物として何百人もの名前が挙がっている。

だが、国王裁判所とその役人による本格的な介入が何度かあったにもかかわらず、犯罪

(1)ジェントリーの定義は難しいが、ここでは貴族ではないが土地収入で生活できるほどの資産をもつ身分という意味で使われている。

者の多くは捕縛《ほばく》を免れた。リチャード・フォルヴィルの最期は、自分の教会の外で土地の治安官に殺害されるという結果となったが、他方、兄弟でもっとも悪名高いユースタスは一三四六年に自然死を遂げている。おまけに、生前のユースタスは土地もちの騎士にまでなっていた。そして、ほかの兄弟が最後に記録に登場するのは、国王がフランドル侵攻に向けて雇った傭兵隊の一員としてである。

犯罪者が恩赦を受けたり、国王の軍隊に入隊することで罪を贖ったりすることが容易であったから、連中には怖いものがなかったのであろう。一三二六年に財務裁判所判事を殺害した廉《かど》で法外追放に処せられながらも、フォルヴィル兄弟にはエドワード三世(2)の即位した一三二七年に、即位したばかりの国王の寛大さを示すために恩赦が言い渡されている。数年後、このギャングが殺人、強盗、強姦の廉で再び法外追放された後でも、彼らは再び恩赦を得ている。その恩赦はランカスター伯の反乱鎮圧に加勢した者すべてに言い渡されたものである。また、一三三二年に国王裁判所判事リチャード・ウィラビーを身代金目的で誘拐した大胆不敵な犯罪の後でも、ロバート・フォルヴィルは「スコットランド戦役における めざましい働き」の褒美として恩赦を受けている。そして、リチャード、ウォルター、トーマスのフォルヴィル兄弟と、ジェームズ、ニコラスのコテレル兄弟が一三三八年に国王にお供してフランドルに行ったのも、恩赦を受けた元の重罪犯としてであった。

もともと厳密に政治的な動機で起こした事件ではなかったが、フォルヴィル兄弟とコテ

(2) プランタジネット朝のイングランド王（在1327～1377)。1337年にフランスとの間で百年戦争を起こした王。母とその愛人ロジャー・モーティマーによって父王エドワード２世が殺害されたのちに15歳で即位した。

レル兄弟の犯罪が、エドワード三世の治世が始まった当時の政情不安に駆り立てられたものであることは明らかである。フォルヴィル兄弟が、フランス王と別れた王妃の愛人であり、この元王妃とともに摂政となったモーティマーの廷臣に気に入られていたという証拠も多少ある。また、コテレル兄弟が、一三二〇年代の後半にモーティマーに対抗した諸侯の指導者、ランカスター伯ヘンリーの荘園を荒らし回るように雇われていたという証拠も若干だが残っている。

だが、彼らが犯罪に手を染めたのは当時の政情不安が直接の原因ではない。当時は、法による締めつけがだんだん弱まり、国王の役人を侮蔑する民衆の気持ちがはっきりと表れるようになるに従って世の中に亀裂が生じていた。社会にできたこの亀裂に法の力の及ばない飛び地ができ上がったのを、彼らは見て取ったのである。その飛び地での犯罪は、それを抑えるものがないために、恐れられながらも社会秩序を守る役人を堂々と敵に回す姿勢が賞賛されていた。

フォルヴィル兄弟とコテレル兄弟がもっとも堂々と行った犯罪は、南東部の巡回裁判に赴いていた国王裁判所下級判事リチャード・ウィラビーを待ち伏せして誘拐し、身代金一三〇〇マルクが支払われるまでウィラビーの身柄を拘束した事件である。しかし、この事件では共犯者の一人が裁判にかけられただけで終わり、犯人たちは「牛のように法を売り飛ばす」嫌われ者の判事を罰したということで民衆の人気者にまでなってしまった。

何度も危機に陥るたびに、中世の脆弱な政権は安定期に蓄えていた法的報復能力をすぐに失ってしまった。その都度、犯罪者を追跡し、裁判にかけ、判決を下すという機能がほとんど停止状態になった。国王裁判所が開いているときにはあった影響力も消え、法の外で暮らす人間の数もその野望も大きくなっていった。

一四世紀後半から一五世紀にかけてのイングランドでは、刑罰を免れることのできることの飛び地が政権の危機のたびに生まれ、ついには王国全体を飲み込んで一つの制度のような形をとるようになってしまった。訴訟幇助（有力者が身分の低い身内の裁判に不法な影響力を行使すること）や陪審員抱え込み（陪審員が起訴するのを物理的に妨げること）、記章の着用（貴族お抱えの私設軍の制服を着用すること）などを通して、私的な保護、報復、そして自衛的武装といった新しいシステムが既存の社会的絆の上に重ねあわさった。

この新たなシステムを破壊しようと考えた者も、権力の基盤そのものが移り変わり、自分たちが無力になっていることに突然気づかされたのである。たとえば、国王の宮廷や法廷、そして議会は、有力貴族やそのお揃いの記章をつけた家臣でいっぱいであった。有力貴族の保護下で高位に就いた役人は、改革を求める請願書を横取りすることができた。そして、武装した家臣の集団はいかなる法廷、集会、もしくは議会に押し入ることも、その参加者を追い払うこともできた。この新しい人脈のネットワークに絡みついてしまって、政権の伝統的な働きは色あせてしまい、他方で記章をつけた家臣、つまり平時の傭兵が権力を動かす唯一の梃子になっていたのである。

だが、新たな社会のシステムができたとはいっても、これほど深刻な社会的混乱を経験した時代は滅多にない。訴訟幇助は、犯罪というものを最大規模で体現したものであった。社会秩序の基盤そのものに挑戦しようという強い野望を伴っていたからである。

それほど大規模でない犯罪、たとえば窃盗、強姦、殺人など、個人が個人に対して行う行為はもっと頻繁で、時代を通してその数があまり変わることはなかった。当時、この種の犯罪は、生活していればいつでも遭遇しうる不幸な出来事でしかなく、中世の世界観において一つの重要な次元を形成していた、ごく当たり前の、名もない暴力の一部でしかなかったのだ。つまり、秩序や社会階層のあるべき姿について敏感な感覚をもちながらも、中世の人々は無政府状態、暴力、そして人命の損失を、我々には理解し難いレベルまで許容していたのである。

たとえば、法律の歴史的研究の大家フレデリック・メートランド(3)は一二二一年の請願書の写本を転写している過程で、グロスターの四郡で殺人が四〇件、自殺が一件、事故死が三件記録されていることを発見した。そして、その殺人事件の半分が、犯行が発覚する前に犯人が逃亡していて被疑者不明になっていた。犯人がわかっている場合でも、逮捕され、裁判にかけられ、絞首刑になったのはたった一人であった（もう一人は罪人庇護権を主張し、故国を永久に捨てると誓うことで罰を免れた）。このように、犯罪のなかでは、殺人

（3）(1850～1906) イギリスの法史学者、歴史家。1884年から母校ケンブリッジ大学教授を務めた。

がずば抜けて多かった。一二二一年の請願書に記載されている殺人以外の犯罪は、窃盗が一八件、強姦の訴えが三件、そのほか詐欺、暴行、そして些細な違反が合わせて一五件だけであった。

この種の裁判記録で驚かされるのは、暴力沙汰で命を落とした人間の多さと、殺害の方法が多岐にわたることである。どのような事件があったかを列挙してみると、刃物での殺人、斧を使った殺人、石で殴打した殺人、妊婦を暴行した結果、胎児が死亡した事件（この場合、まだ生まれていない子どもの死をこの女性が訴え出ることができるか否か、法的論争にまで発展した）、近親者による殺人（兄弟が兄弟を、夫が妻を、母が息子を殺すなどした）、馬による飼い主の殺人（馬の価値が貨幣に換算され、教会にその補償として寄付された）、二人の男が殺害されていたのが発見されたものの加害者が不明であった事件、食事会から帰宅途中の礼拝堂付き司祭が溺死した事件、郡代の召使いが転んで死んでしまった事件、農奴が一人落馬して死んでしまった事件（この事件では、やはり馬の値段が補償金として支払われなければならなかった）がある。また、女性が一人法廷に引っ張り出され、疫病を起こしたと訴えられた事件では、この女性自身がまもなく死んでしまい、その件についてはそれ以上の処理がなされなかった。さらに、ホルフォード郡で二人の巡礼が一夜を明かした際に片方が相手を殺して逃亡した事件では、被害者も加害者も身元不明のままであった。

これらは一三世紀におけるグロスターでの例だが、その犯罪のレベルに特別なものは何もない。ノーフォークのノース・アーピンガム郡で二世代後に書かれた請願書には、一二ヵ月の間に五〇件ほどの重大事件が記されている。加害者不明の殺人が一二件、ケンカで死に至った事件が五件と自殺が五件。そして、一六件の泥棒事件が起訴され、貨幣の質を落とした廉《かど》で馬による八つ裂きの刑になった男の一件もある。残りの一一件では、さまざまな重大犯罪のために犯人が絞首刑になっている。この種の請願書にはギャングの殺しも記載され、また犯罪一家の記録もある。ある犯罪一家では、ある事件の主犯格の人間が木の建物に収監された。その若い息子が父を逃がそうとその建物に火をつけたところ、自分が炎に包まれてしまった。父親のほうは火事を逃れたものの結局は御用となり、処刑される羽目になってしまったという。

一二世紀から一三世紀にかけて地方であった犯罪を詳細に記したもっとも明確かつ最古の記録は、イングランドのものである。だが、その記録が伝える社会の混乱の様子は、フランスでも、また北ヨーロッパや東ヨーロッパの封建社会においても同じように見ることができる。ヨーロッパ北部の低地地方やイタリア半島の都市で見られた都市型犯罪では、血族間の争いという延々と続く運命的な暴力だけでなく、ほんの些細な理由で人を殺してしまうような不幸な事件が常に起こっていた。たとえば、商品の値段を巡ったケンカが発端で人を殺したり、告げ口が原因であったり、居酒屋のケンカで人が死んだりしていた。

このような都市においてすら、原野と森林が近くにあるため犯罪者の捕縛《ほばく》は難しくなっていた。泥棒、誘拐犯、町の殺し屋は仕事がすむとすぐに名もない田舎に引っ込んでしまったり、地方の当局者同士がまとまっていなかったりしたことをうまく利用して、なかなか捕まらなかったのだ。ヨーロッパ中の町の門は、悪党を入れないように夜には鍵がかけられ、消灯令を敷くところも少なくなかった。

だが、イングランド同様、裁判所がきちんとしていなかったり、釈放、恩赦、罪人庇護権の承認をいい加減に行ったりしていたため、ほかのヨーロッパ各地でも慣習や法律そのものが犯罪者を利していた。そのような慣習の一つとして、キリスト教の大きなお祭りのとき、とくに悪名高い罪人を除いてほとんどすべての囚人を釈放することになっていた地方も少なくない。たとえば、一四世紀イタリアのシエナでは、毎年八月と一二月に囚人が解き放たれることになっていて、一度に釈放された囚人の合計が五〇人以上になることすらあったという。

中世ヨーロッパでは、山賊もまた各地共通の脅威であった。地域によっては山賊の出没があまりにひどく、土地の領主が誰も山賊に対して司法権を行使せず、無法者集団が出没するとされる地域を迂回して交通路を造ったりした。だが、どんなに注意して交通路を引いたとしてもすぐにまた新たな危険が生じてしまい、平和であった地域が数年後には略奪団の餌食になってしまうこともあったのである。たとえば、ノルマンディーのサン・ピエール・スール・ディーヴ修道院はフルク院長のもとでは平和で繁栄した修道院であったのだが、フルク院長が没すると、修道院の大領主であったロベール短袴公《たんここう》が一四五マルクでサン・ドニ修道院のある修道士にこの修道院を売り渡してしまった。この修道士は手に入れた修道院にいた修道士を追い払い、その土地に城を築城した。そして、祭壇にあった食器や祭服を売り払い、その金で守備隊を雇ったという。その変貌のあまりの早さに修道院を訪れた旅人はきっと驚いたに違いないが、このように修道院がかかわる暴力もまた珍しいことではなかったのである。

　金のためなら何でもする「大結社」が、中世後期、ヨーロッパの町や村を席巻していた。家畜や財宝を盗んだり、住人の命と引き換えに金を要求したりすることもしばしばであった。たとえば、イタリアのいくつかの諸都市が何千フローリンという金を払ってヴェルナー・フォン・ウルスリンゲンという男が率いる集団を追い払ったところ、ヴェルナーは自分のことを、「神、信心、そして慈悲の敵である」と豪語したという。また沿岸地域では、海賊が同じくらい深刻な問題となっていた。プロヴァンスやラングドックといった地方の港は海賊が完全に支配していたので、飢饉のときにはいかなる救援物資も海からこれらの地域に届くことはなかった。陸路の物流はあまりにゆっくりであったので、港湾地域の飢餓の危険性が大いに増大することになったのだ。

「空気同様、海はあらゆる人に利用されるが、誰のものでもない」と、ボローニャの法律家ジャック・ド・ラヴィニ(4)は書いた。地中海では自分のために仕事をするのと、人に雇われて仕事をするのを交互に繰り返す海賊が花盛りで、彼らは海の法と海の儀式以外に何も尊重することはなかった。ジェノヴァの船長たちがフランスやイングランド、そして神聖ローマ帝国の艦隊を率いていたのだが、彼らが外国政府のために働いたのはその人生のほんの一時期であった。つまり、過去に海賊をしていた経験のある人間がほとんどであったのだ。たとえば、フリードリヒ二世配下のシチリア提督の一人であるヘンリクス・ピスカトールはもともとジェノヴァの貴族であった。彼はかつて自らを「マルタ伯」と名乗り、有名な海賊アラマンヌス・ダ・コスタのシチリア征服に加わっていた。その後、ヘンリクスはクレタ島をヴェネチア人から自分の艦隊を率いて奪い取り、後になって生まれ故郷のジェノヴァの街のために働き始めるまでしばらくクレタ島を支配していた。のちにヘンリクスは、海賊でかつシチリア提督であったウィリアム・グラッススの娘を嫁にして足場を固め、揚げ句の果てには自分自身が提督の地位に収まったのである。

海において合法か違法かの境界線は、中世の法学者によって実践的であると同時に曖昧な形で定義されていた。すなわち、海賊による「強奪、侵入、略奪行為、拿捕、報復的拿捕、復讐、そのほかの犯罪的、違法行為」が処罰されるのは、それらの行為が正当な当局者によって承認されていない場合にかぎられていたのだ。たとえば、イングランド国王に雇われているジェノヴァの船員がスコットランド船を沈没させたとしても、この船員の法

(4)(1230/1240～1296) ヤコブス・デ・ラヴァニスとも。オルレアンで法学を学び、教えた。

的責任が問われることはなかった（国王自身は、ほぼ間違いなくスコットランドかその同盟国フランス側からの報復を受けたであろうが）。だが、この同じジェノヴァの船員がどの国王からも認可を受けずに別の船を襲ったとなると、死刑宣告を受けることもあり得た。ただしそれ以降、自分たちが略奪し、殺害するのは国王もしくは皇帝の名においてのみであると誓約するのであれば、これすら免れることができた。

このように、暴力行為に及ぶ認可を将来において得ることを誓約すれば、過去において犯した無認可犯罪の烙印が帳消しになるというのは、中世の法理学を曲解したものであった。でもその結果、犯罪はいろいろな形で広がってなくなることはなかったし、すでにフォルヴィル兄弟やコテレル兄弟の話で見たように、合法と違法とが互い違いに奇妙に隣りあうような事態を招いたのである。海賊一家のなかには、フォルヴィル兄弟やコテレル兄弟のようにその社会で尊敬を集め、高い地位を確立する者もいた。そのような一家の一つであるアラード一家は、ウィンチェルシーの船乗り一家であったのだが、あるときは国王軍の提督、あるときは町長を出し、またあるときは一家で海賊にもなったのである。

しかし、海賊行為の運命とその法的取り扱いはほかの犯罪行為と違い、国際情勢というデリケートな問題の影響を受ける事柄であった。海賊の機動性、実質的な免責、そしてヨーロッパ各国に強大な海軍力がなかったことから、海賊は国王の貴重な軍事力となっていた。敵国船拿捕免許状（過去の権利侵害に対する報復として敵の品物を破壊したり、敵船の拿捕を許可する、国王などから出される免許状）は、一二世紀後半の時点では珍しくなくなっていた。つまり、海賊行為は常に外交と戦争の道具として用いられていたのである。正当な懲罰的破壊行為と、純粋に独断的、利己的な破壊行為の線引きは難しく、敵国船拿捕免許状は外交が必要とした破壊行為だけでなく、無関係な暴力行為の弁解としても使われることがしばしばであった。もし免許状が存在しなければ、捏造することもできたのである。また侵略者は、無害な旅行者を装って、その目的を隠蔽することもできた。一二八八年、ある窃盗団が修道士の出で立ちで海岸の町ボストン(5)に入り、警報が鳴ったときには彼らは町の大部分に火を放って略奪を終えていた。そしてその後、溶け出た金が川のように丘から海へと流れ出たと年代記は記している。

海賊行為、武力による強要、そして露骨な、もしくは手の込んだ暴力は、中世の日常生活において強力で、なくなることのない力であった。一四世紀のアイルランド大司教リチャード・フィツラルフは、ある日、自分のもとにいる聖職者たちに教会の霊的商売をどれだけ分担させるかを計算していた。すると、自分の管区だけで毎年二〇〇〇人ほどの「悪事を働いた者」が彼の知るところとなり、神の前で自分の罪に対する贖罪を求め、（ちょっとした悔悛で）それを手にしていることに気がついた。中世イングランドにおける犯罪を研究している研究者ジョン・ベラミー(6)は、一二八五年から一五世紀末の間で、「効果的

（5）アメリカのボストンではなく、イギリスのリンカンシャーにある都市。
（6）（1930～　）中世イングランドの犯罪史を研究する。

な治安維持が数年でもなされていた時期を示すことができた研究者は一人もいない」と結論づけている。

治安の悪さを物語る、見逃せぬ証拠となる記述を、中世の歴史的文献のなかに見いだすことができる。何千マイルも離れたところで書かれた複数の年代記が、同じ悲劇的な歴史観を語っているのだ。それは洪水、干魃、飢饉、家畜や人間に蔓延した伝染病などと、犯罪による損害を一緒に混在させてしまうような歴史観である。つまり、年代記が記す人間の営みはしばしば犯罪から事故、そして災害へと簡単に話が飛ぶのである。それは、当時の人々のもっていたキリスト教的世界観と完全に合致したものであった。危機的状況や突然の死というのは犯した罪に対する神の報復が必然的にとる形であり、この世のあらゆる生命のはかなさを思い出させるものであった。

だが、これらの出来事は、決して教化を目的として挿入されているのではない。これらの出来事は人間の記録のなかに記されるべき要素として、世俗の諸事の成り行きと切っては切れないものであり、人が背負わなければならない恐ろしい重荷であると考えられていた。聖人たちの生涯や行いを記録するのとまさに同じように、『聖ベネディクトの奇跡（*Miracles of Saint Benedict*）』は九世紀半ばから一二世紀初めにかけて修道院の生活に暗い影を落とした伝染病、大竜巻、侵略、戦争、略奪、窃盗、そして詐欺の記憶もとどめていた。そして、ヨーロッパの商人が相当数いたヴォルガ川沿いのロシアの都市ノヴゴロドの年代記では、ドイツ人、タタール人、そのほかの民族とノヴゴロド住民との間で境界線を巡る攻防があって、お互いに破壊し、殺しあったことが記述の大半を占め、残りの記述では、頻繁に起こる自然災害とその余波を物語るものが教会関係事項の記述に比べ多くなっている。このような出来事が時の流れのなかで指標地点として不気味に存在し、一年、一年を区切ったり、しばしば見慣れていた社会の形を永久に変貌させてしまったりしたのである。

中世の著作家が歴史の前面に押し出す出来事であっても、現代の歴史家がその記録を読む際に見過ごしてしまうことがあまりによくある。しかし、それらを看過することは、はるか昔の悲劇的事件のありのままの、もしくは誇張された細部を見過ごしてしまうことになるばかりか、その出来事が醸し出していた不穏な空気を見過ごすことにもなるのである。中世の人々は、不運や喪失を予期して暮らしていた。さらには、彼らを取り巻いていた無力感がそれを際立たせていた。不運や喪失を予期していた彼らにとっては、現在というものが数え切れない危険に対して弱々しいものに思え、未来とはせいぜい不確定なもので、幸運ですらはかなく、当てにならないものと考えられていた。

だが、ここで私が述べようとしているこの時代の空気は、絶望の極みにあるときの空気ではない。それはむしろ、天災がもつ説明のつかない力を大いに畏敬し、その脅威からは決して逃れられないのだという、経験に基づいた態度である。楽観主義でも悲観主義でもなく、見慣れた不幸に畏敬の念をもって接する態度が深くしみ込んでいるのである。この態度の根底では、疾病や苦痛、災難は逃れられないものなのだということをしっかりと意識していたのである。一度そういったものに遭ってしまえば、それは独自の道を辿り、当時は人の力で制御できるものではなかった。

そして実際に、これらの力が過去においてもっていた破壊的能力を今日のわれわれが想像するのは容易ではない。火事が中世の町にもたらした脅威や損害は、とりわけ理解しがたい。稲妻が原因でも、台所での事故、ロウソク、もしくはつけ火が原因でも、中世の町中の木造建物が密集したところで起きた火事は通りから通りへ、ある地区から隣の地区へ瞬く間に広がった。一二世紀の後半、ロンドンを記述したウィリアム・フィッツ・スティーヴン(7)は記している。

唯一ロンドンの災いは、馬鹿どもが節度なく飲酒することと火事の多いことである。

このような火事に対して民衆がとった行動は、火消しに努めるのではなく、自分の持ち物を持ち出して逃げることであった。実際、消火を達成する見込みはあまりに低く、逃げることのみが賢明な行動なのであった。石造りの建物は安全な避難所としていつも人が向かったが、石造りであっても木材をある程度使っているのが普通であったうえ、煙と熱を

(7)カンタベリー大司教座付司祭。1174〜1175年にトーマス・ベケットの伝記を著した。

防いでくれることはなかった。

都市の年代記は、都市火災の頻度と延焼の程度を記録している。たとえば、ノヴゴロドの年代記が記録している三世紀の間、この都市の大部分が焼失したことは（侵略者が起こした火事を除き）数回あった。そのほか、広範な地域を焼け野原にした大火災がさらに一〇回、一つ、もしくは複数の地域を完全に焼失したのが一二回あった。それほどでなくても、数本の通りを含む地区や市場を焼失したり、スカンジナビア人やほかのヨーロッパ人が暮らし、商いをしていた商業地域が丸焼けになったりしたような火事も二二件が記録されている。しかも、年代記を記した編者が損害のリストに記したのは被害に遭った通りや教会、郊外の地区の名前だけでなく、被害者の狼狽ぶりもまた記していたのである。一三四〇年の大火ではこの都市の大半が焼失したが、その大火の最中に（不要な修辞を好まぬ）修道院の写字生は次のように記している。

嵐と強風が伴い、その火事は巨大で激しいものであったため、人々はこの世の終わりが来たと思ったほどであった。炎は水面にまで広がり、ヴォルガ川で溺れた者も少なくなかった。火の手はヴォルガに飛び込んで川を渡り、さらには向こう岸へと広がり、晩のお祈りの時刻までには向こう側全体が瞬く間に燃えてしまっていた。フェドルの流れからスラヴノ地区、そして野原へと広がった……そして、人が畑や庭、もしくは堀に出していたもの、船やカヌーの上に置いていたもののあらゆるものを炎が飲み込んでしまった。炎に飲み込まれなかったものといえば、悪しき者どもが持ち去ったものだ。彼らは神を恐れず、死者が復活することなど考えてもいない者どもであった……。(*2)

宗教的なことに対する猜疑心などほとんどもち合わせていなかった民衆にとっては、この終末の予知は火事そのものと同じくらい破壊的なものであったにちがいない。しかし、このようなことを経験するのは決して珍しいことではなかった。ノヴゴロドでは平均すると七年に一度は大火事に見舞われていて、洪水や日照り、家畜の疫病や人間の伝染病の発生と同じ年に起きることもしばしばであった（黒死病がノヴゴロドを襲ったのは、この一三四〇年の大火のわずか一二年後であった）。

中世のほかの民族と同じように、ノヴゴロド市民も一人ひとりが未来に対する不安を心の底に抱いていた。だが、それでも彼らは、悲観主義者でも世をすねてもいなかった。聖職者や貴族、町の商人は木造の（一部は石造りの）教会を新たに何軒か継続して建て、その周囲の損壊した地区の再建も投げ出さなかった。それも、自分の建てたものの多くが一世代の間に損壊する危険があるのを承知のうえでである。悲観主義に陥ったり世をすねたりしてしまうと、災害を常に予期するようになるだけでなく幸運のありがたみをも否定してしまうことになる。中世の人々は、幸運を疑う人々でも幸運が目に入らない人々でもなかったが、幸運にあまり期待することはせず、幸運なことがあれば必ず不運もあるということを常に肝に銘じ、その恐怖と折り合いをつけていたのである。

中世社会において犯罪やそのほかの暴力がこれほどひどかったということは、そのようなとらえ方を生み出すたった一つの要因でしかなかった。昔のある研究者は、エドワード三世の治世下における生活の危険度がヴィクトリア朝中期の一八倍も高かったと計算しているが、この統計は一四世紀の有罪判決を記した不完全な記録にのみ基づいており、数字以外の要因もあわせて考える必要がある。大雑把にいって、危害を加えられる危険性が現実にどれだけ高かったとしてもヴィクトリア朝のイングランド人は自分たちが安全だと感じていた。しかし他方で、安全性がどれだけ高かったとしても、エドワード三世の臣民が安全だと感ずることはなかったのである。

この不安をほのめかす事例が、社会のあらゆるレベルに存在している。『財務府についての対話（*Dialogue of the Exchequer*）』の著者が一一五四年の項で「今日（サクソン人とノルマン人の）二つの民族は、誰がノルマン系で誰がサクソン系か、ほとんどわからないほど混ざり合っている」とはっきり書いているが、それが一人の廷臣の意見以上のものであるかのように引用されている（いずれにしても、それは地位のある自由人の意見としてであって、農奴や小作人の意見としてではない)。だが、現実はずっと違ったものであったのかもしれない。イングランド人が全ノルマン人を殺害し、スコットランド人を支配者として連れてくるという計画が一一三七年に露見するという事件があった。年代記を編んだオルデリクス・ウィタリス[8]がこの事件について語る口調はもどかしいが、たとえこの計画が単なる噂やつくり話であったとしても、他民族同士、融和、共存することが当たり前ではなかったことを示唆している。ノルマン系のヘンリー一世が見た、サクソン人の農奴が鋤を振り回す夢もこの恐怖とつながりがあったのかもしれない。

社会秩序を守る権力体制に、この不安を和らげるものは何もなかった。それは、この体制が不公平で、効力に欠け、人手が足らず、(実際そうであったが)しばしば腐敗することもあったということだけでなく、実際においてその司法権がひどく制限されていたということなのだ。それぞれの地方の封建裁判所が明らかに力不足であったということは置いておくとして、もっとも洗練されているはずの国家的裁判制度も、手続き上の制限からその機能を十分に発揮できずにいた。弾劾主義的な訴訟手続きをとっていたため、名前すらわからない見知らぬ人間を、暴行を受けた村人がその責任をとらせるために出廷させることはできなかった(中世の犯罪では、犯人の名のわからない事件が高い割合を占めていた)。家宅侵入と、しばしばそれに伴って生じる窃盗と殺人は人知れず夜間に行われた(法律では、日中に公然と行われる殺人よりも凶悪な犯罪として区別されていた)。刑事捜

(8)(1075〜1143)イングランド生まれ。ノルマンディーの修道士。キリスト教時代の始まりから1141年までを扱った『教会史』を著した。

査機関がなく、さらには自分のところ以外で起きた犯罪に中世の人々はかかわろうとはしなかったため、名も知らぬ殺人犯を捕縛《ほばく》することはまずあり得ないことであった。このため、中世において法を犯しても、法や裁判所とまったくかかわりあいをもたずにいられる者が大半であった。

告訴されたとしても、恩赦状をもたずに裁判にかけられに出廷する者などほとんどいなかった（無罪となる割合が異常に高かったのは、これで説明がつく）。出廷しなかった者は、単純に法の手の届かぬ社会に加わったのである。法益剥奪宣告、つまり法外追放が象徴していたのは中世の司法が効力を失っていた実態であり、罪人庇護権を認める慣例も同じ実態を表すものであった。罪人庇護権は聖域が避難所であるという考え方を利用して、犯罪の免責を認めたものである。聖地に逃げ込むと、通常その犯罪者は追跡から逃れ、最寄りの港まで行くことが保証された。そしてその港から出て、永久に祖国を離れるという宣誓をするものとされていた。

追放というのは法が機能していないことに対する自滅的な解決法であるが、少なくともそれは犯罪者を特定し、その判明した犯人を取り除く一つの方法であった。しかし、名の知れた犯罪者が職業的に犯罪行為を行っていたことよりもたちの悪いのが、ふだんは無害な人間がある機会に犯罪に走る場合である。このような人々のなかには、法律を外れた行為を犯すことで臨時収入を得ようとする者が少なくなかった。その犯罪の頻度はその年その年で変わり、法の施行が厳しい、甘いということを反映したものになっていた。

都市部の貧困層では、慢性的な失業状態と犯罪行為は密接な関係にあり、暖かい季節に屋外の労働で生計を立てていた人間が冬になると犯罪に走るということがあった。また、法を遵守する模範的な市民であっても、汚名をすすぐために人の血を流す必要があるときには進んで法を犯した。

ヨーロッパの各地では、法制度として暴力を用いた救済措置を認めていたところがまだ少なくなかった。内戦、内乱、そして政権が単に変わったというだけの理由で、その後、秩序が回復されても誠実な社会に復帰しないと決意をする、かつての誠実な人間もいた。ましてや新たな紛争を求めたり、犯罪に走ったりする傭兵たちが何百と出たわけである。「略奪精神」をもった一四世紀、一五世紀において、法を遵守するはずの地方役人の生涯にはときどき隙間があって、その隙間には強盗や兵役に就いたり、フリーランスの犯罪者として働いたりした期間が当てはまるのであった。

このように、中世の犯罪がもたらす秩序の欠落は、秩序ある社会の領域と切っても切れない関係にあった。職業的に罪を犯す階層になかった人間にとって、法の遵守と侵犯のどちらをとるかということは、人格の問題というよりはそのときそのときの都合によってどちらをとるか決めることであった。そして、これも繰り返しなるが、決して世をすねて暮らしていたということを示すものではない。それは単に合法的な行為がある経済的、政治的、もしくは倫理的状況で適切であったとしても、それ以外の状況では適切でなかったということである。そして、中世全体を通じて、国王裁判所や都市の治安判事の成文法よりも古くからある伝統がまだ生き永らえていて、一二世紀、一三世紀に発展した法制度と摩擦を起こしていたのである。

中世世界の基礎をなす不安を感ずる風潮は、当時の人が教会と国家の大衝突にたとえたほどの、目もくらむような大規模犯罪によってそのたびに強められていった。そのように壮大な事件でもっともよく記録されているものの一つに、一三〇三年四月末に起きたエドワード一世の個人の宝物庫が盗難事件に遭ったというものがある。

盗難事件が発生した当時、国王はスコットランド国境近くのヨークにいた。それまで五年の間、宮廷をヨークに置き、常設の行政の中心地ウェストミンスターには何度か戻っただけであった。ウェストミンスターは王室宮殿、ベネディクト会修道院、そして修道院の教会、すなわちウェストミンスター寺院を含む複合施設であった。北境の圧力のためか王宮の国庫を警備する兵士はほとんどおらず、国王の納戸の宝物を警備する兵士は一人もいなかったようである。国の宝物は少なくとも一〇年間、ウェストミンスター寺院の地下、修道士が祭壇で使う食器を納めた部屋の隣にあって封印された地下聖堂に納められていた。

国王が離れていた間に、ウェストミンスターの状況は悪化していた。大損害をもたらした火災で修道院はめちゃくちゃになり、復旧の努力が見られずに修道士五〇人の生活は数年にわたって混乱していた。王室出納長官代理のウィリアム・オヴ・ザ・パレスは、自分の本部をロンドンのフリート監獄から宮殿へと移し、国王の費用で楽しもうという仲間を連れてきてしまった。少なくともウェストミンスターの修道士の一部も、力のない修道院長を無視してこの一団に加わったようで、盗賊リチャード・パドリコットがウィリアム・オヴ・ザ・パレスと出会うまでにはお祭り騒ぎをする人間が数十人も王宮に住み着いていたことになる。

パドリコットは、もともと聖職者であったのが毛織物商人、バター、チーズの御用商人になった人物で、エドワード一世には個人的な恨みを抱いていた。というのも、パドリコットがフランドルに以前いたときに彼の商品が押収され、さらには王室側の債権者たちによって戦費の負債の担保として投獄される羽目になったことがあったのだ。パドリコットは脱獄して一文無しの状態でロンドンに戻り、結局、国王の宝物を盗む計画を思いついた

ウェストミンスター寺院

か、もしくはその計画に引き込まれるようになったのであった。

パドリコットがウェストミンスターの修道士たち、とくに聖堂納室係アダムの多大な援助を受けて唆《そそのか》されていたことはほとんど疑いがない。アダムはウェストミンスター寺院の貴重品を管理していた。おそらくは、パドリコットが修道院の宝物庫と国王の納戸部屋を仕切る壁を破り、納戸部屋に押し込む道具を用意したのもアダムであったのであろう（のちにウィリアム・オヴ・ザ・パレスは、アダムと副修道院長が盗難事件の首謀者であり、パドリコットは宝物の処分と嫌疑を引きつける囮《おとり》として使われていたと証言している。しかしながら、盗まれた宝物の相当部分が後になってウィリアムの寝台の下から見つかっており、ウィリアムの証言自体が信用できなくなった。結局は、彼も聖堂納室係もこの犯罪の首謀者としてほかの証人によって揃って告発された）。

教唆犯が誰であったかということは、連座させられる人間が増えるに従ってあまり問題にならなくなってきた。パドリコットは地下聖堂の納戸に入ってからそこに数日の間とどまり、盗品の取り分を手にしてそこから出てきたのは四月二六日になってからであった。パドリコットが出てくるまでにはフリート監獄に暮らしていた共犯者たちも分け前を手にしていて、その大部分がロンドンの金細工商に売り渡されていた。賊が下手な逃走の途中で落とした宝物のおかげで犯罪が明るみに出たのだが、それ以外の奇妙な出来事によっても犯罪が世間に知れ渡った。つまり、盗難にあった宝石と金製品はロンドンの青空市で売りに出ていたし、国王の金杯の一つがテムズ川の漁師の網に引っかかって漁師を驚かせていたのである。

六月上旬になってこの驚くべき事件の知らせがヨークの宮廷に届き、国王はロンドンの全区と、隣接するミドルセックス、サリー両州の全郡で陪審員の選出を命じ、盗賊を特定させた。その結果、パドリコット、ウィリアム・オヴ・ザ・パレスとウェストミンスターの修道士全員が、共犯と思われたほかの三二人と一緒に投獄された。聖堂納室係、王室出納長官代理、パドリコットとそのほか三人は結局絞首刑になったが、修道士は全員が釈放された。国王はしばらくヨークにとどまったが、納戸にあった宝物は大半が回収され、もっと安全なロンドン塔に移された。

テムズ川

この盗難事件の規模と大胆さは年代記を記す修道士に衝撃を与え、彼らはこの事件を半年前に起きた事件、すなわちフランスの騎士が教皇ボニファティウス八世を襲い、その財宝を盗んだ事件になぞらえた。だが、このような犯罪は当時珍しいものではなく、またこの事件の損失はほかと比べて大きいものでもなかった。たとえば、エドワード三世の治世下、「癩病患いのアダム」なる男が率いる一団がフィリッパ王妃[9]の宝石を盗んだこともあった。そのほか、国王の納戸が盗難にあった件よりも儲けの多い盗みも記録されている（ちなみに、納戸に忍び込もうとした九ヵ月前、パドリコットはウェストミンスター修道院から食器を強奪しているが、お咎めを免れている）。納戸事件の実質的被害額などは、「ポラード」、「クロカード」と呼ばれた贋金二五万ポンド分が貨幣制度に及ぼした被害に比べれば取るに足らないものであった。この贋金はイングランドのペニー硬貨の粗悪品で、一二八〇年代から一二九〇年代にかけてイングランドにあふれた。また、納戸事件で回収できなかった金品の額が、エドワード一世の時代の造幣局役人が行方不明のままにしてしまった何千ポンドを果たして超えていたのかどうかも怪しいものである。それ

ロンドン塔

（9）（1310頃〜1369）フランドルのエノー伯ウィレムの娘。エドワード3世の妃。

でも国王から盗み取るということは、造幣所で硬貨がなくなることに比べて意味するところが大きく、民衆にとってははるかにしびれる事件であった。中世の犯罪に対する見方で目立つのは、秩序を乱す力が象徴的な勝利を収めることをこのように喜んでしまう見方である。

『修道僧ユースタスのロマンス（*Romance of Eustace the Monk*）』では、悪党ユースタスはトレドで悪魔の指導を受けて魔法を身につける。そして、その魔法を使って、ある修道院の秩序ある生活をひっくり返してしまう。

　あらゆるものが混乱に陥った。修道士たちは食事をとっているべきときに断食をし、靴を履いているべきときに裸足になり、時祷書(10)を読んでいるべきときに小声で乱暴な口をきいていた。(＊3)

中世の民間伝承では、当然とされていた序列をひっくり返す行為を犯罪と結びつけることが珍しくなかった。悪党が治安を守るべき役人と立場と取り替え、腐敗した役人が歪めた正義を正す役目を悪党たちが担ったりしたのであった。「悪党の歌うトレイルバストンの歌」では、人殺しをした男がこの腐敗を罰すると誓っている。

(10)一日のなかで定められた時刻に行う祈祷（定時課）で唱える祈りなどを記した書物。

俺様が奴ら（国王裁判所判事）にトレイルバストン（山賊）のゲームを教えてやる。
連中の脚と背中の骨を折ってやろう。それが正義というものだ。

実際、中世の最後の最後まで、国王の役人、判事、廷臣たちの所業はさまざまな違法行為でひどく汚染されていた。賄賂、露骨な依怙贔屓《えこひいき》、陪審の判決を自分の思い通りに言わせるなどいろいろとあった。エドワード一世の治下、二人いた首席判事は二人とも重大な非行を行ったとして弾劾された。一人は普通の凶悪犯と同じ条件でイングランドを追放され、もう一人は名誉を失って免職となった。前者はウィラビー判事、つまり以前フォルヴィル兄弟に誘拐された男のことで、収賄の廉《かど》で訴追を受けた。後者のソープ首席判事は、五件の汚職で告発されたとき、絞首刑になるのを承知で自己弁護をしなかった（ソープの判決はのちに変更されて一年投獄されただけで釈放となったが、資産の多くは没収された）。そして、一三六五年のエドワード三世のときにも、判事を二人、重大な違法行為のために捕らえなければならなかった。

役人が不正を行っても驚く者など一人もいなかったが、片や誠実な判事を装った汚職まみれの悪人、片や犯罪者の身分をもつ人気のある英雄というのが存在したので、かえって肌で感じる正義と司法の権威との間の区別がはっきりしなくなっていたのかもしれない。そして、現実は役割が入れ替わったという単純なものではもちろんなかった。判事、州長官、王室財産管理官のなかでも清廉潔白な者はいたし、当然のことながら、犯罪者のなかには本当のところ自分以外の人間の利益をまったく考えない人間も少なくなかった。犯罪が時として民衆による復讐の手段となったが、それはたいてい命がけのことであった。一般の民衆が犯罪者を匿って食事を与えたとしても、感謝、賞賛、そして恐怖心のいずれかからそうしていたはずである。

犯罪者の身分が突然びっくりするような形で変化するのも、この不安感を深めた。たとえば、百年戦争の間、ナバラのシャルル悪王(11)は傭兵隊長のなかでももっとも非情な男であるジョン・ファザリンゲイを、ノルマンディーで軍法会議を執り行う憲兵司令官に任命した。また、イングランドでは恩赦を与える条件の一つとして、悪名高い犯罪者にほかの犯罪者を捕らえさせることが珍しくなかった。こうして、コテレル兄弟の二人は地元の強盗二人組を捕らえるように派遣されたし、ジョン・コテレルは罪を犯したレスターシャーの教区司祭を捕縛する権限を与えられ、法廷に引っ張ってきた。また、コテレル兄弟のほかの仲間も、自分たちを訴追した人物とほぼ同じくらい高い、信用ある地位に就けられた。ニコラス・コテレルは王妃の郡代になり、この窃盗団の仲間ウィリアム・オーン卿は新たに国王から任務を与えられた。また、情報屋アストンは裁判所調査官になった。オクスフォードの学寮長であったロバート・バーナードは社会的地位を取り戻し、聖職者としての生活も失わずにすんだ。

(11)（在1349～1387）フランス王ルイ10世の孫。

コテレル兄弟とフォルヴィル兄弟にまつわる物語で極めて皮肉なのは、リチャード・フォルヴィルをついに捕らえ、処刑した治安官が褒美にあずかるどころか自分の行ったことのために公然と辱めを受けたことである。この治安官のロバート・コルヴィル卿は、ティーにあったフォルヴィルの教会で彼を逮捕のうえ、力ずくで外に引きずり出して首をはねた。国王配下の役人としてのコルヴィル卿が、フォルヴィルのように何度も法外追放処分となった者を殺害したとしてもそれ自体は当然のことであった。事実、フォルヴィルの命を助けたとなったら、それはそれで治安官のほうが罰せられたであろう。だが、コルヴィル卿は教会という聖域を侵し、処刑した犯罪者自身が聖職者であったため、治安官の行為は一連の宗教的な償いを要することになった。その結果として、相手の犯罪者以上の汚名を着せられたのである。

聖域侵犯と聖職者殺害を贖罪するために治安官コルヴィルとその仲間は、その地区の主要な教会一つ一つの扉の前で、悔改の詩篇(12)にあわせて棒で打たれなければならなかった。コルヴィル本人の犯した冒涜の罪は、教皇の介入が必要であったほど重かった。そこでクレメンス六世(13)はリンカンの司教に命じ、聖職者殺しの罪の免罪をコルヴィルに与えさせた。公に殺人犯と知られた者をその公務遂行中に殺したことで治安官コルヴィルが汚名を着せられ、屈辱を受けなくてはならなかったのは皮肉なことであると考えるのは現代人の考え方である。中世の世界では、社会の一つの階層を守ろうとして、別の階層を乱してしま

(12) 詩篇6、32、38、51、102、130、143は「七つの悔改(または改悛)の詩篇(penitential psalms)」と名づけられている。

(13) 教皇の宮殿をアヴィニョンへ移してから4代目のフランス人教皇(在1291〜1352)。免罪の教義の基礎を築いた。

うということは十分あり得ることであった。この複雑さの原因は、人間や場所が複数の社会階層に同時に属していたことにある。フォルヴィルは殺人を犯しても聖職者であり続けたし、お尋ね者の重罪犯が逃げ込んだとしても神聖な場所が汚れることもなかった。重罪人を捕らえずにいたら、それはむろん悪を増長させることにつながったであろうが、このような形で重罪人を捕らえることでもっと高いレベルの罪を犯す危険があった。それは、世俗の強制権をもって侵してはならない場所を侵すという罪である。

コルヴィルの犯した罪は、治安官たるコルヴィル、被害者たるフォルヴィル、そしてとりわけティーの教区教会の周囲に並んで存在していた複数の階層にまたがる権利を理解するうえで一つの指標となる。この権利のなかでもっとも弱いのは、犯人を捕らえ、法の裁きを受けさせる権利であった。この権限の及ばないところに、フォルヴィルが求めた罪人庇護権はあったのである（凶悪犯と知られた犯人の場合は無効だと広く考えられていたので、自分は庇護されているというフォルヴィルの主張をその分弱めてはいたが）。

いかなる状況においても犯罪者や法外追放者を赦免することができる国王の権限と、犯罪者が聖職者であった場合に生ずる免責の問題を超越する権利が存在していた。この件で問題となる最大の権利は、その中にある者すべてを捕縛や危害から守ることのできる、聖別された場所がもつ権利であった。この特権に挑戦したということは、コルヴィルがあらゆる聖域に挑戦したも同然であり、また一人の聖職者を殺したというのは、あらゆる聖職者に対して暴行を働いたも同然であったのである（配下の騎士数名がカンタベリー大聖堂の聖域を侵し、大司教ベケットを殺害するのを許してしまった点においてヘンリー二世はコルヴィルと同罪であった。ゆえに、ヘンリー二世の受けた罰もほとんど同一のものである）。

罪を咎められることがこのように複雑に重なり合い、一つの存在が複数の顔をもっていたことを考えれば、治安を守るはずの役人のなかに法の執行そのものを怖がり、免れられない訴追を受ける羽目にならないように仕方なく法に背を向けるような人間がいたとしても驚くべきことではない。巡回裁判（ある特定の地域で犯罪が異常発生したのを処理すべく派遣される裁判団）が国王によって命じられたのを耳にして、ロッキンガム城の城守と御料林の管理人は武装した男たちを集めて巡回裁判所長官を待ち伏せしたという。城代の挑戦状にはこうあった。

貴様は私を滅ぼそうと思っているのだろうが、私は自分が滅ぼされる前に滅ぼそうとする者をみな滅ぼしてやる。その地位、役職が何であろうと。

目上の者に討って出るロッキンガム城の城守の人物像はロマンスに出てくる中世の無秩序ぶりを彷彿とさせるものがあるが、もっと陳腐な力が行政の歯車を同じくらい効果的に狂わせていた。なかでも、文書捏造がたぶん一番ありふれたもので、またそれとともに貨幣鋳造のもたらした影響は潜在的にもっとも被害が大きかった。

中世において文書捏造は聖職者に特有の犯罪であったが、記録がきちんとつけられることなど稀な時代にあっては起こるべくして起こった犯罪でもあった。かつて実在していた文書がなくなり、その代わりの文書を正直につくり直すことを意図した文書捏造も少なくなかったであろう。だが、由緒ある文書をつくり直す習慣を身につけた修道士たちが、まったくでたらめの、骨董品のような文書を新たに作成するようになるのには時間はかからず、捏造した特許状や書簡、同類の文書が大きな宗教団体の歴史を語るうえで重要な役割を果たすようになった。イングランドにおけるノルマン系教会の初期、カンタベリー大司教ランフランク(14)は、ヨーク大司教に対する優位性を確立するのに、捏造した記録を利用するのが好都合だと考えた。イングランドの教会で自分の優位性を彼が主張することは、そのようなものがなくとも十分に正当性をもっていたのにもかかわらずである。

のちの時代の捏造者たちはもっと大胆であった。オクスフォードの教会法学者はローマ法学者たちとの競合を避けるために、封建法が治める地域でローマ法学者が教えたり、聖職禄を受けたりすることを禁ずるというローマ教皇の大勅書をつくり上げた。そしてそれを、インノケンティウス四世、つまりその当時の教皇であった人物が発したものとしたのであった。

(14)（1005頃〜1189）フランスの初期スコラ学者。1070年にカンタベリー大司教となり、教皇庁の改革運動に協力した。

この種の露骨で自分勝手なでっち上げは確かにいつものことではあったが、捏造された文書の中身がすべて嘘八百というわけではなかった。一部は、その起源がシャルルマーニュまで遡るとするパリ大学や、アルフレッド大王を創設者とするオクスフォード大学のように、空想と自己欺瞞の中間に位置していた。捏造者のつくり出す伝説は、しばしば現実や創作というよりは由緒ある組織にふさわしい伝統と思われるものに近かった。たとえば、ケンブリッジ大学の歴史を捏造した者たちは、自分たちの大学の優位性を考えれば大学の起源がアーサー王の時代にあるのが至極当然だと考えたのである。

贋金づくりや貨幣の端を切り取る輩、そして不正な役人が、十分な量の正当な通貨が流通するのを妨害するということが周期的に起きていた。フランスでは、中世の終わりまで国王が自分の地域の貨幣鋳造のみを統制し、諸侯はそれぞれ独自の貨幣を鋳造して銀や銅に混合する卑金属の割合を変えることまでしていた。イングランドでは外国の金貨も流通していたものの単一の貨幣制度を有していたが、それでも欲深い造幣局の役人のために収益を失うことが頻繁にあった。エドワード一世治下の一期一〇年の間に、造幣局の局長に就いた者すべてが窃盗で投獄されるか、国王からくすねた銀の何千ポンド分だけ金持ちになって国を後にした。この手の役人で少なくとも一人は国王の金を人に貸して富を得ていたし、なかでも最悪の役人であるジョン・ポーチャーは、任期が切れるまでに国庫から三五〇〇ポンド、すなわち一つの小さな州の歳入に匹敵するほどの額を借り出していた。

造幣局にまつわる泥沼の次は贋金づくりである。その活動は、貨幣偽造から大規模事業まで幅広かった。一三四〇年代のスカボロー（イングランド北東部の漁港）では、ある夫婦が贋金工場のようなものを経営していたが、そこでは贋金だけでなくまがいものの金・銀食器類などもつくり、さらには銅、真鍮、水銀からつくった金、銀の模造原料をほかの贋金づくりに供給までしていたという。

しかし、中世の生活を取り巻いていた無秩序の蔓延は、弱い政権、腐敗、社会的紛争、そして犯罪よりももっと深いところまで浸透していた。個人と個人の間、または団体と団体の間で暴力沙汰が起きても、それが当たり前のことだと受け入れてしまう風潮が広がっていて、それにも無秩序は関係していたのだ。暴力にこのように慣れるということは、職業として戦いをする騎士階級にかぎらず中世の世間一般に広がっていたことである。

クレルヴォー修道院の院長としてフォサノヴァの聖ジェラール[15]は、クレルヴォーの支院となる数々の修道院にいる何千もの修道士の霊的な世話をする立場にあった。レンヌの教区にあったイニー修道院を訪問した折、ジェラールはバゾシュのユゴーというそこの修道士の行いを正してやった。ところが、その日の賛課の後、ユゴーはジェラール院長を待ち伏せして刺し殺してしまった。さらに数年後、ジェラールの後任がトロワ・フォンテーヌ修道院を訪問中、この修道院のシモンという名の修道士がまたもや院長を暗殺してしまう。このように、監督する立場にある高位の聖職者が修道士の行いを調査しに来て暴行を受け

(15) クレルヴォー修道院長（1170〜1175）。シトー会で最初の殉教者。

ることはしょっちゅうで、悲劇的な結末になることもしばしばであった。

また、イングランドのスタンリー修道院長であるレキシントンのスティーヴンは、改革の命を受けてアイルランドに渡るが、キルクールヤード・ニネイの修道士たちが仕掛けた待ち伏せからかろうじて逃れることができた。しかし、スティーヴンが去った後、ファーモイの院長とリズモアにあったイニスルーナクの修道士が襲撃を受けて殺されている。さらに、シトー会総会がケルン近くのデュッセレンにあった女子修道院を監督させるために送った代表団は、剣と石を武器にした修道女の一団に撃退されてしまった。一五世紀後半、別のシトー会修道院でも、院長が修道士全体を動かして、総会が派遣した訪問者を水死させている。

修道会の首脳が定期的に手直しした戒律は、修道会内部や外部の者に対して会の修道士が暴行を働くことを見越してつくられていた。托鉢修道会の戒律には剣を使った戦いと武器の携行を禁ずる文言が早くからあり、またフランシスコ会の「ファリネリウス会憲」というほかの会と区別する戒律では、托鉢修道士が石などの飛び道具でケンカをすること、平信徒の手足をもぐこと、敵に仕返しをするために殺し屋を雇うことを禁じている。ジョン・ウィクリフ(16)は托鉢修道会を辛辣に批判して、托鉢修道士を志す者は棍棒を持って修道院の門を叩けばきっと歓迎されるだろうと書いている。ウィクリフはずいぶんと大袈裟に書いたものだが、それでも一四世紀までに托鉢修道士の間で暴力沙汰が日常茶飯事となっ

(16) オクスフォード大学の神学者。著書の中でローマ教皇の権威を否定し、聖書を唯一の権威とした。聖書の英訳も提唱。コンスタンツ公会議（1415年）で異端とされ、1428年には墓が暴かれた。イギリス宗教改革の先駆的な存在。

ていたのは事実である。

聖職者が暴力事件を起こすとどうなるか、一般に教会法はむろん多くの規定をしている。一三世紀後半のシエナ司教区の規定では、聖職者が暴動や暴行に加担した場合、また性犯罪や国家反逆罪で有罪になった場合の罰則まで明記している。中世の記録は破戒司祭の例であふれていて、たとえばフェラーラの背教者のように司教の座に就いたとたん重婚、強姦、大量殺人を犯す者もいた。

中世ヨーロッパの旅行人口の一部を形成していた悪徳聖職者の悪行が認識されるようになって久しいが、聖職者の社会の内部で、暴力沙汰の程度がどれほどであったのかという点に光をあてることは最近までなされなかった。実際のところは、致命的な怪我を負わせられるのは修道院長であることが一番多かったようだ。一三世紀の初めから一五世紀の終わりまでの間に、少なくとも一五人のシトー会の院長が暴力的な修道士や助修士によって殺されており、ほかにもたくさんの院長が殺されかけた。かなりの件数の毒殺事件が、そのほかの脅迫事件と並んで記録されている。たとえば、ハンガリーのベラクート修道院では、院長の職印を渡すことを強要して、修道士たちが自分たちの院長を監禁して拷問した。また、一二四三年、ノルウェーのボヴェドの修道士と助修士は、副院長と聖堂納室係、聖歌隊の副先唱係を海上の島に置き去りにして飢え死にさせている。

たとえ修道院内の大半の者が穏やかな人間であっても、乱暴者が一人いれば院内を混乱させることは十分にできた。パリ郊外にあるサンタントワーヌ修道院に、ザンタ・テュメという名の修道女がほかの修道院を追い出されて移ってきた。するとザンタは、仲間の修道女ジャンヌ・ド・ルヴァンとともに武装した仲間を修道院に引き入れ、院長やほかの修道女の生活を脅かすようになった。のちに秩序は回復し、ザンタは厳しい処罰を受けたのであるが、それにもかかわらず、ほどなくしてザンタはまた修道院の幹部を出し抜き、今度は別の山賊団を修道院に招き入れてしまったのである。

反対に修道院長のほうが修道士を襲ったり、院長同士でケンカをしたりすることもあった。東フランス、ポンティフロワの前修道院長ピエール・ド・シャティヨンは、祭服の下に隠し持っていた剣でシトー修道院の院長の顔面を斬りつけた。のちにピエールは、モリモンの院長殺害も計画していたと供述している。この犯行のためにピエールは終身刑に処せられたが、被害者が聖職者でなく俗人であったとしたら処罰はずっと軽いものであったのかもしれない。というのも、聖職者が聖職者を殺した場合は終身刑が普通の処罰であったが、俗人を殺した場合は修道院からの追放のみですんだからだ。さらに、追放されても聖職者として最下位の身分に甘んずるのであれば、別の修道会に入り直すことすらできた。

シトー会の修道士の間では、身分というものがほかの修道会に比べて目立って問題となった。ベネディクト会のように労働者や召使いを修道院内に入れて農作業や家事をさせていたのとは違い、シトー会では修道士自ら畑を耕した。だが、このことが自分たちのなかに身分の差を生むことになってしまう。一部の修道士たちは完全に宗教的な生活を送り、学問と祈りに生活の全部を充てることができた。他方、残りの大部分は、最低限の聖務日課だけをこなすという、学のない労働者が集まった別個の集団を形成していた。後者の集団は「助修士」と呼ばれ、清貧、純潔、服従の誓いを立てながらも前者の集団とは一線を画して生活をしていた。

助修士の宿坊、食堂は別になっていて、さらには礼拝堂内の聖歌隊席、祭壇までもが区別されていた。このように身分をはっきりと区別することが、摩擦と反抗心を引き起こしたものと思われる。たとえば一二三〇年、バイエルンのハイルスブロンの助修士が反抗して、修道院長を最初は棒で、次にナイフで襲って重傷を負わせた。そして、修道院長を助けるために駆けつけた修道士は殺されてしまった。同様の事件がフランドルのボードゥローでも起きているし、エベルバッハでは助修士が集団で反乱を起こし、鎮静するまでに修道院長は死んでしまったという事件もあった。

修道院内での暴力、とりわけシトー会修道院での暴力事件は、その立地場所にある程度の原因があると考えられる。修道院が好んだのは、人のあまり住まない地域や辺境など、法律の目が行き届かない土地であった。しかし、どこの修道会も殺傷事件に悩まされていたわけだから、暴力事件をすべて修道院の立地環境のせいにするのは間違いであろう。むしろ、これらの事件は当時の世の中に抑えのきかない荒々しさ、外部の人間との関係を悪化させるような不愉快な対立があったことを忠実に反映したものであった。

リンカンシャーのある教会の主任司祭は、自分の教区のある男に恨みを抱いていたので、別の聖職者と平信徒の一団に命じてこの男を襲い、押さえつけさせた。主任司祭は仲間が押さえつけている間にナイフを取り出し、この男の上唇を切り取ってしまった。これは、当時ある種の罪人を罰するのによく行われた、肉体の一部を切断、切除する方法の一つであった。ところが、この事件は主任司祭が罰金を払っただけで落着した。なぜなら、教会法廷に持ち込むにはあまりに些細な事件だと考えられたからである。

カンタベリーとヨークの聖職者の派閥同士の反目もだいたい同じ種類のものであったが、規模はもっと大きかった。この二つのライバル同士の大司教区からそれぞれ、聖職者たちがウェストミンスターで開かれた厳粛な会議にやって来た。両派はヘンリー二世と枢機卿ヒューーゲズンの御前で会し、属司教[17]や修道士たちが「互いに戦場で軍と軍が対峙しているように並んで」いたという。問題になっていたのは、枢機卿の右隣という上座の席にどちらの大司教がつくかということであった。二人の大司教の間で、伝統的に競いあっていた面子争いの類である。

まず、カンタベリー大司教のほうがこの上座に座ろうと先に上がった。すると、ヨーク大司教が立ちふさがり、自分に都合のよい前例をまくしたてる。カンタベリー大司教がそ

(17)大司教の下に位置する司教。

れにもめげずに進もうとすると、ヨーク大司教は相手の肩衣をつかんで止めようとした。この時点で、そばにいたイーリーの司教がヨーク大司教を強くつかんだので大司教の冠が頭から落ちて壊れてしまった。これを合図にカンタベリー側の随行者がヨーク大司教に襲いかかってひどく痛めつけ、その怪我が治るまでには数年かかったという。

個人同士の傷害事件から全面戦争に発展するのは簡単なことで、聖職者階級同士の戦争のような衝突は、その獰猛さの点で騎士階級同士の衝突にしばしば匹敵するものであった。

プラハの聖ステパノ大聖堂の司祭と町のフランシスコ会士との間で、埋葬料をめぐって紛争が勃発した。托鉢修道士であるフランシスコ会士が埋葬料の支払いを拒否したところ、大聖堂の司祭は全教区民が見ている前でフランシスコ会士の破門を宣言した。これに応えてフランシスコ会士とその仲間は武器を持って大聖堂に乱入し、会衆の見ているなかで司祭たちと殺し合いを演じた。この惨禍のあとボヘミヤから托鉢修道士を追放しようという試みが何度かあったのにもかかわらず、フランシスコ会の支持者は司教とその下の者たちを説得して、フランシスコ会士の暴力行為を許して両者の関係を修復

プラハの聖ステパノ大聖堂

させた。このように事が収まったとしてもそれはまやかしであって、説得力のある調停者がいなくなれば、暴力を引き起こす火種はくすぶり続け、次にちょっとしたきっかけでもあればすぐにまた爆発する状態にあったのである。

同じことが、町と大修道院の間でしょっちゅう起きていた流血事件についても言えた。事件が収まった後に支払われる補償金が傷を癒すのに十分であることはあまりなく、紛争の主要課題については未解決のまま残されることが多かった。たとえば、ノリッジの市民と大聖堂付属の修道院との間で一二七二年に起こった騒動では、修道士の雇った傭兵が鐘楼に上って弩《いしゆみ》を町の住人の頭上めがけて引いて町を荒らし、他方で修道院の建物はほとんどが略奪に遭って空っぽになった。この騒動でのちの世まで残った和解のしるしは、ヘンリー三世が町側に科した賠償金を元手に買った黄金の聖体容器だけであった。また、ベリー・セント・エドマンヅ修道院が一三二七年に市民の襲撃によって事実上崩壊したとき、略奪行為に及んだ連中は、金目のものをすべて奪い取って一〇ヵ月間も修道院を食い物にしたうえ、修道士を怯え上がらせて、しまいには修道院を焼き払ってしまっていたのにもかかわらず、町側に科せられた一四万ポンドという莫大な科料が国王の命によって免除された。

この種の犯罪に対する法的制裁として、ほかの方法で効果があまり上がらないときは報復的暴力の形をとるのが普通であった。だが、報復として暴力を振るうことが秩序を回復することはなかった。だいたいにおいて、それまであった不安、恐怖、緊張をかえって倍増させ、その結果、不和と無秩序を長引かせてしまったのである。法的懲罰はその性質上、無差別で残酷なものであった。ヘンリー一世の治下、贋金づくりを行った大物はウィンチェスターに連行されると去勢され、右手を切り落とされた。また、大量処刑や、よく見かけられた犯罪者の首や死体を見せ物にするのは犯罪抑止のためであった。例の盗賊リチャード・パドリコットが縛り首になると、彼の死体は皮を剥がされ、その皮はウェストミンスターの建物の扉にかけられて、のちの犯罪者への警告となった。

イングランドの法律のもとでは、耐えられる程度の拘留になる見込み、ましてや刑罰を手加減してもらえる見込みなどほとんどなく、たとえば一二七〇年代にヨークシャーの州長官によってお縄にされた悪党たちにとってそれは望むべくもなかった。だから彼らの多くが、「王国の法律と慣習に基づいた」裁判を受けるよりは、その場で斬首されるほうを選んだのである。

だが、有罪になった者のなかには自分の苦しみを軽減する方法をうまく見つけた者もいた。ノッティンガムのある女は夫殺しにかかわって投獄されたが、飲まず食わずで四〇日間の拘留に耐えた。すると、彼女を捕らえていた当局が感心して、この奇跡は神の介入によるものだと考えて彼女を釈放したという。犯罪で投獄されても、金持ちやコネのある人間にはそれほどつらいものでないのが一般的であった。たとえば、一四世紀のヘンリー・

タペレルという男はパリ大学の学寮長であったが、彼は貧乏な囚人を裕福な囚人の代わりに死なせて、助けた連中から金を取っていたと非難されている。

中世における法律のもとでは、完璧な秩序など存在し得なかった。だが、無謬とはいえない人間の裁きを超えたところに、犯罪に対する抑止力をもった力が存在していた。それは、裁判記録やありふれた暴力の記録では辿ることができない。つまり、神が報復するという幻想を人々はいつも抱いていたのである。たとえば、ヘレウォードという悪党の物語で、この名の強盗とその仲間はいかなる法的報復もお構いなしに町と修道院を略奪して焼き討ちする。しかし、ヘレウォードは何もかもお見通しの聖ペトロが頭上で眉をひそめ、地獄に通ずる巨大な鍵をもっているという幻を見たとたん、恐れおののいて悪事から足を洗ってしまうのであった。

中世において秩序を守るということは、無政府状態と戦うこととほとんど同義であった。しかし、中世の田舎で見られた無政府状態は秩序を欠いた混沌でもなかったのだ。たしかに、西ヨーロッパの大部分での社会生活は、中央の政府が外から抑えつけるということがなくても機能していた。このような状況下で自分の身を守るためには、血族間で互いに守りあうか、信頼に足る物理的な防衛手段をもつか、もしくは自分が無敵の人間であるという印象を人に与え続ける必要がしばしばあった。個人間の忠義を保証してもらうことのほうが、当てにならない法の保護を受けるよりはましなことが多かった。そして、信頼の絆は世代を下るごとに絡みあっていった。

封建的忠誠を誓った単純な宣誓に次第に加わっていったものに、国王の「宣誓した騎士たち」と呼ばれる者が行った特別な宣誓がある。宣誓においては、忠誠の絆を固めるために令状と保証書が交わされた。保証書では、領主や封臣が義務を果たさなかった場合は保証人が介入し、その代わりを務めることを誓っていた。金品を担保にすることも忠誠宣誓に加えて行われたし、人質をとって休戦協定や外交交渉を確かにすることも普通に行われていた。だが、これらはネガティブな力である。このネガティブな力を補完する何種類かのポジティブな強制力がもっていた影響力を、われわれは歴史を再構築するなかでこれまで過小評価してきたきらいがある。

貴族の間では、名誉を守ることがある種の暴力を抑制する働きをもち、社会階級という概念を強力に支えるものであった。慣習的な振る舞いにそれぞれ限度があるという考え方は、すべての社会階層に行動を律する自然の尺度を与えていた。村社会においては、この考え方が長い間にわたって力をもっていた。その重要性が、今になってようやく理解され始めるようになった。法的懲罰よりも村の衆から非難されることや村八分になるということに、反社会的行為を抑える力があったことが十分考えられる。そしてこのように、民衆が為政者に頼らず自分たちの力で無秩序を何とかしたいとずっと強く願ったのも、統治がまさにきちんと行われていなかったことの証《あかし》なのであろう。

すなわち、中世後期においては、私闘や犯罪による不穏な状況、悪政、そして不正などに対抗して民衆運動が起こっていたということである。たとえば、ポワトゥーの騎士たちは「平定団」なる結社をつくり、山賊行為の根絶と平和の回復にあたった。数々の小集団が周期的に誓約を立て「神の休戦」(18)を守らせた。神の休戦とは、一一世紀後半からときどき見られた私闘に対する一時的な解決策であった。暴力を好む雰囲気は諸侯の間に強く残ったが、それと同時に近隣の領主や聖職者との個人的な紛争には、誰かに仲裁に入ってもらい、裁定してもらうという習慣が戦闘に代わる紛争の解決手段として発達してきた。

ところで、地方の記録には、村人が役人を綿密に調べ上げ、ちょっとした圧制や腐敗に目くじらを立てていた様子を伝えるものがある。一三一六年のウィストン村には次のような記録がある。

　村人が言うには、教区の世話役をしていたジョン・ウォリンはその職にとどまるのに不適格だそうである。賄賂を渡したある一人の男には奉仕活動をすることを免除しておきながら、ほかの者には前例のない分量の奉仕活動をさせて困らせ、苦しませたからである。この村中の大部分の人が損害を被り、苦情を申し立てているという。(*4)

(18) 10世紀末のフランスで起こった教会主導の平和運動。特定の期間、いっさいの私闘を禁じた。

法の施行が甘いところでは、たとえば犯罪者を訓告するのを怠ったとして村の代官に罰金を科すなど、村の条例を自分たちの力できちんと守らせている割合は非常に高かったようである。

中世の文献の多くが貴族や聖職者に焦点をあてているため、右に見たもっと身分の低い者のもっていた力の重要性をわれわれは過小評価しがちである。実際、いろいろな種類の証拠が、民衆が行った正義の記録に残っていない成果を暗示している。たとえば、リチャード・プランタジネット[19]がビゴール伯領のアンスにやって来たときには、その非行のためにビゴール伯を町の市民が自らの手で投獄し、リチャードが到着するのを待っていたという。伯爵はのちに釈放されたが、身代金を自分で支払ってようやく通常の封建関係を再び確立することができたという。

また、一二世紀前半のノルマンディーでは、メーヌ伯領をわがものとする主張が強められるのではないかと期待してエリー・ド・ラ・フレシュがル・マンの司教を捕らえて投獄していた。ル・マンの民衆は、それに抗議して立ち上がった。十字架や聖者像が打ち倒され、哀悼のしるしとして教会の扉の前には棘のある木苺が積み上げられ、鐘は鳴らされず、ミサも行われなかった。この抗議行動は効果のあるものとなり、エリーは態度を軟化させて司教オエルは解き放たれた。

(19)リチャード１世のこと。

第8章

女性像

リヴォー修道院

一一四〇年代にリヴォー修道院の修道院長エゼルレッドは、ヨークシャーにあるギルバート修道会ワットン女子修道院(1)で起こった数々の前代未聞の出来事を記録にとどめた。彼は、それらの出来事のいくつかを直接目撃しており、「不幸な出来事も奇跡と同様に人々の啓蒙を促すことができると信じて記録に残すことにした」と書いている。

話は、幼児期にヨーク大司教ヘンリーによってこの女子修道院に連れてこられた奉献女児にかかわるものである。彼女がワットンに連れてこられたときはわずか四歳であったが、エゼルレッドは彼女の両親のことや、彼女が連れてこられたときの様子については何も記録を残していない。

やがて、この女の子は思春期を迎える年齢になった。そして、このころになると、彼女がまったく修道生活に不向きであることが明らかになってきた。宗教に対する愛を示すわけでもなく、自分の属する修道会に対して敬意を示すわけでもなかったからである。さらに彼女は、「あつかましい目つき」をしたり、「みだらな言葉」を使ったり、「挑発的な歩

(1)センプリンガムのギルバート（1089～1189）によって創設された修道会。男女共同礼拝の双子（ダブル）修道院が特徴。

き方」までするようになった。修道女たちは彼女を何とか矯正しようとしたが、言葉による説得には効果はなく、鞭打ちも失敗した。やがて彼女は、修道院の外の男たちや修道士たちに対してまでも淫らな考えを抱くようになっていった。

ある日のこと、男子修道院の修道士たちが、修繕を行うために女子の修道院に入ってくることになった（イングランドのギルバート修道会は、通常、女子修道院と男子修道院の二つをあわせもつダブル修道院であった）。この不良修道女――エゼルレッドは、彼女の実名を記録していない――は、好奇心から修道士たちが修繕作業をするのを眺めていたが、まもなくそのなかの一人のハンサムな修道士に目がとまり、二人の目があった。そして、目の表情だけで二人は抱擁した。

「すぐに、木に巻きついていたヘビがスルスルと下りてきて二人の心のなかに入り込み、男を有頂天にしてしまった」と、エゼルレッドは書いている。二人の間の沈黙は甘い言葉で破られた。そして、やがて二人の心は一つに溶け合い、二人は「愛の園に種をまいた」。

それ以降、機会があるごとに、二人は夜な夜なひそかに逢瀬《おうせ》を楽しむようになった。女子修道院の屋根に投げられた石の転がり落ちる音が二人の逢い引きの合図で、二人は修道院の外でひそかに会っていたのである。修道女たちも修道院の警護にあたっている修道士たちも彼女の行動には細心の注意を払っていたにもかかわらず、はじめはこの密会には誰も気がつかなかった。

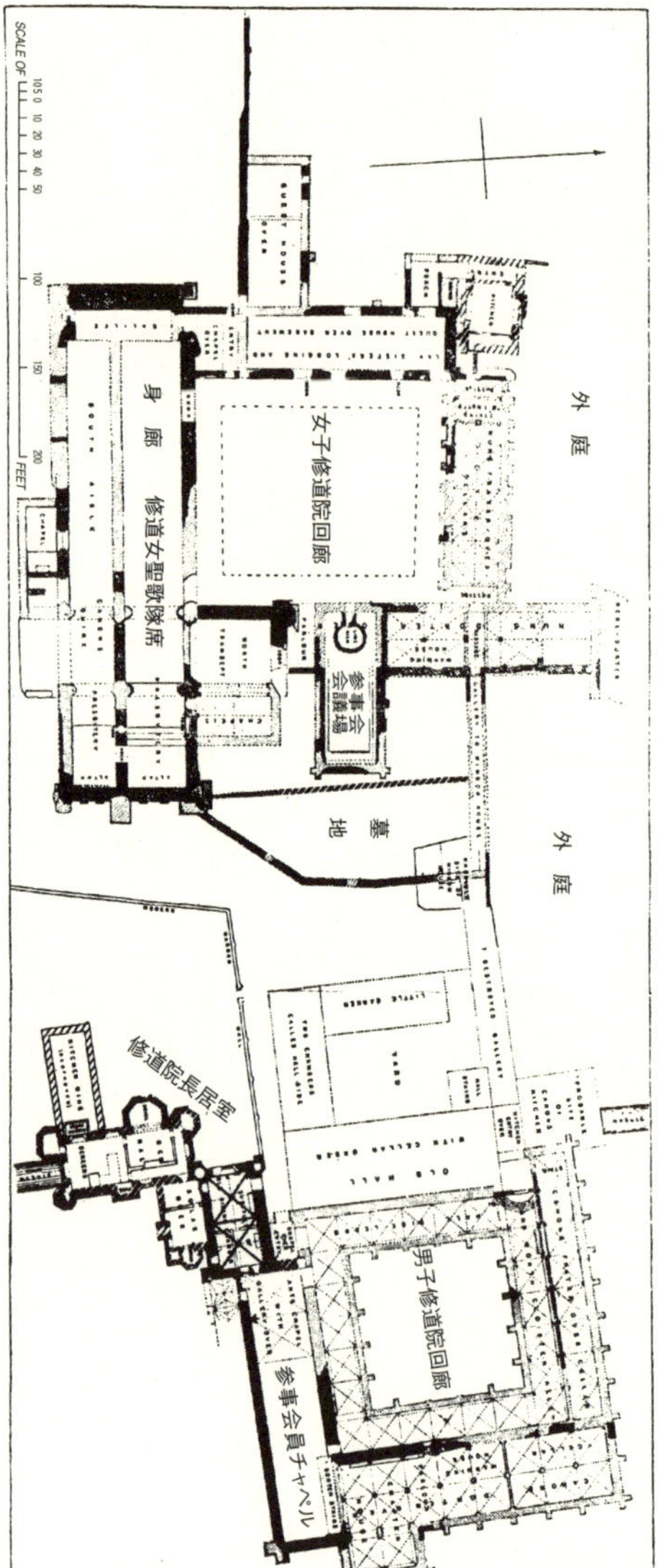

ダブル修道院であるギルバート修道会ワットン女子修道院の平面図

「不幸な女よ、何をもってしても汝を不善から遠ざけることはできない。汝の盲目なる心の芥《あくた》によって敬虔な精神は閉ざされ、汝は道に迷ってしまった。キリストの乙女たちよ、耳を閉じて目を開け。この女はキリストの乙女として道を歩み始めたが、いまや姦淫女として戻ってきたのだ」と、エゼルレッドは書いている。

夜ごとに小石が屋根に落ちる音を聞くに及んで、ついに修道女たちは小石に不審を抱くようになった。そして、最初に思い当たったのがこの不敬の女のことであった。相手の男が突然修道院から姿を消してしまったこともますます彼女たちの疑いを深めた。そこで、「賢い看守たち」は女を呼び出すところとなり、とうとう女に何もかも白状させたのである。女の話を聞いて彼女たちは最初のうちは仰天したが、「やがて骨の髄から闘志がわき上がってきた。そして、互いに見あってから、彼女たちは耐え難い思いで指を鳴らして女に襲いかかった」のである。

女の頭からかぶりものを剥ぎ取った。火あぶりにすべしと言う者、皮剥ぎの刑が相当と言う者、あるいは十字架に張りつけて炭火であぶり焼きにすべしと言う者もいた。結局、女は殴られた後、足かせをはめられたうえに鎖で縛られて修道院の牢屋に放りこまれた。

エゼルレッドはさらに続ける。

「だが、日ごとに女の腹が大きく膨らんできたときの修道女たちの嘆きを想像するがよい」

すべての修道女たちは、この女の恥をあたかも我が身の恥であるかのように思い、嘲笑の目は自分たちに向けられているかのように感じていた。また、それは修道女たちに対する裏切り行為でもあった。一人のときも、ともにあるときも修道女たちは涙を流した。そして、やり場のない憤りに駆られて、再び女を襲ったのである。しかし、興奮が少し収まると、彼女たちは集まって女の行く末を協議した。食べ物も雨露をしのぐ手段もなければ女は死んでしまうであろうとの懸念から、女を追放することは憚られたが、それでも女をこれ以上修道院に置いておくわけにもいかなかった。お産のときに女が喚き声を出せば、恥ずべき事態が露見してしまうことになるからである。

ついに、一人が「この腹の膨らんだ姦淫女を悪の道に連れ込んだ忌むべき男に返してやりましょう」と提案した。計画はうまく進展した。どこに行けば今晩逢い引きの場所で待っているはずの男に会えるかを、この女が自ら修道女たちに語ったからである。そして、女は冷静な態度で「主の御心がなされますように」と結んだ。

この後、隣の男子修道院から修道士たちが呼ばれてこの話を聞き、女の相手である背教の修道士をどのように捕縛《ほぼく》するかを修道女たちと一緒に話しあった。身も心も完全に俗人になり下がったこの男が愛人に会うべく姿を現せば、女に変装した修道士と会うことになっていた。そして、しばらくして脱走男が変装した修道士に近づいたとき、茂みに隠れ潜んでいたほかの修道士たちが一斉に男に飛び掛り、「棍棒という苦い薬を処方して」男の

貞潔の誓願を破り、足枷をはめられた修道士と修道女

好色病の炎を消したのである。

　捕まえられた男が修道女たちの前に連れてこられたときは、当初の計画は実行しないことに変わっていた。男を女と一緒に追放する考えをすでに捨てていた修道女たちは、すべての罪を告白させるということを口実にして、男をしばらく女子修道院にとどめ置くよう修道士たちに請願した。話を理解して修道士たちが去り、男と修道女たちだけになると、彼女たちは男を床に投げ飛ばして動けないよう押さえつけた。そして、修道女たち全員の目に入るように「男の諸悪の根源」を引き出すと、男のおびえる手にナイフを渡して自分で去勢するようにと迫った。そして、さらに報復の最後の仕上げとして、修道女の一人が血まみれになった睾丸をつかみ、不良修道女の口に放り込んでしまったのである。

「レビの刀やフィニアス[2]の熱情のように、このような恐れを知らない乙女《ヴァージン》たちのおかげで貞潔が勝利し、キリストを侮辱したことに対する復讐が成就した。彼女たちが行ったことではなく、その熱情を私は賞賛する。また、彼女たちが流す血ではなく、

（2）『旧約聖書』「民数記」25：6～18、31：2～8を参照。

彼女たちが聖人に倣おうとする行為を私は賞賛する。しかし、失われた貞潔に対する復讐が行きすぎたならば、自らの貞潔を守るために彼女たちは何をすることになるのだろうか?」と、エゼルレッドは記している。

ワットン女子修道院の修道女の話を、エゼルレッドの言葉に基づいてできるだけ詳しく再現したわけであるが、この話は中世の女性観に関するどんな抽象論よりもはるかに多くのことを語っている。エゼルレッドの話に出てくる主要な人物のほとんどは女性であり、しかも修道院に身を置く女性であるが、彼女たちの立ち居振る舞いにはいわゆる女性的とも宗教的とも感じさせるものがほとんど存在しない。しかし、よくあることではあるが、間違っているのは現代においてわれわれが使っている「女性的」という語の意味のほうであり、言葉そのものではないのである。というのは、一二世紀においては、女性性（femininity）は冷酷な残忍さを含意しており、また宗教性（religiosity）は野蛮さを含意していたからである。

たしかに、ここに述べたような事件は女子修道院の生活に関しては典型的なものではなかったかもしれないが、反面、まったく珍しいことでもなかった。たとえば、アベラールは修道院の食堂でエロイーズ[3]と性行為を行った。その結果、ワットン女子修道院の惨めな女のようにエロイーズは妊娠してしまったが、貞潔の誓願をした修道女たちと一緒に暮らしていたのである。結果的には、エロイーズはアルジャントゥイユ女子修道院[4]の修道女か

（3）（1101〜1164）パリ司教座聖堂参事会員フェルベールの姪。アベラールと恋仲になるが、引き裂かれパリ近郊のアルジャントゥイユ修道院に隠棲した。のちに、パラクレトゥス修道院長となる。89頁の訳注（3）も参照。
（4）パリの北北西、セーヌ川沿いの町にある修道院。

らではなく親戚から報復されることになった。一方、アベラールは、犯した情欲の罪のために去勢された。そして、のちに自ら修道誓願して以降、聖ギルダス修道院の修道院長として生涯神を恐れる生活を送ったのである。

アベラールは自らこの厄難について書き記しているが、これが書かれたのは、ワットン女子修道院の事件が起こる一〇年前のことであった。アベラールとエロイーズの情事の話はイングランドではよく知られていた。したがって、この有名な事件がギルバート会の修道女たちの復讐心を煽るような影響を与えることになったとも考えられるが、実は、一二世紀においては去勢や修道院内暴力などは決して珍しいことではなかったのである。そのようなわけで、ワットンの修道女たちがこの有名な醜聞《スキャンダル》からヒントを得たとは考えられない。

エゼルレッドの話が幾度となく語り継がれてきたのは、この話がセンセーショナルだったからではなく、むしろ、中世の女性観を構成するテーマが明確に記されていたからである。すなわち、そのテーマとは女性嫌悪、女性の従順性、女性の野蛮性、誇張された処女信仰、性的罪に対する行きすぎた憎悪である。

エゼルレッドの話に登場する女性はすべて悪であり、現実の人間ではなく悪の風刺として描かれている。エゼルレッドは人文・古典学者であり、ほかのテーマに関しても洞察力と繊細さをもって健筆をふるった人物であるが、話に登場するワットンの修道女たちは薄っぺらで不快な人物となってしまっている。たとえば、先に見たわがままな若い修道女は、独立心が旺盛で人の言うことに耳を貸さなかったために弾劾されてしまったわけであるが、ほかの修道女たちも非情な怒りという点では同様に手に負えない女性たちなのである。修道女が共通して守るべき貞潔に関して彼女たち自身が抱いていた懸念は、肉欲の罪に対する嫌悪の感情を逆に強くすることでバランスを保っていた。エゼルレッドが、貞潔と肉欲に対する嫌悪の両方をすすめたのはこのためなのである。

修道院生活に対する女の反抗、二人の恋愛沙汰、修道女たちのもつ素朴な熱情――これらはすべて一種独特の視点でとらえられている。すなわち、不服従、肉欲的誘惑、報復という要素がこれらすべての人物を支配しているということである。そのため、彼女らの行為が不可避的に邪悪な結末に至ることは、そもそもの動機同様明らかなことであった。

しかし、この話に反映されている態度は、エゼルレッド一人の態度でもなければ中世の思想家たちがつくり上げたものでもない。それは教父的伝統の一部をなすものである。事実、このような考え方は古典古代後期の倫理観や初期ラテン教会のニーズに呼応する形で三、四、五世紀に現れ、カルタゴの司教キュプリアヌス（二〇〇?～二五八）や聖アウグスティヌス、そしてとりわけ聖ヒエロニムスの著作において恒久的な体系化を見たものである。

結婚、セクシュアリティ、女性の地位に関する初期キリスト教会の教義は、混沌とした

(5)神の直覚的認識の観念を中心とする思想（2世紀頃）。東洋、ギリシャ、ローマの宗教観念の混合。

三世紀から蛮族支配の五世紀までの暗黒時代に形成された。ローマ帝国はコンスタンティヌスの政策に基づいて徐々にキリスト教化されていったが、そのおかげでキリスト教会の管理・行政構造が確立することになった。しかし、後期ローマ帝国の世界では異端思想が依然として活発であり、禁欲的キリスト教神学者たちの瞑想を妨げていた。

このような異端思想のなかでもとりわけ危険だったのが「グノーシス主義」[5]と呼ばれる異端思想である。この異端思想はキリスト教会における女性の適切な立場は何かという問題に対して最大の混乱をもたらす原因となっていた。たとえば、創造された世界は霊的世界よりはるかに劣るものであるとグノーシス主義者たちは信じていた。そこには、霊的世界は不完全にしか反映されていないと彼らは考えていたからである。物質は悪である。したがって、物質的存在をつくり出すことは悪をつくり出すことと同じであり、生殖行動は忌むべきものになった。その結果、女性の母的機能・役割を完

聖ヒエロニムス

全に廃止しようとしたり、結婚を悪魔の仕業であると見なすグノーシス主義の分派が数多く現れるようになった。

「結婚と生殖は、サタンの煽動によって行われるという」と、彼らは書き残している。

この思想はグノーシス主義者以外からも広く支持された。というのも、かつて「コリント人への第一の手紙(6)」のなかに、キリスト教徒は「女性のはたらきによって」救われることになるというあいまいな一節が記されていたことがあり、これを反生殖主義的な文言と解釈する者たちがいたからである。たとえば、二世紀のアレクサンドリアの司教クレメンス(7)は『ストロマテイス』において、この「女性のはたらき」という文言は「私は女性のはたらき［出産］を廃するために来た」というイエスの言葉に起因するものであると述べている。

出産を女性の生き方から排除しようとする発想と密接にかかわりをもっていたのが、女性は男性と同じように説教し、洗礼を授け、預言をすべきであるという考え方である。そして、聖書にはこの考え方を裏付けるような記述が数多く見られた。たとえば、フィリポの娘たち(8)は預言や説教を行っていた。また、フェーベやプリスキラ(9)などの女性たちは初期キリスト教会においては重要な指導者たちであった。さらに、キリスト教外典にもテオノエ（Theonoe）、ストラトニケ（Stratonice）、エウブッラ（Eubulla）、アルテミラ（Artemilla）といった女性たちの名前が頻繁に現れることを考慮すると、司祭職から女性を排

（6）今日の聖書の「コリント人への第１の手紙」にはこの文言は見られない。
（7）（150頃～215以前）神学者。正統的グノーシス（知覚）主義を唱える。
（8）「使徒行伝」21：８－14を参照。
（9）「使徒行伝」18：２を参照。

除するというユダヤ教的な考え方は初期のキリスト教においてはまだ支配的になっていなかったことがわかる。伝説を見ても、たとえばペトロの妻はキリスト教に殉じたために夫をしのいだといわれるように、使徒の妻たちには重要な役割が与えられていたのである。のちに、「彼女たちは夫とともに同胞宣教師として歩んでいった」と、クレメンスは書き残している。

しかし、何といっても女性説教者の数がもっとも多かったのはグノーシス主義者たちの宗派である。なかでも、もっとも効果的に女性を聖職に登用していたのがモンタノス派(10)であった。たとえば、モンタノス派では中心的指導者のうち二人が女性であり、さらに女性祭司のみならず女性の司教までが存在していた。このもっとも驚くべき信仰形態は、プリシラ(11)という女性がペプザの聖なる山で寝ているときに夢で告げられたものに端を発する。

夢のなかで「明るい衣をまとった女性姿の」イエスが現れ、彼女の傍らに寝たのだという。以来、女性姿のキリスト像はモンタノス派の典礼やイヴ崇拝——イヴの罪が受肉という奇跡をもたらした——という形で踏襲されることになった（事実、初期のモンタノス派のなかには女性崇拝を称賛する宗派が多かった。たとえば、トラキア派(12)の流れを汲むコリユディア派(13)は「マリアの名に対して」祭壇に捧げられたパンを配っていた。また、自分たちの教義はマリアを通じて授かったものであると主張する宗派もあった。さらに、感覚論者のカルポクラテーア派(14)はサロメ(15)の末裔であるとまで主張した）。

(10) 2世紀にフリギアで預言者モンタノスが始めた宗派。厳しい禁欲を唱えた。
(11) モンタノス派の中心的な女性預言者。
(12) トラキアで4世紀頃に出現した、聖母マリアを偶像的に崇拝する女性のセクト。
(13) この名は、ロールパンを意味するギリシャ語に由来。

ほかの宗派以上に女性に対して高い地位を与えていたのはおそらくグノーシス主義の宗派であったが、キリスト教の初期に見られたほかの多くの異端思想にも女性は大きな影響を与えた。

ドナトゥス派(16)には、重要な地位を占める女性指導者たちがいた。また、教会聖職者たちが残した書簡や年代記などを見ると、特定の宗派に属さずに遍歴をしながら信仰指導を行う独立した女性たちもいたことがわかる。現に、女性が司祭職に就くことは西暦三五二年まではっきりとは禁止されておらず、女性たちが助祭職以上の地位に就くことはなかったとエピファニオス(17)は五世紀初頭に述べてはいるものの、使徒教憲(18)には女性の叙階に関する規定が含まれているのである。

しかし、女性が聖職に就くことに対して男性聖職者たちはショックや嫌悪感を抱いていた。そのため、次第に女性の聖役に対する偏見が現れるようになった。説教をしたり、ミサを執り行ったりする女性を攻撃するようになった教会聖職者たちは、彼女たちを悪魔の手先として弾劾するようになったのである。悪魔祓い《エクソシズム》を行うことが聖役を担う女性たちにとって共通の救いになるはずであったが、その聖役もこうして男性聖職者だけにかぎられるようになった。

最初の独住修士(19)たちがローマ皇帝デキウス(20)の迫害を逃れて東方の砂漠に移り住んだとき、そのなかには多くの女性たちがいた。彼女たちが成し遂げた禁欲的な偉業は男性の「砂漠

(14) グノーシス主義の祖ケーリントスの弟子カルポクラテースのセクト。世界は天使たちが創造したと説いた。

(15) ガリラヤ領主ヘロデ・アンティパスの宴席で踊った褒美に、洗礼者ヨハネの首を貰い受けた。

アレクサンドリアの司教クレメンス

(16) 4世紀の北アフリカに起こったキリスト教のセクト。厳格な教会生活を送る。

(17) (315〜403) 異端から正統な信仰を守ることに全生涯を捧げ、『全異端反駁書』を著した。

(18) 第3代ローマ司教のクレメンス (30頃〜101頃、在92頃〜101頃) が使徒達の指示に従って全8巻にまとめた文書とされるが、実際は4世紀に当時の資料を基に編纂された文書である。

(19) 俗世間から離れ、肉親との交渉を断ち、ほかの修道士たちとも共住生活をせずに観想の生活をした修道士。隠修士とも呼ばれる。

(20) (在249〜251) 初のバルカン地方出身の皇帝として即位。ローマの伝統を重視する政策を行う。即位直後、全国民に国家神の礼拝を義務化し、キリスト教徒の迫害を行った。

の聖人たち」の偉業にも匹敵するものであり、彼女たちは男性たちと同様に安楽、美食、入浴を忌避する生活をした。しかし、女性が聖人になるということはいかにしてもあり得ないことであったために、これら聖なる女性たちの多くは、発見されて弾劾されることを避けるために男性と同じ衣服を纏《まと》わなければならなかった。砂漠の教父たちが残した初期の記録には、彼らが女性たちをいかに恐れて忌み嫌っていたかが記されている。たとえば、『聖パコミウス伝』のなかで作者は、半狂乱の状態でパコミウス(21)のもとに駆けつけ、女性が彼の独居房に忍び込み、手練手管で彼を誘惑した挙句に姿を消してしまったことを語る若い修道士のことを述べている。この若い修道士は、パコミウスの対応を待たずに泣きながら砂漠を越え、ある村に辿り着くなり炉に身を投じて自殺してしまったのである。

誘惑は、しばしば女性の姿を借りてやって来た。だから、砂漠の隠者や修道士たちは、女性の姿を目にするという災いに遭わずに誰が一番長い間生きられるかを競い合った。このために、砂漠の聖人たちによる祝福は、たとえどんなに強く願っても女性には与えられないことがしばしばあったのである。たとえば、あるローマ人の少女がイタリアからアレクサンドリアまで巡礼をしたという話がある。その目的は、聖アルセニウス(22)の祝福を受けるためであった。聖人は強く拒んだ。にもかかわらず、少女は強引に会いに行き、幾度もの拒絶を耐え抜いた末についに自分の名前を記憶にとどめ、自分のために祈ってほしいと懇願した。「名を覚えておいてくれと申すか！」と聖人は声を張り上げ、「汝の名を忘れる

(21)（290～346）共住修道制の祖。320年頃、修道士たちが共同の生活をする「共住修道院」をエジプトのナイル川岸に創設した。

(22)（354～412）ローマ（？）生まれ。エジプトの砂漠の修道士たちに加わる。彼の言動には、厳格な自己鍛錬と人間の本性に対する鋭い洞察が見られる。

ことを我は祈るのみである」と言った。

独住修士たちが、女性を忌み嫌っていたことはあまりにも有名な話である。そのため、ややもすると、中世初期における男女の関係に関するわれわれの見方が歪んだものとなってしまうことがある。しかし、実際は独住修道運動そのものの内部においても男女を結びつける、ある種の宗教的結婚の形態が存在しており、男女の性的役割に関していろいろな試みをする宗派も存在していたのである。

ローマ帝国の東側では「霊的夫婦制（Syneisactism）」と呼ばれる制度のもとに、数多くの聖なる男女が「霊的結婚」をしていた。学者のなかには、このような制度のもとで結婚をした女性たちは単なる家政婦にすぎない存在であったと主張する者もいるが、実際は信仰者としての熱情と聖体祭儀に関する聖役に関しては、パートナーの男性と対等な立場にあったということを証明するに足る十分な証拠が存在している。禁欲の誓願を破ってしまうような霊的夫婦も存在したことはスキャンダルの記述がしばしば史料に登場することからもうかがえることではあるが、大半の男女にとってはこのような相互に貞潔である生き方は快適であり、生きる力すら与えてくれるものであったようである。その結果、中世初期の教会会議が下した数々の禁制にもかかわらず、霊的夫婦の制度は、共住修道制が普及してその存在意義がなくなるまで長く続くことになったのである。

一方、平信徒の間でも、男女を厳格に分離したり、女性に対する嫌悪感をもつことなく禁欲的な生を営むことが可能であった。たとえば、「アベロイト」[23]と呼ばれる教団では、すべての構成員が結婚していたが、禁欲的に生活をしていた。そして、それぞれの夫婦は男女一人ずつの子どもを養子として育て、その子どもたちもまた成長して同じように禁欲的な夫婦となったのである。また、三四〇年ごろにガングラ（現トルコのチャンクル）で開かれた教会会議の記録には、エウスタティオスなる人物の狂信的な結婚否定論を弾劾するために男女間の優劣を消し去ろうとしたもう一つの教団のことが記されている。この教団の女性たちは、自らの劣勢の象徴である長い髪を切って男性と同じ衣服を纏っていた。女性がこれらのキリスト教徒たちにとって霊的な案内人であったということは示唆的ではあるが、彼女たちの目的は女性支配というよりは平等を促進することであったようである。

しかし、結果的にはこのような教団も霊的夫婦とともに弾劾されることになった。教会が崇めたものは、女性嫌悪という伝統のほうであったからである。こうして、グノーシス主義者たちの女性賛美と同様に、霊的夫婦制やほかの男女共同生活の試みは教会史上記憶の闇に葬りさられるところとなり、砂漠の聖人や教父の反女性主義がのちの時代の修道院や大学においても鳴り響くことになったのである。

ヒエロニムス、アンブロシウス[24]、アウグスティヌスや、さらに前の時代のテルトゥリアヌス[25]やキュプリアヌスにとっても、霊的夫婦たちのいただいた新奇な女性崇拝と禁欲主義

(23) 霊的夫婦制を信奉・実践した平信徒のセクト。
(24) (339～397) ローマ・カトリックの聖職者、教会博士。374年に司祭に選出されたあと、礼拝に聖歌を導入した。また、典礼文に多くの改革を行った。
(25) (155～220) カルタゴ生まれの初期キリスト教神学者。

者たちの女性嫌悪では、どちらが望ましい選択であるかは明らかなことであった。同時代に生きるローマの婦人たちの生き方には、これら教父たちがラテン作家の古典作品を通して吸収した女性嫌悪思想を変更するに足るだけのものが見当たらなかったからである。あらゆる面で独立しているかのような振る舞いをするこれらの女性たちは、結婚や相続に関する法律（姦淫は処罰するが売春には寛容）を臆面もなく逆手にとり、性的放縦を楽しむと同時に残酷な堕胎を繰り返していた。このように、ローマの道徳観とこれらキリスト教神学者たちの生き方との間には天と地ほどの差があったのである。

こうして、自ら隔絶した修道生活を送る厳格な人間であるこれらの教父たちは経験的に反女性主義に傾いていった。そして、貞潔なキリスト教徒の女性を崇拝する一方で、堕落したローマの女性を嫌悪するという逆説に直面した結果、「処女《ヴァージン》を愛し、女性を嫌悪する」という一つの恒久的な理論に辿り着くのである。そして、「女からは罪が生まれ、処女からは救いが生まれる」と彼らは記している。

このような考え方においては、反女性主義者たちが女性に対して何世紀にもわたって浴びせかけてきたすべての毒舌は、大半の女性たちにとって当然の報いということになった。道徳的にも肉体的にも男性より弱い女性たちは、良くても瞑想をかき乱す危険な散心事であり、最悪の場合は地獄への道そのものであった。一方、これらの女性とは対照的に、処女を保ち続けた女性たちは批判の的にはならず、むしろ異常ともいえる称賛の対象となった。肉欲に流され、自制することができない女性という生き物であるからこそ、肉体を否定することはとりわけ称賛に値するものであった。

初期の女性聖人のなかでももっとも敬愛された聖人たちは、一度の人生で女性のもつ両方の性質を兼ね備えた女性たちであった。たとえば、女性には聖性が生来の資質として存在していないということを裏打ちしているわけではないが、マグダラのマリア[26]以来、改悛した売春婦が一般的な女性聖人のイメージとして定着していたのである。

教父たちのように処女性を過大に評価するという傾向は、テルトゥリアヌスの著作においてはすでに顕著であった。そして、モンタノス派に転向してから、彼は最高の聖性は処女のもつ聖性であると主張し、教会での説教を禁ずる慣習的規則から「例外的な女性」を除外しようとした。また、三世紀に活動したもう一人の作家キュプリアヌスは、処女性をキリスト教特有の神聖さの象徴に仕立て上げた。キュプリアヌスにとっては、処女性はもはや個人的な視点で拘泥するもではなく、はるかに公的な美徳となっていた。肉欲を抑制するという行為には、万人にとって明らかな霊的純潔が伴っていたからである。「処女を見る者は誰でも、目にするものに対する判断を間違えるはずがない」と、彼は記している。

キュプリアヌスやアンブロシウスの著作では、純潔《ヴァージニティ》はひと握りの優れたキリスト教徒たちの職分として扱われている。それを記述するのに彼らは「**integritas**（完全、無傷）」

(26)更生した売春婦。（「ルカ伝」７：36〜50を参照。）

という用語を用いたが、これは女性の処女性を強く含意していた。そして、キリスト教信徒の女性は、普通の生活を営む女性——大半の女性にとっては結婚生活を意味した——と、貞潔を守り、明らかに普通の女性よりも優れた生を営む女性との二つに大別されるという考え方をつくり上げたのである。

もちろん、これらの作家たちは男女すべてのキリスト教徒に対して純潔《ヴァージニティ》をすすめたのであり、女性だけに貞潔の大切さが説かれていたと考えるのは間違いである。しかし、男性の童貞は女性の処女性ほど強調されることはなかった。そのため、二世紀の神学者オリゲネス[27]が性的純潔を守ろうとして自らを去勢したとき、彼はアレクサンドリア教会から厳重処罰を受けて司祭職から除外されてしまったのである。古い伝統では、司祭は「完全無傷」の人間でなければならなかったが、ここでも完全無傷という概念は禁欲というよりは性的能力と強くかかわっていたことがわかる。これに反して、あらゆるジャンルの神学的著作は絶対的に若い女性を対象として書かれており、貞潔を犯されることのないように守る必要があることが説かれているのである。

ここで留意しておかなければならないことは、聖職者に関するかぎり、男性には少なくとも三種類の性的な選択肢があったのに対して女性には二つしかなかったという事実である。すなわち、「結婚する」、「禁欲主義者になる」、あるいは「独身者として生きる」という選択肢が男性にはあったが、女性は結婚するか神聖な処女性を守って半修道的生活をす

(27)（185？〜254？）アレクサンドリア生まれの神学者。ギリシャ教父。

るかのいずれかであるということである。女性が独身で生きるという考え方は、教父的神学者たちには理解できないことであった。というのは、処女として生きる道を選択しない女性はすべて結婚するものである、と彼らは考えていたからである。

このような論理のために、結婚生活は貞潔な生活より劣る選択であるという、長い間にわたって伝統に裏打ちされてきた考え方がさらに強化されることになった。性交という汚れがつきまとうことから、結婚することは肉欲が敬虔さに勝利すること、すなわち肉が霊に打ち勝つことを意味していた。「情欲に身を焦がすよりは結婚するほうがよい」というパウロの文章を評して、結婚における「善」は程度の軽い「悪」であるとテルトゥリアヌスは論じている。そして、パウロの論理は、両目を失うよりは片目を失うほうがまだましであるという議論と同じように積極的なものではない、と彼は主張している。

修道制の発達に伴って、結婚はますます否定されるようになっていった。そして、ついに四世紀半ばには、東方教会の司教セバスティアのエウスタティオス(28)が結婚した者は救われないという過激な議論を展開し、多くの支持を得ることになった。この理論はあまりにも影響力が強く、その思想の拡散をチェックするのに二回の教会会議を開催しなければならないほどであった。しかし、そこで交わされた激烈な議論のなかから、まったく正反対の見解を擁護しようとする論客たちが現れることになるのである。

このような論客の一人であるヨウィニアヌス(29)は妻帯修道士で、処女性のもつ特別な効力

(28)(300〜377) 禁欲主義者。バシレイオスに禁欲思想の面で影響を与えた。

(29)(?〜405頃) 快楽主義思想のために、キリスト教のエピクロスと呼ばれた。

を否定した。彼は、司祭も平信徒も結婚したほうがよいと説いて回り、ローマ教皇やミラノ監督司教座で信望のある（妻帯の）アンブロシウスに挑戦したのである。その結果、これら二つの都市で教会会議が開かれ、ヨウィニアヌスは追放されることになった。しかし、彼は四一二年に再びローマに舞い戻り、公開集会の場で彼の賛同者たちを前に熱弁を振るったのである。ヨウィニアヌスはこのころすでにヒエロニムスの激昂を招いており、（イエスが処女マリアから生まれたことを否定する）冒涜に対する罰として鉛棒で鞭打たれた後にダルマティア沿岸［バルカン半島西部］のボア島に流罪となってしまった。彼の信奉者たちも同様に流されたが、そのうちの一人ウィギランティウス(30)がやがてヨウィニアヌスの教義をガリアとスペインに伝えることになったのである。

　教父のなかでももっとも大きな影響力をもつ教父が結婚と女性の地位に関する教義を打ち立てたのは、まさにこのようなエウスタティオス、ヨウィニアヌス、ウィギランティウスの思想が物議を醸しているころであった。すなわち、アフリカのヒッポ司教アウグスティヌスは、あらゆる生殖行為を弾劾してしまうというマニ教(31)的な過ちの危険性には気がついていたが、彼自身若くして結婚をしていたことから性欲の力がいかなるものであるかということも熟知していた。そこで、彼は中道をとった。つまり、結婚を罪と結びつけたのである。しかし、この罪は極めて軽微な罪であった。「結婚は情欲を満たすための恒久的な結びつきではあるが、子どもを設けようとする願望と、その秘蹟としての性格とによっ

(30)（370～406）ガリア司教。聖職者の独身制を批判し、ヒエロニムスと対立した。
(31)紀元215年頃、バビロニアのマニによって創設された宗教。その特徴的な二元論思想は、キリスト教における異端の温床として影響を与えた。

て復権した」と、彼は書いている。

アウグスティヌスとヒエロニムスは、教義の点では一致しなかった。アウグスティヌスは、ヨウィニアヌスが誠実で有徳の人物であることを認めたからである。これに対して、ヒエロニムスはヨウィニアヌスに対して何ら譲歩することはなかった。こうして、ヒエロニムスは長大な論文『ヨウィニアヌス駁論（*Adversus Jovinianum*）』を書いたが、これは結婚と女性に関して教父が書いたもののなかでもっとも影響力をもち、長く読み継がれるものとなった。

ヒエロニムスが、処女崇拝と女性嫌悪とを結びつけて考えていたことは当初から明らかである。これについて、「古代の異教徒たちでさえ、女性であることと美徳とはほとんど常に相反するものであることを知っていた」と彼は記している。

古典作家たちは、生涯貞潔を守った女性や貞潔を守るために自害した女性を是認してはいるが、一般的にほとんどの妻たちは性格が悪く、身持ちが悪いこと、男は結婚をすると哲学や宗教を追求する生き方ができなくなるということも認識していた。キリスト教の啓示によってのみ、これらの真実がより明らかになるのである。「キリストの肉体の清浄さを考えれば、すべての性交は不純である」と、ヒエロニムスは述べている。

ヒエロニムスの膨大な書簡を見ると、彼が女性教育やしつけのことを念頭に置いていたことがはっきりとわかる。というのは、彼の書簡の相手は多くが女性——実に、半数以上が修道女や敬虔な既婚女性――であり、称賛する女性の伝記を書くことを彼は好んだからである。そのような女性の一人に、若くして未亡人となったブレシラ（三六四～三八四）がいた。彼女は性急で激しい禁欲生活のために悲劇的な死を遂げたことから、しばらくの間、ローマでスキャンダルの種になった女性である。

ヒエロニムスの敬虔な文通相手であったパウラ(32)の娘ブレシラは、結婚生活七ヵ月にして未亡人となった。その後、ヒエロニムスを霊的指導者として、彼女は一定期間の極端な禁欲と克己の生活を始めたのである。その生活ぶりを、ヒエロニムスはパウラへの書簡で書いている。

　夫の死以上に自分の処女喪失のほうを深く悲しみ、（断食を続けた）ブレシラの足元は衰弱でよろめき、顔は青ざめて小刻みに震え、彼女の細い首はほとんど頭を支えておくことはできないほどであった。

ブレシラは断食を行うことによって熱を出し、キリスト教に改宗してから三ヵ月という短い時間で亡くなってしまったのである。

彼女は社会的地位が高かったために、彼女の話はローマではよく知れ渡っており、修道士やとくにヒエロニムスに対する民衆の憤りにはただならぬものがあった。ブレシラの葬

(32)（347～404）上流階級の出で大富豪であったが、夫トクソティウスの死を契機に、社交界から身を引き、禁欲生活に入る。

儀のときには、「彼女は断食によって殺されたのだ。いつまで、あのような忌むべき修道士たちをローマに置いておくのだ。奴らに石を投げつけて殺し、テヴェレ川に放り込もうではないか」と、弔問者たちは互いに囁きあっていた。

ローマ市民にとってブレシラは過激な禁欲崇拝の犠牲者であり、ヒエロニムスにとってはキリスト教のヒロインであった。しかし、彼はブレシラを称賛はしているものの、彼女には女性のヒエラルキーにおける相応の地位しか与えていない。すなわち、彼女の肉体的清浄さという点だけで決められた地位である。「子どもをもたなかった未亡人として、彼女は子どもの母となったパウラと処女エウストキウム(33)の中間の地位に値する」とヒエロニムスは述べ、「私の著作物のなかではブレシラはもう絶対に死ぬことはない」と加えている。

もちろん、ヒエロニムスはもっと精彩のある女性も称賛していた。たとえば、厳格な学問の道に人生を捧げたマルケラ(34)はヒエロニムスにも匹敵するほどの博学の未亡人であったが、彼はまさにその学問と勇気とを大いに称賛しているのである（事実、マルケラは非凡な女性であった。独力で異端オリゲネス派をローマから追い出したり、四一〇年には西ゴート族(35)の侵略者たちに敢然と立ち向かったりしていた）。しかし、ヒエロニムスはマルケラが称賛に値するのは彼女が女性として相応しい行動の矩《のり》を逸脱せず、「男性に災いをもたらすような」権威を振りかざさなかったからであると指摘することも忘れてはいない。

(33)（368？～418）パウラの三女。
(34)（325～410）上流階級の女性で、未亡人。修道誓願を受け入れたローマで最初の貴婦人。
(35) 4世紀後半からローマ帝国に進入したゴートの一族。

しかし、ガウデンティウスなる人物に宛てた書簡でヒエロニムスは子女教育を大いに推奨しているが、その模範となる女性はマルケラではなくブレシラのほうであった。書簡では、生涯純潔に生きる誓願をした子女の教育計画が実際に語られているが、中世の思想家たちはこの教育計画を、将来結婚するか否かにかかわらず、すべての子女教育の規範として利用した。そして、以後数世紀に渡って、ヒエロニムスの教育論は中世における子女教育論の基本として使われることになったのである。

ヒエロニムスが示した指針には否定的な内容のものが多かった。たとえば、女の子は男の子のこのことは何も知らなくてよい。また、男の子たちと遊ぶことを怖がるようにしつけなければならない。卑猥な言葉の意味を絶対に知ってはいけないばかりか、自分の部屋からも外に出ないようにしなければならない。思春期になったら、女性は若者を見てはいけない。また、決して官能的な歌を聴いてはいけない。さらに、心のうちを相談するのは、「謹直で、謹厳で、勤勉な」しつけ係《シャペロン》(36)でなければならない。ヒエロニムスは、その教育指針を次のような簡潔な文章で表している。

> 女の子には過去を教えず、現在を閉ざして未来だけを熱望させよ。

ヒエロニムスが著作活動を始めた時代は、すでにキリスト教の歴史の流れが変わり、女

(36) 行儀作法の監督を任された付添い人。

性を使徒的イメージでとらえる時代ではなくなっていた。時代が変わって、かつて女性が指導者や聖役者として力を発揮していた非正統的宗派が弾劾されるようになったが、このことは、キリスト教信徒の社会において女性が従属的立場にとどまることを意味していた。また、この時代に起こった聖職者運動の流れは、聖職者と平信徒とを峻別しただけではなく、聖職者と女性をも峻別することになった。その結果、女性は聖職に就くことが法的にできなくなってしまったのである。さらに、重要な位置を占める参事会のなかには、助祭以上の地位にある聖職者はすべて貞潔であるべきという決議をしたものもあった。

最後に、処女性が不釣合いなほどに称賛されるようになった結果、男性とは違って、女性はその性的地位によって評価されなければならないという考え方が現れてきた。すなわち、処女は聖性と徳において既婚女性より高い地位にあるという考え方である。ヒエロニムスは、その著作においてこれらすべての考え方をまとめ直したうえで、古典的な女性嫌悪思想の中心的な論点を新たに加えたのである。彼の体系においては、教父的女性観がもっとも権威のあるまとめ方がなされている。

アウグスティヌスは女性とセクシュアリティをヒエロニムス以上に寛大な心で記述し、クリュソストモス(37)は逆にヒエロニムス以上に狭量な扱い方をした。しかし、両者とも、中世の思想家たちからヒエロニムス以上の称賛をもって読まれることはなかったのである。

このような教父的教義は贖罪規定書を通してやがて一般のキリスト教信徒の生き方に浸

(37)(347〜407) 教父。コンスタンティノープル司教。

透していき、さらにそこから教会法へと取り込まれていった。贖罪規定書は、司祭が告白を聞いて贖罪の内容を決める際の指針とする目的で書かれたものである。本来は修道院で使うことを目的として編纂されたものではあるが、そこには禁欲主義に生きる共同社会という視点から数々の罪が列挙されていた。したがって、これらの規定書では、当然ながら性的な罪にかなりの比重が置かれており、それに値する罰も重かった。このような罰は修道士たちにとっては適正なものであったかもしれないが、平信徒や女性に適用されるようになると、性的な罪にはほかの種類の罪とは比較にならないほどの不名誉な烙印が押されることになった。こうして、『旧約聖書』に述べられている命令と民間の迷信とが溶けあって、贖罪規定書の道徳観は結婚や女性のセクシュアリティを大きく歪めてしまうことになったのである。

贖罪規定書には、月経の血やその有害な影響に関する警告や禁止事項がとくにたくさん盛り込まれていた。たとえば、ユダヤの律法では月経期間中に性交を行った夫婦は罰せられた。また、多くの中世初期の作家たちが、禁止されている期間中に性交を行った結果として生じた死産や流産の事例を記録している。あるいは、月経の血で汚れている期間に妊娠した子どもにはライ病や癲癇《てんかん》が襲うと一般には信じられていた。さらに、月経血と魔女との連想からセビリアのイシドルスなどは、月経血の毒は花々を枯らし、畑の豊穣さを吸い取ってしまうとまで書いている。

(38)最初の規定書はアイルランドとウェールズに現れ、のちに布教の命を受けた修道士たちによってヨーロッパ大陸にもたらされたといわれる。

汚されることを恐れた教会聖職者たちは、神聖な崇拝の対象から女性を遠ざけようと躍起になった。カルケドン公会議（現イスタンブール）では、女性が祭壇に近づくことが禁止され、ベールを通してのみ聖体を拝領することが許された。また、ほかの教会会議においても、不用意に教会を汚すことのないよう女性は注意が求められた。東方教会においても、女性は不浄の期間にあるときは教会に入ることが禁止された。

月経血による汚れと密接にかかわっていたものが、お産後、とくに女児を出産した後の産婦にまとわりついている汚れであった。大教皇グレゴリウス一世[39]はユダヤの律法を繰返して、男児が生まれた場合は三三日間、女児の場合は六六日間、教会で秘蹟を受けることを避けなければならないと述べている。

事実、出産という肉体的トラウマには、キリスト教社会から事実上排除されるという霊的トラウマが伴っていたのである。妊婦は、臨月に近づくと聖体を拝領することをすすめられた。これは出産に伴う死亡率が高かったという理由に加えて、分娩が始まってからすべてが終了して教会に復帰するまでの間、教会の慰めを受けずに不浄の血と「罪の汚れ（sordes peccati）」という二重の烙印に耐え抜かなければならなかったからである（汚れ、あるいは「肉体の不浄（immunditia corporis）」は、妊娠という肉欲が残した罪深き残留物だったのである）。

出産に際しては、妊婦よりは子どものほうが慣習的に贔屓《ひいき》された。一五世紀に書かれた

(39)（540〜604、在590〜604）中世教皇権の基礎を築く。成立後間もないベネディクト修道会を支援し、アングロ・サクソンへの布教にも着手した。

ある牧者用手引書には、助産婦は母親の命を犠牲にしても子どもを救うべき旨のことが書かれているが、それは「愛ある行いである」からである。多くの女性たちは、毎年の出産という試練を耐え抜いた。無作為の事例を基にして一般化をするのは誤解を招く恐れがあるが、一一世紀および一二世紀のノルマン人貴族の間では、幼児の死亡率が高かったとはいうものの、一人の女性が一二〜一五人の子どもを産むことは決して珍しいことではなかった。出産で妊婦が死亡するということは、中世ではごくありふれたことだった。そのために少なからず恐怖の種になっていたのが、(出産で死ぬことになれば)聖別されずに埋葬されてしまうのではないかという危惧の念であった。

民間の信仰では、産後の血は悪魔を呼び寄せると考えられていたせいもあって、出産後、清めを受ける前に亡くなってしまった女性は教会の墓地に埋葬されなかったばかりか天国に入ることも否定された。子どもを孕んだまま死亡した女性の死体も、体内にある胎児が未受洗であるためにキリスト教式の埋葬には不適であるという多くの神学者の考えに従って教会墓地から排除された。人道的な聖職者たちのなかには、このような遺体の埋葬を許可すべきであると主張する者もいたが、完全に受け入れられることはなかった。出産中に不幸にして亡くなってしまったある女性の聖別された墓が発見された地域においてさえも、その埋葬は聖職者による儀式もなく、ひっそりと、しかも教会墓地の寂しい一角で行われたのである。

母になることは中世の女性にとっては霊的な危険を伴うことであり、また子どものない結婚は中世社会では考えられないことであった。贖罪規定書では、避妊も堕胎も非難された。おそらくはどちらも広く行われていたはずであるが、それには重い贖罪が伴っていた。子どもを設ける目的のない性行為は、教父作家たちには考えられないことであった。というのは、そのような行為は自然を抑圧する行為であり、子孫繁栄よりも性的快楽が夫婦生活の主たる目的になってしまうと考えられたからである。

それでも、性行為には罪が付きまとい、数々の複雑な規制が絡みついていた。日曜日、水曜日、金曜日、およびすべての教会祝日には性行為は禁じられた。また、贖罪規定書では、待降節(40)や四旬節(41)、祈願日には性行為を禁止している。もちろん、妊娠中や産後にも禁じられており、夫婦のどちらかが贖罪の誓願を実践している間も禁止された。

こうして、一四世紀を迎えるころまでには、一年のうちのおよそ二二〇日は性行為をすることが公に禁止されるようになっていた。そして、ほかにも、さらにもっと自主的に禁欲をするよう促す圧力がたくさん存在していたのである。また、性行為をすれば夫婦は不浄となり、秘蹟を受ける価値がなくなるとも考えられた。その結果、グラティアヌス(42)は、夫たちには聖体を拝領する前の三～四日から八日間貞潔を守るように忠告している。一方、妻たちには、巡回説教師たちが夫の欲望を制御するように促したのである（性的罪に関する中世びとの議論では、夫が性行為の主導権を握っているから、すすんでそれに同意すれ

(40) クリスマスの４週間前の日曜日からクリスマスまでの期間。別称「降臨節」。
(41) 灰の水曜日に始まる復活祭の前の約40日間をさす。「受難節」「大斎節」「復活前節」とも呼ばれる。

ば妻も罪を犯したことになるというのが一般的な認識であった）。結婚生活の清浄さを取り仕切るものとして、妻は「不自然な」性行為は「死んでも」拒絶することが求められたのである。

このような考え方は、女性を性欲に屈した誘惑魔と見る民間の肉欲神話と奇妙にも対照を成していた。事実、教父の著作物には、これとは正反対の女性観がのちの時代には非常にはっきりとした形で現れている。こうして、相互に矛盾する女性観が神学者、詩人、説教者の著作に見られるようになるのである。口やかましい女房がいる一方でキリスト教的女傑が活躍したり、禁欲に生きる処女の活躍するなかで誘惑魔がうごめいていたのである。唯一、これら二つの相矛盾した女性のイメージが一つに重なるのは双方の風刺が一致したときだけであった。

このようなことが起こった理由は、教父の著作物に対する崇敬が依然として続いていたからである。中世の思想家たちは、ヒエロニムス、アンブロシウス、アウグスティヌス、グレゴリウスなどの教父の書簡や論文を神学的古典ではなく、すべての学識ある男女が何度も繰り返し読まなければならない生きたテクストと考えていた。事実、教父作家たちの教義は、世代が新しくなるごとに新たに書き改められていたのである。というのは、これまで見てきたように、中世的思考方法は集塊的《しゅうかいてき》とでもいうべき寄せ集め思考であり、中世の作家たちはほかの作品からむさぼるように引用していたからである。

(42)（？～1179）ボローニャのサン・フェリーチェ修道院の修道士。『教会法矛盾条令義解類集（グラティアヌスの教例集）（*Concordia discordantium canorum*）』を著し、「教会法の父」と呼ばれる。

ヒエロニムスの『ヨウィニアヌス駁論』は、一二世紀には何度も書き写されて読まれた。ヒエロニムスの反女性主義思想はグレゴリウス改革者たちによって広く引用され、さらには初期の教会法作家たちのコレクションにも取り入れられた。アベラールもヒエロニムスを取り上げており、さらにその『命題集（*Sententiae*）』につけた弟子たちの注解にも引用されている。また、ジルベール・フォリオ、ブロワのペトルス、ソールズベリーのジョンは自分たちの作品にヒエロニムスからの借用を盛り込んでいる。ただし、ジョンの場合は、ヒエロニムスに反論して女性を称賛する議論をそれとなく混ぜている。しかし、ヒエロニムスの思想が最大の迫力と辛らつさを備えて復活したのはウォルター・マップ(43)が書いた偽名の論考においてであった。

『ワレリウスの結婚否定論（*Dissuasio Valerii*）』と呼ばれるこの論考は、あまりにも過激な誇張のために反論不可能なほど情け容赦のない風刺の書である。ワレリウスなどという古典的な偽名を使って、マップは次のように書いている。

友よ、女たちが何を考えていようと、こと女に関するかぎり結果はいつも同じである。そして、これは常に当てはまることであるが、悪巧みをしたいとき女は絶対に失敗しないのである。たまたま良いことをしたいと思っても、悪をなしてしまうのである。

(43) (1140〜1209) ウェールズの風刺作家。

かつてヒエロニムスは、想像を絶するほどの努力をすれば美徳の鏡となるような女性になることはありうると書いたが、ワレリウスはこれを否定した。女は存在するだけで諸悪の根源であり、有徳の女性など不死鳥《フェニックス》と同じぐらい稀な存在であると主張したのである。そして、さらに彼は次のように述べている。

女のなかにはサビニ人、ルクレーティア[44]、ペーネロペー[45]などのように戦場から謙譲という旗印を持ち帰った女性もいた。しかし友よ、ルクレーティアなどは存在しなかったのだ。ペーネロペーもサビニ人も存在しない。女を恐れよ。

この『結婚否定論』が古代の作家名で書かれたのは、一つには批判をかわすためであり、当時の古典古代志向を逆に利用するためでもあった（ワレリウスを、本当に一世紀初頭の逸話編纂者のワレリウス・マクシムスと間違えていた者もいた）。

結果的には、この作品は大成功を収めた。一二世紀だけでも五種類の注解書がつくられたが、まもなくマップはこの作品を『宮廷びとの戯れごと（*De nugis curialium*）』という長大な作品に収録し直し、自分が『結婚否定論』の作者であることを認めたのである。『結婚否定論』のなかでは、ヒエロニムスが書いた女性にとって好意的でない言説はそのまま繰り返し、好意的な部分は辛らつな内容に変えてしまっている。結婚を否定するもの

(44) 古代ローマ伝説中の貞婦。
(45) 夫（オデュッセイウス）の20年に及ぶ不在中、貞節を守り続けた。

の、マップはほかの選択肢には関心を示さず、処女受胎に関しては辛らつな態度すら示している。この論文に流れる巧妙で茶化すようなトーンは、次の話にはっきりと表れている。

泣きながら、パクウィウスはアッリウスに打ち明けた。
「友よ、家には不幸な木が生えているのだ。最初の妻はそこで首を吊って死んだ。二番目の妻もそうだった。三番目の妻も同じように亡くしたばかりだ」
「そんな幸運に恵まれていながら泣いているとは驚きだ」と、アッリウスは答えた。
「その木のおかげで、どれだけのお金が節約できたか考えても見たまえ。友よ、挿し枝を一本私に分けてくれないかね。私の家の庭にも植えておきたいのだよ[*1]」

そして、「善良なる読者よ、あの木の枝を分けてもらうことにならないように注意したまえ。そんなものは、所詮手に入らないのだから」とマップは加えている。

ウォルター・マップの女性嫌悪思想には、古典古代作家や教父作家の思想のなかでももっとも際立った女性蔑視思想と、民間伝承から取り込んだ逸話や教訓などが混じりあっていた。しかし、ほかの大半の反女性論は、マップのそれよりも形式的であり、輪郭のはっきりした文学的ジャンルを形成していた。というのも、一二世紀の古典主義作家たちは、ユウェナリス[46]、キケロ、オウィディウス[47]が示した手本に基づいて古典的な風刺のジャンル

(46)（60〜128）ローマ帝国の政治・社会を風刺した詩人。
(47)（43B.C.〜A.D.17）ローマの詩人。『恋愛術』『恋愛の治療薬』などを著す。

を復活させ、ラテン語と自国語（vernaculars）の両方でそれを使ったからである。

　こうして、一方には結婚に対する痛烈な批判が存在するなかで、女性の官能性に対するオウィディウス的な風刺も存在するという二つの対極の狭間で、さらに特定のテーマを扱ったジャンルが発達することになるのである。たとえば、『牧歌詩（*Pastourelle*）』では、羊飼いの女がどうしたら自分の徳を守ることができるか宮廷びとと議論している。また、『夫の嘆き（*Chanson de mal marié*）』と『女房の嘆き（*Chanson de mal mariée*）』という対形式の詩では、夫と妻のどちらがより不幸かという問題について舌合戦を繰り広げるのであるが、ちょっとした「弁護策」が功を奏して毎回負けるのは男性のほうである。しかし、これらの詩では、結婚のことが良く言われることはほとんどない。結婚を非難することは、すなわち暗に女性を非難していることなのである。

　反面、これらの詩でとくに詳しく描かれているのは、頑固、傲慢、過激な欲情、嫉妬、虚栄心、不貞、意地の悪い競争心などといった伝統的な女性の悪である。この点では、トゥルバドール[48]の詩で磨き上げられた女性観に共通するところがある。プロヴァンスの詩人マルカブリュ[49]は次のように述べる。

> 女はペテン師だ。騙したり嘘をつくのはお手のもの。こうして、夫にほかの男の子どもを養わせる。神よ、悪の権化たるこの売春婦、熱情的で熱烈なこの売春婦を崇め、

(48) 南フランスの宮廷詩人・音楽家。西ヨーロッパの抒情詩や文学に深い影響を与えた。

(49) 11世紀～13世紀末頃まで活躍した「トルバドゥール」と呼ばれる南仏宮廷の詩人・音楽家たちの一人。

仕える男を許すなかれ。(＊2)

トゥルバドールのなかには反女性主義の諷刺家たちが多かったけれども、愛する女性に対する彼らの態度は愛憎相争う心で満ちていた。教父作家たちと同じように、彼らも称賛に値する女性はとくに貴重な存在であると感じていたのである。というのも、このような女性はきわめて稀であると感じていたからである。ところが、彼女たちには一種独特の性の規範があった。性交に至るギリギリのところまでは放縦にエロティシズムを振り撒くが、一線は決して越えてはならないというものである。これは、自分たち自身の快楽を高めるためであり、愛人に尊敬を示すためではなかったのである。

女性を称賛する中世の文学には、対極としての女性嫌悪思想を伴っているものも多くあった。トゥルバドールたちが、希少になりつつある有徳の女性（蛇《サーペント》が枝から下りて以来この方、何と欺瞞に満ちた女性の多いことか）に対して攻撃を加えることで求愛詩のバランスをとっていたときに、宮廷風恋愛の大理論家アンドレアス・カペッルラヌス(50)は死の直前に恋愛否定論を著した。また、オウィディウスの『恋愛術（*Ars amatoria*）』や『愛の治療法（*Remedia amoris*）』などを模倣するのも中世の恋文の伝統であった。チョーサー(51)とボッカッチョ(52)は、それぞれ『貞女伝説（*Legend of Good Women*）』と『有名婦人論（*On Famous Women*）』を書いて自分たちの反女性観を打ち消そうとした。そして、もち

(50) 1170年頃からシャンパーニュ伯の宮廷で活躍したラテン語文学者。『宮廷風恋愛の技術（*De arte honeste amandi*）』を著す。

(51)（1343～1400）イングランドの詩人。『カンタベリー物語』を著す。

(52)（1313～1375）イタリアの詩人。『デカメロン』を著す。

ろん、このジャンルの最頂点に位置するものとして二部からなる『薔薇物語（***Roman de la rose***）』があるが、女性を称賛すると同時に非難するという点ではこの作品の右に出る作品はなかった。『薔薇物語』は、正編、続編ともども非常に人気を博したが、同時に賛否の分かれる大論争の的にもなった。

女性の徳と悪にまつわる文学論争はやがて学問的論争へと発展してゆき、一五世紀になると著名な思想家も『女の喧嘩（***Querelle des femmes***）』という作品をめぐる論争に巻き込まれることになった。そのなかには、女権主張者《フェミニスト》のクリスティーヌ・ド・ピザン[53]も含まれていた。

しかし、これらの作品が書かれる以前の文学作品と同じように、この喧嘩にかかわる著述には現実論というよりは知的抽象論の雰囲気が漂っていた。議論の視野がかぎられており、実例や権威の選び方も狭い範囲にかぎられたものであったからである。たとえば、これらの著述のなかには、「福者ベルナルドゥスから修道院長コッドリルにあてた書簡」などというベルナルドゥスを模倣した文体で書かれたものもあるが、これは文学的な女性嫌悪思想を表現する語彙がかぎられているために全体が単調になり、古典的な決まり文句の羅列に終わる結果になっている。そして、この書簡の匿名の筆者は、「哲学者セクンドゥスが皇帝ハドリアヌス[54]に語ったことに耳を傾けよ」と書きだしてから、反女性主義思想のなかでももっともありふれた記述を新鮮に響かせようと努力して次のように続けている。

(53)（1363～1431）フランスの女性詩人、作家。エティエンヌ・カステルと結婚するがまもなく死別。その後、３人の子どもをかかえて文筆で生計を立てる。『婦人の都』『三つの美徳の生活』など、多くの作品を残した。

クリスティーヌ・ド・ピザン

ジェフリー・チョーサー

(54)（117～138）ローマ皇帝。スペイン人のトラヤヌス帝を後見人、保護者としていたためにトラヤヌス帝の跡を継ぐが、ローマでは評判が悪くローマにいることはほとんどなかった。帝国中を巡歴し、ブリタニアに築いたハドリアヌスの防壁は有名。

女は、男に混乱を起こさせる元凶である。飽くことなき獣、尽きない悩みの種、不穏の住み処、貞潔の妨げ、男を破滅させるもの、姦淫への入り口である。女は男を奴隷にし、最大の重荷である。

『ガランの死（*Morte de Garin*）』という作品には、妻のブランシュフロールが夫である皇帝ピピンに対してロレーヌの人々を救うように懇願するくだりがある。


皇帝は妻の言葉を聴き……

拳を振り上げ、彼女の鼻を殴る、
鼻からは四滴の血が滴り落ちる……

そこで妻は言う。

「感謝します、陛下」

「気に入ったのなら、もう一度してあげてもよいぞ(＊3)」


このロマンスに見る世俗的な蛮行と『女の喧嘩』の現実離れした語り口《レトリック》との間のコントラストは大きく、極めて示唆的である。というのは、文学的な反フェミニズム思想は伝統的に描かれてきた女性のイメージだけを糧として成長することができ、現実の女性の振る舞いを反映する必要がないのに対して、『武勲詩（*Chansons de geste*）』の場合の女性嫌悪思想にはきちんとした根拠があるからである。すなわち、托鉢修道士たちの説教に見るように、そこには封建時代の男女関係があますところなく描かれているのである。たとえば、修道士のギヨームが夫の暴力や蛮行に耐えるよう妻たちに話すくだりが出てくるが、その根拠は、「そうすることで妻たちは徳を重ね、最後に手にする褒美が増えることになるから」というものである。この場合、ギヨームは単に文学的な決まり文句を繰り返しているわけではない。

中世研究者たちは、これまで女性嫌悪思想をさまざまに解釈してきた。文学研究者たちは、女性に対する攻撃は論争学そのものの域を出ない、狭隘な議論の一部にすぎないと主張してきた。たとえば、チョーサーが女性に対する風刺詩を書いても、「ある社会的しきたりを廃止しようとしているわけでもなければ、男女のどちらか一方を変容させようとしているわけでもない」とある批評家は書いている。すなわち、チョーサーの反フェミニズム思想は、中世的華麗さと儀礼――それ自体が半分お遊びのようなもの――にぴったり当てはまる「宮廷風ゲームそのもの」の一部なのである。

攻撃することは守ることよりも常に愉快であり、あることを揶揄することは、それを受け入れることだからである。また、中世的思考の背後に横たわる意識に対して鋭い分析をすることで知られるD・W・ロバートソン(55)でさえ、中世の女性嫌悪思想に関する解釈は一

(55) プリンストン大学英文学教授。『チョーサーのロンドン（*Chaucer's London*）』（1968）、『チョーサー入門（*A Preface to Chaucer*）』（1962）等の著作がある。

面的でしかない。「中世の作家たちは女性を非難しているが、それは女性が本質的に悪だからというわけではなく、女性が霊的な満足よりは肉体的な満足の源と容易に見なされてしまうからも知れない」と、彼は述べている。

反フェミニズム思想を単に肉欲との戦いのアレゴリーと解釈してしまえば、女性虐待や男尊女卑が民間に存在していたことを示すたくさんの史料を無視することになる。というのも、中世びとが信じていた諺から神学的テーマに至るまでのあらゆる物事のレベルにおいて、女性はか弱き悪なる存在であるという神話が繰り返し述べられており、女性は誰もこの烙印から逃れることができなかったからである。

このような神話の形成にとってとくに重要だったのが、初期の封建時代においてもキリスト教的女傑という概念が発達し続けたことであった。男性に対して怯まず立ち上がって戦う強靭で勇気ある女性という、ヒエロニムスが唱えた禁欲主義的な女性観は、女性の勇敢さと戦闘能力を賛美するゲルマン的女性観と融合することになった。しかし、こうしてこれら二つの女性観が一つになることによって、混成的で人工的な女性観ができ上がってしまったのである。ヴェローナのラテリウス(56)は、その著書『プレロキア（*Praeloquia*）』でこのような女性観を次のように喚起している。

汝は女なりしや？　さらば熱情をもって汝が呼び名（**mulier**）に備わりし柔和さを、

(56)（890〜974）リエージュ付近の出身。ヘネゴー修道院に入り、のちにヴェローナ司教となった。

従順なる服従という徳に変える道を探せ。決して、放埓《ほうらつ》の悪に向かってはならない。元始、女は女傑（virago）と呼ばれ、強靭さと男らしさを具えていたからである。……汝、心における男、肉体における女よ、愚かな悪と快楽を求める魂を克服する道を探せ。(*4)

この奇妙な文章では、女性が過去にもっていた強靭さは現在のか弱さと対比されている。だから、女性が獲得しうる徳はどのようなものであれ、それらはすべて男性の特質から取り入れなければならなかった。自制心や理性は男性的なものと見なされ、放縦さや官能性は女性的と見なされていた。こうして、心においては男になることによってのみ、女は放埒で罪深いその肉体を制御することができたのである。

ラテリウスにとって徳のある女性とは、男性の知性と女性の肉体をもつある種の二成《ふたなり》的な存在のことであった。しかし、このような特質をもった女性は極めて稀であったために、有徳の女性が存在する可能性はほとんどなかった。こうして、このラテリウス的女傑観は、称賛に値する女性はほとんどいないという教父的教義を強化することをさらに助長することになってしまったのである。というのは、このような女性観や教義には、封建法や教会法の規制や資格剥奪などが加えられることになったからである。

一般に既婚女性は、土地を相続したり遺贈することができなかった。また、自分たちの利害を守るために裁判所に出廷することもできなかった。実際、既婚女性の法的人格は抑圧されていたというよりは、まったく存在していなかったのである。というのは、中世の法律のもとでは、女性は皿や馬と同じように夫の所有物であったからである。たとえば、イングランドでは夫は妻を不貞で訴えることはできなかったが、これは本質的には自分自身を告訴することと同じだったからである（妻の愛人を告訴することはできたが、その場合でも、姦通ではなく財物損壊に対する告訴であった）。

教会法学者たちはこのような女性の従属的な立場を詳しく規定している。グラティアヌス(57)は、「男は女の頭である」と述べ、偽アウグスティヌス文書から引いた次のような文章を繰り返している。

> アダムは神の姿に似せて創造されたが、イヴはアダムから創られた。だから、女は男のように神の姿に似せて創られたわけではない。

次の世代の作家たちは、さらに説得力のある男性優位論を目にすることになる。動物の生殖に関してアリストテレスが書いたものでは、雌は「でき損ないの雄」、すなわち生殖にしか使い物にならない生物学的欠陥品と定義されていた。雄の精子は、通常、完全な存在、すなわちほかの雄をつくり出すとアリストテレスは説いた。しかし、もし精子に傷が

(57)（？～1179頃）中世の最も偉大な法律家の一人。ローマ法に基づく知識と弁証法を用いて『グラティアヌス教令集（*Decretum Gratiani*）』を著す。

ボッカッチョ（左）

あったり、不慮の出来事や天候によって影響を受けると雌がつくり出される。女が知性の点で男に劣るという考え方は、このような女特有の不完全さと密接にかかわっていたのである。トマス・アクィナスは、「女は、生まれつき男に従属しているのである。なぜならば、男には理性という分別があるからである」と書いている。

このようなアリストテレス的主張は、法律、神学、さらには文学のなかにまで浸透していった。ボッカッチョは女性を「無数の忌まわしい情念に憑かれた不完全な動物」と呼んだが、彼が著作活動をする時代には反女権主義論は説得力を増し、さらに複雑になっていた。というのは、詩や民間神話の域を脱して、中世における学問の主要な分野にまで広がりを見せていたからである。そして、ほとんどの思想家たちが女性嫌悪思想のありふれた主張を繰り返したり、詳述するようになっていた。

以上のように、想像を絶するような反女権主義思想を概観したわけであるが、ここで親女権主義［プロフェミニスト］思想が存在していたことをたとえわずかでも確認できないとすれば、これは奇妙なことになってしまう。実際、アベラールがエロイーズとパラクレトゥス修道院[58]の修道女たちに送った書簡で、彼女たちのもとに女性であることの価値を復権させようと試みているのである。

> 彼（聖ヒラリオン）は、救世主自身をこの世に生み出した女性という性ほど、私たちの救済、世界全体の救済のために必要なものはほかにあっただろうかと述べています。ところが、このような稀有の名誉を聖ヒラリオン[59]にあえて返上したこの女性は、ヒラリオンに反論して次のように述べて彼を驚かせています。
> 「どうして、あなたは目を逸らすのですか。どうして、私の懇願を無視なさるのですか。私を女性としてではなく、憐れむべき人間として見てください。女は救世主を産んだのですから」
>
> しかし、これに優る名誉はほかにあるでしょうか。この名誉こそ、女性が主の聖母において勝ち得た名誉だったのではないでしょうか。神が男から最初の女を創造されたように、キリストは男の体からでも受肉することはできたかもしれません。しかし、

(58) アベラールがサン・ジルダス・ド・リュイ修道院長在任期間中に、エロイーズのためにカンセに創設した修道院。

(59) (291～371) パレスチナの隠修士。聖アントニウスの感化を受け、ガザの港のマイウマ近郊に隠棲をした。

彼は謙遜がもたらす比類なき恩寵を女性に与えたのです。妊娠する部位と同じ、もっとも卑しむべき子宮から生まれるほかのすべての男たちとは違って、キリストは女性の体でももっと別の部位、すなわちもっと相応しい部位から生まれでることも可能だったはずです。しかし、女性に計り知れない名誉を与えるために、キリストは自らの出生を通して男の割礼以上に女性の性器を聖化したのです。(＊5)

この文面は修道女に向けて書かれたものではあるが、アベラールの称賛はすべての女性に対して向けられたものである。貞潔の誓願をした女性を受け入れることに躊躇《ためら》いを感じていた教父作家たちとは違って、アベラールは教父たちが忌み嫌ったセクシュアリティそのもののなかに女性の価値の源を見いだしていたのである。

女性称賛のトーンは、俗の文学においても皆無というわけではなかった。女性嫌悪思想と裏腹に、ロマンスの多くが貞淑な女性（preudefame）を称賛し、「善女は王国全体に光彩を添える」とまで断言しているのである。また、イングランドの『サザン・パッション（*Southern Passion*）』では、日常生活において非の打ちどころがない女性たちを歌や本で批判する者たちをあからさまに弾劾する一方で、貞淑な生き方から逸脱する女性が罪を犯した男よりも一〇〇〇倍も徹底して非難される現実を嘆いている。

しかし、女性の復権に対してもっとも大きな影響を与えたのは地域の説教師たちであった。一三世紀半ば以降、彼らの説教によって中世西欧の民間神学が隅々にまで浸透するようになったからである。彼らの説教においてはじめて、結婚は望ましいもの、霊的祝福の源であると称揚されるようになったのである。こうして、この教えを是とする議論が数多く見られるようになった。そして、人類の堕落以前、結婚は天国に存在していたために、その歴史の古さという点からも、また人事（human affairs）の調和をもたらすものとしても結婚は好ましいものと考えられるようになったのである。結婚生活を支援するために、托鉢説教師たちは「良き妻をもつ者は幸福である」という「伝道の書」からの一節を引用したり、「結婚の結果、娘が生まれ、処女《ヴァージン》の数を増やすことになるから結婚は善である」などという奇妙な論理を用いて説教する場合すらあった。

また、結婚のすばらしさを説く際によく援用された理由として、マリアは妻の道を選んだというものがある。道徳神学のほかの多くの分野においてもそうであるが、ここでもマリアの生き方はすべての女性が真似るべき模範として示されている。しかし、このような結婚称賛は、結婚を最後の手段と考えた教父たちの「処女マリア信仰」よりもはるかに大きな思潮に根ざしたものであった。そして、重要な立場にある托鉢説教師たちのなかには、既婚者の「教団」という表現を使って一三世紀と一四世紀の修道会と比較し、自分たちの優位性を誇示する者もあった。そのような一人、ドミニコ会士プロヴァンのアンリは以下のように書いている。

結婚の「教団」は、昨日今日に生まれた教団ではない。人類の歴史と同じように長い歴史をもっているのである。ドミニコ会とフランシスコ会は創設されてまだ日が浅く、ほかのすべての修道会もキリスト誕生の時代に始まるのである。しかし、結婚の教団にはこの世界の始まりと同じくらい古い歴史がある。さらに、われわれのドミニコ会は単なる一人のスペイン人によって創設されたものであり、フランシスコ会は一人のロンバルディア人のなせる業であった。しかし、この世界をつくったときに結婚の教団をつくったのはほかならぬ神自身であった。(＊6)

このまま進めば、結婚を復権させることで、さらに女性に関する考え方をも復権させることが可能だったかもしれない。しかし、伝統的な反フェミニスト思想のほうが常に親女性主義思想よりはるかに強く、説得力があった。アベラールは女性を称賛したが、そこには「女性が本質的に弱ければ弱いほど、それだけ女性の徳は神によって受け入れられて栄光に値する」という旧来の蔑《さげす》みが伴っていた。そして、理論上結婚を好意的に受け入れていた説教師たちでさえ、現実の結婚を判断する段になると冷笑的な態度をとったのである。「一〇〇〇の結婚のうちで九九九は悪魔の結婚である」と、偉大な説教師シエナのベルナルディーノ(60)は主張している。

(60)（1380～1444）1403年、フランシスコ会厳格派に入る。民衆説教師としてイタリア中で説教し、1437年に総代理となる。

中世の女性一人ひとりの経験を調べてみてすぐに明らかになるのは、彼女たちの生の現実が、あらゆる点で神学、法律、文学、民話に描かれた抽象的な規制と対立していたということである。このずれがもっともはっきりと現れているのは、少数派の識字階級に属する貴族婦人たちの伝記である。実際、これまで中世の女性に関する伝記は、あたかもこのようなずれのなかから再構築することが可能であるかのように書かれてきた。このようなモデルでは、中世ではごく少数の女性しか享受していなかった権力、功績、相対的自由が証拠として援用され、その結果、ほかのすべての女性たちも同じように理論的制約から影響を受けることなく生きていたということになるのである。

しかし、この仮説は二つの点で誤解を招く。第一に、フェミニスト運動に伴って女性史の記述に紛れ込むようになった歴史記述の方法論上の偏り《バイアス》のために、それ自身が制約を受けることになり、制約か自由かという狭隘な今日的概念で女性の過去を定義するようになったことである。しかし、中世のほとんどの時代を通じてこのような範疇には意味がなかった。事実、そのおかげで女性に影響を与えていた、もっと重要な変化があいまいになってしまった。第二の点は、現存する数少ない伝記ですら、中世の女性たちの多種多様な経験を全体として曲解なしに記述しているとは言い切れないということである。

このように見てくると、中世の女性像に関してどれだけ多くを知りえたとしても、彼女たちが置かれた現実の状況については断片的にしか知りえないのかも知れないと思えてくる。ユダヤ人と同じように、中世の女性は公の生活の場からはほとんど締め出されていた。そのため、彼女たちにかかわることは典型的なことではなく、したがって記録には値しないと考えられたのである。しかし、女性史に関するもっとも深遠なテーマが、一見、実は中世社会全体とはほとんど何のかかわりもないように思えるようなテーマでありうるのである。たとえば、一三世紀、一四世紀に起こった「女性運動（Frauenbewegung）」、女性による聖役と福音伝道の復活、女性ギルドや医学知識の習得を目指す女性たちのエンクレーヴなどは、中世や現代の歴史家たちにとっては閉ざされた世界を形成しているにすぎず、社会の埒外と考えられてきた。しかし、女性史にかかわる実体の多くがこれらの閉ざされた世界に横たわっており、相対的にはその実体はあまり知られていないものの、中世における女性の生活経験のみならず中世社会全体に対しても光を投ずることができるのである。

これらの個々の閉ざされた世界のなかでもっともよく知られているものが、一九世紀の歴史学者カール・ビュッヒャー[61]の言う「婦人問題（Frauenfrage）[62]」である。動機が意識的なものであったか否かはともかく、一三世紀の初めごろに北ヨーロッパで、多くの女性たちがベギンと称する自給自足を旨とする家で共同生活をする道を選んだ。彼女らの共同生活は、形態が一風変わっていた。宗教的敬虔さと会の戒律に基づいて節制の生活をしたが、修道誓願はせず、布を織って生活の糧を稼いだのである。

ビュッヒャー以来、歴史学者たちはこのベギン会の本質が何であったのかをいろいろと

(61)（1847～1930）ライプチヒ大学の後期ドイツ歴史学派経済学者。主著に『死亡率の研究』（1868）がある。

(62)女性の地位・権利・教育などの向上および職業などに関する社会問題。女性（婦人）参政権と女性労働の問題に集約される。

論じてきた。たとえば、当時出現しつつあった都市階級的な意識あるいは人口移動の産物であると主張する学者もいれば、本質的には修道会であると主張する学者もいた。しかし、ベギン会が驚異的に発展した背後には、それが修道誓願にも結婚にも縛られない、まともな生き方を女性たちに提供していたという事実があることを、どちらの解釈も見逃しているのである。

ベギン会の女性は新しい女性であった。敬虔な宗教集団のなかで暮らしたが、好きなときにいつでも脱会することができる女性、宗教的献身と収益をもたらす労働とのバランスのとれた生き方をする女性、どのような男性に対しても直接的なかかわりをもたず、共同社会のなかでは完全に自ら意志決定をして自活をする女性、これらがベギン会の女性であった。

さらに、ベギン運動は、女性の振る舞いや考えという点に関して、一二世紀に始まった、より広範な変化のほんの一部分にすぎないという見方もできる。彼女たちは、一一〇〇年代初めのプレモントレ会士やシトー会士たちとかかわりのある禁欲主義の復活に熱烈に参画していった。プレモントレ修道会の創始者であるクサンテンのノルベルトゥス[63]を信奉するベギンの女性たちに関する記録には、彼女たちの行動が修道士たち以上に「精力的かつ厳格」であった様子が描かれている。これに対して、シトー会の女性たちの様子は次のように描かれている。

(63)（1080～1134）創設にあたりシトー会の戒律を多く採用したが、社会や小教区のなかでの伝道活動を奨励している点では、普通の修道会とは異なっていた。1126年、マグデブルグ大司教。

（彼女たちは）自主的に、熱情的に、そして自由にシトー会の修道誓願を行った。そして、亜麻布の衣服を脱ぎ捨て羊毛のチュニカだけを纏い、女性の労働のみならず森を開墾したり、サンザシやイバラを引き抜いたりというように、野良仕事もこなした。こうして両手を使って真剣に労働し、無言で自分たちのパンを確保したのである。(＊7)

情熱に駆られてますます多くの女性たちが、「いかに学識があり聖なる女性といえども、一堂に会した男性を前にして説教をしてはならない」という四世紀に書かれた古めかしい教会法を拒絶するようになった。そして、単に説教をするようになっただけではなく、司祭職に就くようにもなったのである。この間、連綿と続いてきた女性説教師を否定する思想は一三世紀初頭にクライマックスを迎えた。教皇ホノリウス三世が、ヴァレンシアとブルゴスの司教に対して女性修道院長を絶対に祭壇に立たせてはならないという命令を出したのである。さらに、ドミニコ会士フンベルトゥスも女性に説教をさせてはならないと主張した。女性は、知性も地位も劣っており、贅沢に流されやすいからであり、またイヴが口を滑らせて人類の運命を封印してしまった汚辱《おじょく》が女性には残っているためでもあるという。

女性司祭に対する批判は中世の時代全般にわたって絶えることはなかったが、一二世紀、一三世紀には、その批判はしばしば異端の弾劾と結びつくことがあった。このことから、女性が当時積極的に反正統的なグループに加わり、自分たちの主張を主張していたことは明らかである。たとえば、ワルド派の女性は説教することが許されているというスキャンダルに関して、当時のプレモントレ会(64)のある修道院長は長々としたワルド派反駁の一節を書き、「もし、女性が沈黙を遵守し、夫に対して従順であるべきことを聖書が命じているのならば、ほかの男性に対して説教をすることなどはなおさらもってのほかである」と述べている。また、カタリ派においては、女性たちが完徳者（perfectae）と呼ばれる最高の霊的地位に就いて、カタリ派の秘蹟や説教を取り仕切ることがごく当たり前であったことが数々の史料で明らかになっている。さらに、カタリ派のほかの女性たちも共同体を形成して自給自足の生活をしていた。こうして、完徳者の修道院全体が南フランスで隆盛を極めたのである。

これら異端派の女性たちが、北ヨーロッパのベギン会修道女たちと類似していることに当時の人々は気がついていた。その結果、両者とも否定され、迫害されるようになった。しかし、フランドルの正統派ベギン会も南フランスで共同生活をした異端的女性たちも、本質においては、中世の女性の生き方に現れ始めていた一枚岩的な変化の一部分をなしていたのかもしれない。すなわち、その変化とは、一三世紀、一四世紀の宗教運動にはっきりと現れているように、女性が積極的に社会生活にかかわり、指導的な役割を担おうとする新たな潮流である。女性の行動に起こったこのような変化によって経済構造の諸形態が

(64) クサンテンのノベルトゥスが1120年に創設した修道参事会。

革新され、それに付随して新しい宗教・社会的哲学を信奉する者の数も増加していった。女性行動における変化は、それ自体が有意義であるだけではなく、中世の社会が全体として進むべき方向性を決定したという意味でも重要なことであった。

中世の女性が物事をどのようにとらえていたのかを見極めようとすれば、最終的には、ほとんどの女性がその生涯を過ごすことになる心理的環境がどのようなものであったのかを吟味しなければならなくなる。たしかに、このような環境を構成していた要素についてはすでに明らかになっているものも多いが、女性史の輪郭をはっきりと記述するためにはこれからさらに明らかにしていかなければならない要素もある。そのときが来るまで、歴史学者に課せられた課題は、年代記やほかの史料に残された女性たちのかすかな声に耳を傾けることである。

「私は、女性というはかなき性のために弱く、知恵の支えもなければ、力強い意識の裏打ちもなく、ただただ真摯な目的意識のみに駆られる単なる女にすぎない」と、八世紀に生きた姓名不詳のあるドイツ人修道女は書いている。

このような絶え絶えに聞こえてくる声に常に共通していることは、女は男や天使よりは下の位で下等動物よりは上位であるという、天地創造の序列《ヒエラルキー》における女性の位置に対する認識である。彼女たちはこの立場を特有のものとして、また妥当なものとして受け入れた。

そして、学識を身につければつけるほど自分たちの役割をはっきりと定義するようになった。

というのは、女性は弱く、月が太陽から力を得るように、男性から力をもらうために男性を崇めるのです。ですから女性は男性に従属し、常に男性に仕える心構えでいなければなりません……。

神は、男性を見たときそれで満足しました。というのは、男性は神の似姿に創られたからです。ところが、女性は創造に際して神と男性の混合として創られました。女性は違う生き物なのです。神ではない別のものから創られたのです……ですから、女性は男性の被造物なのです……そして、男性が神の子の神聖を表しているのに対して、女性は神の子の人間性を表しているのです。男性がこの世の審判を取り仕切ってあらゆる生物を支配するのに対して、女性は男性の支配下にあって従属するのです。(＊8)

この文章を書いたビンゲンのヒルデガルト(65)は、一二世紀のもっとも傑出した知識人の一人であったが、自分が描いた女性の地位に対して疑義を唱える必要を感じてはいなかった。イヴが創造された状況、その犯した重大な罪はすべての女性が男性よりも劣っていることを証明しており、女性を救済する試みは巧妙に反駁されていたからである。また、ひとた

(65)（1098～1179）ドイツの神秘家。『汝の道を知れ（*Scivias*）』を著す。

ビンゲンのヒルデガルト

び女性のことになると中世びとの感性は柔軟性を欠き、モンタノス派異端の時代以後、伝統的女性観を覆そうとする試みはかき消され、抑圧されてきたからである。

ドミニコ会の『コルマール年代記（*Annals of Colmar*）』(66)には、以下のような記述が見られる。

容姿端麗で、弁舌に優れた一人の処女《ヴァージン》がイングランドからやって来た。そして、自分は女性を救済するために受肉した聖霊であると言った。こうして、彼女は父と子と自分の名において女性たちに洗礼を授けたのである。

自分が聖霊であると信じて女性を救済しようとしたイングランドのこの女性に、その後どのような困難が降りかかったかについては何も記録がない。しかし、彼女の死後、遺体は掘り起こされて火あぶりの刑にされてしまった。また、彼女を信奉した女性のうち、少なくとも二人の女性が火刑に処せられている。

(66) ドミニコ会で記録されていた年代記の一つ。この中の記述によって、長い間アルベルトゥス・マグヌスの作とされてきた『神学的真理抄本（*Compendium theologicae veritatis*）』がストラスブールのヒューゴ・リペリンの著作であることが確認された。

第9章

絡み合う真実

一四世紀後半のあるとき、イングランドで司教の牧杖が一本つくられた。おそらく、ウィンチェスターの司教であるウィッカムのウィリアム(1)のためにつくられたものであろう。牧杖の握りは人や物をかたどったもの、建物のデザイン、網目模様とエナメルで丹念に装飾されていた。飾りの上には、おそらくロンドンの金細工が製作したウォールサム・クロスのミニチュア彫刻があって、その上には薔薇窓と塔がついたゴシック式の教会がついていた。天使と聖者がこの意匠の壁龕を埋め、杖の曲がった部分には、司教本人が跪いて祈りを捧げている様子を側面から描いた姿があった。

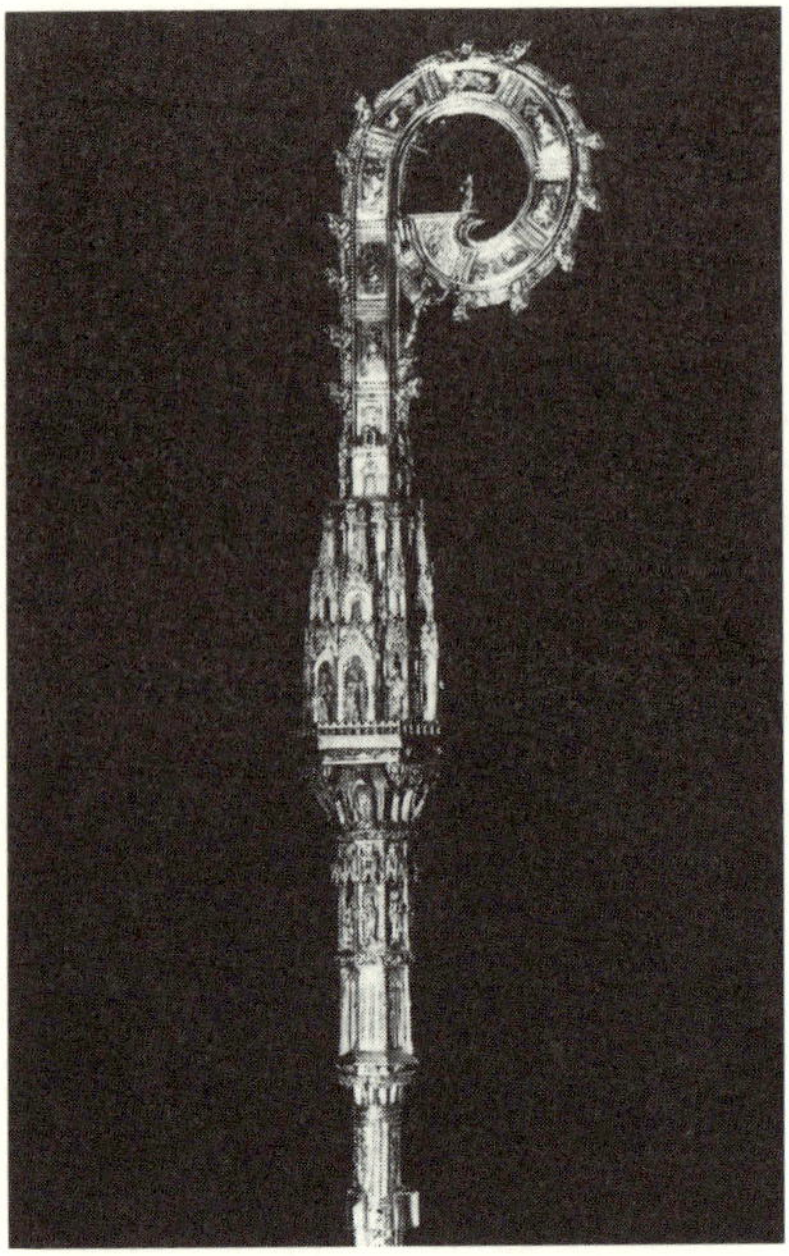

ウィッカムのウィリアムの牧杖

代表的な中世の美術品の多くがそうであるように、この牧杖はそれを制作した職人たちのヴィジョンを総合したものであった。そこに彫る人や物の大きさを、建物の図形に対してどれほどの割合にするのかを決めたのは職人たちであったし、当時すでに教会のミニチュ

(1)(1324～1404)オクスフォード大学ニューカレッジ、ウィンチェスター・グラマースクールの創設者。

アを図像に入れるのは当たり前になっていたのだが、このミニチュア教会を入れると決めたのも職人たちであった。ウォールサム・クロスという市場の十字架(2)と教会、聖書に登場する人物や天使と、曲がった部分に描いた普通の人間とを一緒に置くことを決めたのも職人たちであった。この多次元的な彫像、全体的に平衡がとれた割合が彼らの芸術であり、それを一つの完結した意匠のなかにすべて閉じこめたのである。

たとえ一人ひとりのスタイルや経験が異なっていたとしても、ウィッカムのウィリアムのために牧杖をつくった金細工師やエナメル細工師は、基本的なところでは同じヴィジョンをもっていたのである。同様に一二世紀、一三世紀、そして一四世紀の中世のヨーロッパ人はみな同じヴィジョンをもっていた。つまり、みな同じ知覚的基盤、共通のものを見る傾向、そして一致した現実認識を共有していた。そして、このヴィジョンは絶えず変化した。ある意味で新しい世代が生まれるたびに新たに形成され、その深さ、細かさの点で一人ひとり、また世代、世代で違ったものであった。だが、この時代と地域によって生じる差異を越えたところに、中世のヴィジョンがもつ不変の心象世界があった。

その領域の一番奥に「魔法にかけられた世界」という、現実の世界以上に完全な、目に見えぬ現実世界が存在していた。目に見えぬ世界が存在し、その世界が力をもっているという堅い信念をもっていた中世びとたちは、その信念と知覚した証拠とを融合させた。現実のものとして彼らが考えていたものは、現代であれば空想と呼べるものを多く含んでい

(2) 市場の十字架は掲示板の役割をした。

た。現代のわれわれが、別々で、互いに一致することはないと知覚する真理のもつ複数のばらばらの側面を、彼らは一つの調和のとれた世界に収まるものだと考えていたのだ。

この考え方を受け入れるために、中世の人々は目に見える現実世界を絶え間なく注意して見ていた。ときどき目に見えない、もっと力強い領域があることの証をこの世界がかいま見せると信じていたからである。このように注意して見張っていると、幻影を見たときに伝わってくるメッセージや警告、説明や黙示というものを受けとることができた。とくに重要なのは、霊的な理解は視覚的な鋭敏さにつながるとずっと信じてきたことが、人をそのように見張るように駆り立てていたということである。人が神を知覚できるのは、究極的にはその人間の目が清らかである場合にかぎられるという信念である。

見ることと理解することの間の絆は神学的、神秘的著作によっても強化されたし、知識人の一般常識の一部でもあった。フーゴー・メテルスは古典かぶれのトゥールの聖堂参事会員であったが、フーゴーはアウグスティヌスの著作を長々と書き換えた書簡のなかでそのことに触れている。自分の理解に限界があることを進んで認めながら、メテルスは自分が引用している偉大な神学者から勇気をもらっていた。

「私自身すら知らないこの私が、どうして神を知ることができようか」と問いながらも、「アウグスティヌスに従い、そしてアウグスティヌスとともに……白鳥のなかでは取るに足らない私でも、鵞鳥のように歌をわめき立てることはできるだろう」と付け足している。

神は肉体をもたず、物理的な所在ももち合わせないので、人間の目はその地上的な状態においては神を見ることはできないとメテルスは書く。しかし、目を鍛えれば実質と所在をもつ事物のなかに神を見ることはできるかもしれない。白いものを通して白色を知覚したり、外の明るさのなかに太陽を知覚できるように、神はイエスを通せば人間の目にも見える。イエスの神性は「注目すべき外側の輝き」に見いだすことができるとメテルスは言う。

なぜなら、もしキリストの御顔のなかに驚くべき栄光と恐るべき輝きが見え、それが神殿で商人たちを震え上がらせて追い払ったのならば、言葉では言い表せないもっとたくさんの輝きが、神によって人間に見えるようにされたキリストの栄えある御身体から照り出すことであろう。

人間の目にイエスの神性を認識させたのと同じ敏感な視覚があれば、究極的には天国で神の姿を目にするのに役立つのであろう。しかし、ものが見えるということは信仰だけでなく、あらゆる世俗の事柄にとっても欠くことのできないものであった。視覚のメタファーは中世の生活のあらゆる面に広まっていた。ニコラウス・クザーヌスは、神をあらゆるものが見える目として考えたが、ヘンリー二世の最高法官ラナルフ・ド・グランヴィル(3)も

(3)（1130頃～1190頃）1180年からは、大法官としてヘンリー２世の有力な政治顧問を務めた。

また「国王の目」と呼ばれていた。また、バースのアデラードが天文学を寓意的に乙女と書いたが、それは「光り輝く壮麗さが周囲に満ちているので、彼女の肉体をあらゆるものが凝視する」からであった。

中世の人々が、幻影を見ようとする傾向をもったことは避けられないことであった。年代記や大衆の記録にそれはあふれているし、学者や詩人の著作に光を沿えていた。そして、それはあるユニークな文学ジャンルをつくった。つまり、幻想物語である。

一二世紀中ごろ、アイルランドのタンデールという名の騎士が自分の見た夢の話をある修道士に聞かせた。この修道士はそれをタンデールに代わって書き記し、その物語を『煉獄と地獄の苦しみと天国の喜びを語ったタンデールの書（*Visio Tnugdali de poenis purgatorii inferni et gaudiis paradisi*）』と名づけた。それによると、天国に昇った者たちに与えられる「幸福の野原と生命の泉」とともに、さまざまな罪人に対する罰が死んだように眠るタンデールに明かされた。その後、タンデールは葬儀のときになって突然息を吹き返し、聖体拝領で使うパンとぶどう酒を求め、それを口にすると神の賛美を次のように始めた。

神は、この者にこれほど多くの苦難と悪徳をお見せになり、そして奈落の底から呼び戻すためにこの者を生き返らせ給うたのだ。

するとタンデールはすぐさま自分のもっているものを貧しい人々に与え、余生を通じて悔悛の十字架を背負い続けると誓った。タンデールは自分の目にしたことをすべてこの修道院の写字生に語って聞かせ、この写字生がタンデールの話をもとに天国と地獄の地形を巡る完全な旅行記を書き記したのであった。

　タンデールの恐れおののく魂を導くのは一人の天使であった。人殺しや逆賊たちのいる恐ろしい暗黒の谷を抜け、硫黄のにおい漂う、半分は氷、半分は炎でできた大きな山を越える小道を二人は行く。その山では、悪人の魂が悪魔の三つ又矛で串刺しにされていた。そして、高慢な人間たちの魂が延々と責められ、辱めを受けている深みにかかる細い橋を渡った。かつて地上で欲ばりであった一〇〇〇人の人間で腹がいっぱいで、火炎を上げる目をした巨大な獣の横をすぎ、タンデールは一軍の巨塔のような獣たちのもとへやって来た。この獣たちはおそろしい唸り声を低くとどろかせ、盗賊の魂を食っていた。聖職者であってもそうでなくても、暴飲暴食や密通の罪を犯した者がそれに続いた。最後に案内役の天使が、これまで見た者たちはまだ神様の裁きを待っている者たちなのだと告げた。この者たちのいるのは煉獄という場所であり、これから地獄に落とされるのだという。

　すると、この者たちはすぐにぞっとするような恐怖に陥れられた。我慢できないほどの悪臭が真っ暗闇のなかで彼らを包みこむ。地獄で責められる魂の苦痛を聞くと、この天使でさえも不憫に思うほどであった。そこでは、悪霊や地獄の帝王自らが、神が見放した者、または善意をもちながらも慈善活動を怠った者を罰するのに加わるのであった。

その後、天使とタンデールは天国にそびえ立つ門にやって来た。門が開いた先には、心地よく光と花の香りにあふれた野原が開けていた。二人の前にはそこに暮らす大勢の魂があり、彼らは夜の闇を知らず、生命の泉から永遠に喉を潤すことができた。その向こうには互いを裏切ることなく添い遂げた夫婦たち、そして殉教者や節制を誓った者たちがいた。その表情は日中の太陽のように燦々と輝き、黄金の髪と宝石の冠を身につけ、神聖な階級では修道士や修道女のすぐ下に位置していた。最高位にあったのは教会の建設者と守護者、聖母マリア、そして天軍九階の天使たち(4)であった。最後に愛国心を覚えたのか、タンデールはアイルランドの守護聖人、聖パトリックの姿もかいま見た。

タンデールの霊的宇宙論は、説明可能なある世界観によって特徴づけられていた。その世界観では、数々の真理が絡みあって存在していて、あらゆるものを包括して説明していた。それは、創造物に対する新プラトン主義的な見方とキリスト教的目的論を融合して、見えるものを複雑に統合させた体系にしている。この体系には、有形、無形の存在がそれぞれ広大な因果応報の枠組みのなかで独自の位置をもって存在していた。地上のなじみ深い地形、山や湖、平原などがドラマの背景をなし、キリスト教の倫理が筋書きを決めていた。

タンデールが目にしたものは、究極的真理が目に見える形で抽出されたものにほかなら

(4) 6世紀頃の偽ディオニュシオス・アレオパギテースの『天上位階論』に由来する天使の序列。聖書に登場する天使の種類が、各3層からなる3つの序列に整理されている。

ず、それが時間の枠組みをはずれた次元で上演されたものなのだ。だが、この上演は時間や世間から本当は独立して存在したものではなかった。それはアダムにまでさかのぼったり、地上最後の人間にまで下ったりすることのできる、人間の生涯が一つ一つ綿々とつながった鎖に密接に関係していた。この世で犯した罪が積もり積もって地獄や煉獄での出来事になるのであるし、この世で行った善行が積み上がって天国での出来事につながるのである。すべてを包括する、この論理が及ばない場所は歴史上のどこにもない。この論理に照らしてみれば、この世の現在も違った意味合いをもっていたのである。

タンデールの夢は、中世びとが見た現実を表したものの一つにすぎない。中世びとが見た現実はいろいろな姿をしていて、さまざまな形で表現することが可能であった。タンデールの物語に、のちの中世の著作家が加えた「弁明」がこのことをはっきりとさせている。

この物語で語られたことについて、それが馬鹿馬鹿しい話だと考えて異議を唱える者があったら、また地獄に肉体的懲罰があったり、獣がいたり、山や橋、そのほかここに語られた物事があったりするのはまずあり得ないことだと主張したとしたら、聖書のなかでも地獄の苦しみが肉体的なたとえで述べられていることを思い起こしてもらいたい。……したがって、この物語で霊的なことと物質的なことが混在しているからといって気にかけないようにしていただきたい。物質的なことが目に見えるものにたとえられるように、霊的なことが肉体を離脱した魂が理解するものにたとえられているのである。

だから、いったんタンデールの魂が肉体に帰還したかぎりは、それが目にした事柄、すなわち霊的な責め苦や罰の恐ろしさを経験したことなどを、物理的な感覚しか使うことができない人間に説明するには、物質的なたとえを使う以外方法がなかったのである。

整然として、専門分化した一面的な世の中を知覚している現代のわれわれが、中世の混沌として、包括的で多面的な現実に踏みこむには想像力を駆使するしか方法はない。たしかに変化の兆しは見られるものの、二〇世紀中葉の現在[5]、われわれは「客観的現実」と呼ぶ一面的な知覚にまだとらわれたままである。われわれは五官で意識できる一面のみに真理があると考えている。つまり、われわれにとって真実とは五官で現実と感覚されるものに縛られているのだ。だが、われわれが現実だと考えているものは、つかの間のはかないものである。一人の人間が生涯を通じて積み上げ、死とともに消滅するまとまりのない経験の積み重ねである。われわれが真理だと考えているものは、五官のみならず、いつかは死ぬ人間の運命にも束縛されているのだ。

中世において、真理は違った形で定義されていた。この世の存在、変化する個々のもの

（5）これは1976年時点での記述である。

が集まった世界には執着しないものであったのだ。中世びとにとって、五官で感じる世界は歴史の境界をはるかに超えた、不変で不死の現実のずっと広い世界の一部でしかなかった。この無限の枠組みのなかで、日々の経験が占める場はかぎられたものであった。それは、二つの永遠世界の間の小休止でしかなかったのだ。幻想が有限と無限のものを結びつけ、そのような結びつきがいつ見えてもおかしくなかったので、中世びとは幻影がいつ出てもいいように見張っていたのである。

夢まぼろし、幻想的世界観、心と体の目が違った習性をもつといったことは中世の生活では当たり前のことと考えられていた。だが、中世びとが現代のわれわれと違った五官をもっていたと認識したとしても、それはもっと深い発見をする第一歩にしかすぎない。それは、歴史というものが非常に奇妙なものであったという発見である。

われわれが本当の意味で歴史を知らないでいるその最大の要因は、われわれが歴史について知っているあまりにも多くのことが間違っているという実態である。つまりそれは、時代が変わっても人間の基本的な経験は変わらず、一二世紀の人が知覚したものを表すのに使う言葉とわれわれの使う言葉が同じものなのだという思いこみである。中世のさまざまな現実にアプローチしてみると、この判断が事実を深刻にねじ曲げてしまうほど誤っていることに気がつく。過去を理解するには、まずこういった不正確な知識や、文学や映画の先入観を通して身につけたほかの知識をかなぐり捨てることから始めなければならない。

それは、四〇〇年もの間、一般にはもたれることのなかった、存在を全体論的に見る見方を新たにもたねばならないことを意味する。とりわけ重要なのは、すべてを取り込む包括的な意味で思想や出来事を見る視点を取り戻す必要があるという点である。

中世のヨーロッパに生きるためには、日常経験する出来事が、過去とも未来ともつながる取り返しのきかないことであり、信条や判断が、互いに補完的な概念が広く網の目のように広がった世界と切っても切れない関係にあるということを認めなければならなかった。厳密にいえば、中世びとは誰も真実を発見しようなどとは考えなかった。そうではなく、その輪郭がおぼろげながら見えたとき、絡みあったたくさんの真実の陰の部分に光をあてようとだけはしたのだ。

この点において、学のある者も学のない者も同じ立場にあった。どちらも、一片一片の形がヒントとなるジグソーパズルを完成させようとしている人間のような観点から、経験したことをとらえていた。そして、どちらも、パズルの埋め残した部分から手持ちの一片がどう使えるかを決めたのであった。学のある人間のパズルは学のない人間のパズルより種類が豊富で、知的にもまた直観的にも整然としていた。学のない人間のパズルは、もっと単純で主観的なものであった。だが、彼らが見た真実の形はただ一つであったのである。

訳者あとがき

人間の頭全体が緑の葉で覆われた彫像。葉文《ようもん》で覆われた顔のなかに目と鼻と口がかすかに浮かび上がる。なかには、口や鼻から枝が生え出ているものもある。口から舌が長く垂れ下がっているものもある。

これらは、中世ヨーロッパにおいて教会や聖堂の柱頭を飾る図像のモチーフとしてもっとも普遍的に用いられたもので「グリーン・マン」と呼ばれるものである。グリーン・マンは、その緑に象徴されるように「命の再生」「復活」のイメージとして描かれている。反面、植物が萎えて枯れるように、人やその栄光の滅びを暗示するイメージとして、また悪魔的な存在の象徴としても使われていたという。

このような二面性をもったグリーン・マンのイメージは、すでに四世紀ごろには教会の図像的モチーフとして現れ、中世全期を通じて視覚的メッセージの代表的図像として用いられていた。「グリーン・マン学（Greenmanology）」の創始者であるキャスリーン・バスフォード（Kathleen Basford）が言うように、このモチーフの背後に存在するものは、「テーマは、視覚的に提示されるとき、すなわち言葉よりも絵を通じて語られるときのほうがよりよく理解される」という中世的な認識パターンなのである。

グリーン・マンが中世びとに特有な視覚による認識の一典型であるとすれば、中世にはもうひとつ特徴的な認識形態があった。夢、幻視、幽霊などに象徴されるような、「幻想的（visionary）」とでも呼ぶべき認識形態である。イエス生誕と東方の三博士にまつわる話には、夢によるお告げと星による導きがそれぞれのメッセージの典拠《アウクトーリタース》として用いられているが、聖書にかぎらず中世の史料には多くの「夢によるお告げ」が登場する。一四世紀後半に書かれ、一六世紀になってもなお人気の衰えることがなかったという『マンデヴィル旅行記（*Mandeville's Travels*）』には、まさに本書の第一章で語られているような「現実と夢と想像が渾然一体となった不思議な世界」が現実として描き出されている。また、病弱な修道女であったビンゲンのヒルデガルトは神がかり的な幻視を通じて数々の本を著し、中世的知性の一角を担っていた。イングランドにおいても、ノリッジのジュリアンやマージャリー・ケンプが神秘家として重要な役割を担っているが、それは、その背景に幻視《ヴィジョン》によるお告げが典拠《アウクトーリタース》として中世人に認知されていたという事実があるからである。

民間の伝承・伝説においても、異界と現世を動き回る幽霊猟師《ワイルドハント》と呼ばれる死者軍団の話のように、ごく平凡な人間が亡霊や悪魔と遭遇する話は枚挙にいとまがない。このように、日常における現実の世界を説明し認識する手段として、夢や幻視・幻想に基づく想像力も、グリーン・マンと同じように中世では重要な役割を担っており、まるで万華鏡的な世界認識である。

まさに、この幻視的あるいは幻想的想像力という視点から一二、一三、一四世紀のヨーロッパを論じたのが本書である。中世びとは、自分たちの住む世界をどのように認識していたのか。著者キャロリー・エリクソンは「抽象的な概念を伝えるのに中世びとは幻視や視覚のメタファを用いていた」という。すなわち、グリーン・マンに象徴されるような肉眼を通した視覚のメッセージに加えて、中世びとは夢や幻視などに基づいた想像の世界を通して抽象的なメッセージを認識していたのである。その意味では、ヨーロッパ中世に関する個々別々の現象を単に文化史的に論じたほかの多くの類書とは異なり、本書は中世後期のヨーロッパにおける中世びとのメンタリティを総合的に理解するための一助となる書である。

著者のキャロリー・エリクソンは、もともとヨーロッパ中世史を専門とする研究者である。一九六九年にコロンビア大学から中世史で博士号を取得した後、六年間ほど大学で教鞭を執ったが、しばらくして作家活動に転じた。以来、精力的に作品を発表しているが、とくに伝記を得意とし、*Bloody Mary*（1978）、*Great Harry*（1980）、*The First Elizabeth*（1983）などのテューダー君主の伝記をはじめ、数多くの王侯貴族に関する伝記を著している。邦訳されたものとしては、『アン・ブリンの生涯』（加藤弘和訳・芸立出版、一九九〇年）がある。

本書はエリクソンにとって最初の著作であり、本格的に作家に転ずる前の、中世史学者として著した一般向けの歴史解説書である。一九七六年に出版されて以来、現在でもなお読み続けれているロングセラーである。その意味では、アイリーン・パウアの『中世に生きる人々（*Medieval People*）』（三好洋子訳、東京大学出版会、一九六九年）と同様にヨーロッパ中世史研究の古典と呼ぶに相応しい名著であるといっても過言ではない。

中世ヨーロッパを扱う場合、常に問題となるのが地名・人名等の固有名詞の表記である。翻訳に際しては、訳者一同最善を尽くして慎重に表記したつもりではあるが、誤記、間違いは避けがたい。訳注を含めて、すべては訳者の責任であり、読者の寛容なるご指摘を期待したい。なお、翻訳の分担は、武内　信一「まえがき、第一章、第五章、第八章」、多ケ谷有子「第二章、第三章、第四章」、石黒　太郎「第六章、第七章、第九章」である。

最後に、本書の出版を快く引き受けていただいた上に、予想以上に長い時間が掛かりながらも辛抱強く出版まで導いていただいた株式会社新評論の武市一幸社長に心より感謝を申し上げる次第である。

二〇〇四年一〇月

中世的スローライフに魅せられた訳者一同を代表して

武内信一

［6］西野嘉章（訳）『幻想の中世：ゴシック美術における古代と異国趣味』平凡社ライブラリー；249、253、平凡社、1998
［12］下條信輔　他（訳）『視覚新論』勁草書房、1990
［17］井上泰男、渡邊昌美（共訳）『王の奇跡：王権の超自然的性格に関する研究、特にフランスとイギリスの場合』刀水書房、1998
［69］島尾永康（訳）『科学思想の歴史：ガリレオからアインシュタインまで』みすず書房、1971
［105］小野功生、永田康昭（訳）『廃棄された宇宙像：中世・ルネッサンスへのプロレゴーメナ』八坂書房、2003
［121］八代　崇　他（訳）『イギリス教会史』聖公会出版、1991
［135］黒瀬　保（訳）『異界：中世ヨーロッパの夢と幻想』三省堂、1983
［139］岡田英弘（訳）『モンゴル史：チンギス・ハーンの後継者たち』学生社、1976

171 Westropp, T. J. "Brasil and the Legendary Islands of the Atlantic," *Proceedings of the Royal Irish Academy*, 30:8, Section C (1944), 223–260.
172 Willard, James Field. "Inland Transportation in England during the Fourteenth Century," *Speculum*, I (1926), 361–374.
173 Wood, Charles T. *The Age of Chivalry: Manners and Morals, 1000–1450.* London: Weidenfeld and Nicolson, 1970.
174 Wright, J. K. *Geographical Lore of the Time of the Crusades.* American Geographical Society Research Series, XV. New York: American Geographical Society, 1925.
175 Wright, Thomas. *St. Patrick's Purgatory: An Essay on the Legends of Purgatory, Hell and Paradise Current during the Middle Ages.* London: John Russell Smith, 1844.

邦訳文献

一次史料

［33］秦　剛平（訳）『教会史』山本書店、1986－1988

［58］佐藤輝夫（訳）『愛の往復書簡：アベラールとエロイーズ』角川書店、1966

畠中尚志（訳）『アベラールとエロイーズ：愛と修道の手紙』岩波文庫、1964

［74］中世思想原典集成７、上智大学中世思想研究所編訳・監修、平凡社、1996

二次的参考文献

［３］関　計夫（訳）『視覚的思考：創造心理学の世界』美術出版社、1974

Rights of Married Women in England," *Mediaeval Studies*, XXV (1963), 109–124.

155 Spargo, J. W. *Virgil the Necromancer.* Comparative Literature, X. Cambridge, Mass.: Harvard University Press, 1934.

156 Stenton, Doris. "Roger of Hoveden and 'Benedict'," *English Historical Review*, LXVIII (1953), 574–582.

157 Stones, E. L. G. "The Folvilles of Ashby-Folville, Leicestershire, and Their Associates in Crime, 1326–1341," *Transactions of the Royal Historical Society*, 5th Series, VII (1957), 117–136.

158 Stubbs, William. "The Medieval Kingdoms of Cyprus and Armenia," *Seventeen Lectures on the Study of Medieval and Modern History.* Oxford: Clarendon Press, 1878.

159 Thorndike, Lynn. *A History of Magic and Experimental Science.* New York: Columbia University Press, 1923–28. 8 vols.

160 Thornley, I. D. "Sanctuary in Medieval London," *Journal of the British Archaeological Association*, XC (1933), 213–315.

161 Thurston, Herbert. *The Roman Jubilee: History and Ceremonial.* Abrd. from "The Holy Jubilee." Edinburgh: Sands, 1925.

162 Toussaert, Jacques. *Le Sentiment religieux en Flandre à la fin du moyen âge.* Paris: Plon, 1960.

163 Trenholme, N. M. *Right of Sanctuary in England.* University of Missouri Studies, I, part 5. Columbus, Missouri: University of Missouri, 1903.

164 Tyler, James E. *Oaths; Their Origin, Nature and History.* London: Parker, 1834.

165 Vacandard, E. "Le Divorce de Louis le Jeune," *Revue des questions historiques*, XLVII (1890), 408–432.

166 Van Os, A. B. *Religious Visions. The Development of the Eschatological Elements in Religious Literature in Medieval England.* Amsterdam: H. J. Paris, 1932.

167 Viard, Jules. "L'Ostrevant, enquête au sujet de la frontière française sous Philippe VI," *Bibliothèque de l'École des Chartes*, LXXXII (1921), 316–329.

168 Vitry, Philippe de. "Le Chapel de fleurs de lis," *Roumania*, XXVII (1898), 55–92.

169 Ward, H. L. "Vision of Thurkill," *Catalogue of Romances in the British Museum*, II, 506–515. London: British Museum, 1893.

170 Wedel, T. O. *The Medieval Attitude Toward Astrology.* Yale Studies in English, LX. New Haven: Yale University Press, 1920.

138 *from the Tenth to the Thirteenth Century*. Tr. by E. D. Hunt. London: Trübner, 1936.

139 Phillips, E. D. *The Mongols*. London: Thames and Hudson, 1969.

140 Pike, Luke O. *A History of Crime in England*. London: Smith & Elder, 1873–76. 2 vols.

141 Poole, Austin. *From Domesday Book to Magna Carta, 1087–1216*. Oxford: Clarendon Press, 1951.

142 ———. "Outlawry as a punishment of criminous clerks," in J. G. Edwards, V. H. Galbraith, and E. F. Jacob, eds., *Essays in Honor of James Tait*. Manchester: Butter and Tanner, 1933.

143 Power, Eileen. "The Position of Woman," in *The Legacy of the Middle Ages*. Ed. by C. G. Crump and E. F. Jacob. Oxford: Oxford University Press, 1927.

144 Raftis, J. A. *Tenure and Mobility: Studies in the Social History of the Medieval English Village*. Studies and Texts, VIII. Toronto: Pontifical Institute of Mediaeval Studies, 1964.

145 Reynolds, Roger E. "*Virgines Subintroductae* in Celtic Christianity," *Harvard Theological Review*, LXI (1968), 547–566.

146 Rhys, J. "Manx Folklore and Superstitions," *Folklore*, II (1891), 284–313.

147 Robertson, D. W. *A Preface to Chaucer: Studies in Medieval Perception*. Princeton: Princeton University Press, 1962.

148 Romefort, J. de. "Le Rhône de l'Ardèche à la mer, frontière des Capetiens au XIIème siècle," *Revue historique*, CLXI (1929), 74–89.

149 Roncière, Charles de la. *La Découverte de l'Afrique au moyen âge, cartographes et explorateurs*. Mémoires de la Société Royale de Géographie d'Egypte, V. Cairo: Institut Française d'Archéologie Orientale, 1924.

150 ———. "De Paris à Tombouctou au temps de Louis XI," *Revue des deux mondes*, 7th Series, XIII (1923), 653–675.

151 Rordorf, Willy. "Marriage in the New Testament and in the Early Church," *Journal of Ecclesiastical History*, XX (1969), 193–210.

152 Ross, J. B. "A Study of Twelfth-Century Interest in the Antiquities of Rome," in James L. Cate and Eugene N. Anderson, eds., *Medieval Essays in Honor of James Westfall Thompson*. Chicago: University of Chicago Press, 1938.

153 Rousset, Paul. "La Femme et la famille dans l'Histoire Ecclésiastique d'Orderic Vital," *Zeitschrift für schweizerische Kirchengeschichte*, LXIII (1969), 58–66.

154 Sheehan, Michael M. "The Influence of Canon Law on the Property

SUGGESTIONS FOR FURTHER READING

119 Martines, Lauro. *Violence and Civil Disorder in Italian Cities, 1200–1500.* Berkeley and Los Angeles: University of California Press, 1972.

120 Miller, William. *The Latins in the Levant; A History of Frankish Greece.* New York: Barnes & Noble, 1964.

121 Moorman, J. R. H. *Church Life in England in the Thirteenth Century.* Cambridge, England: Cambridge University Press, 1946.

122 Moule, A. C. "Brother Jordan of Sévérac," *Journal of the Royal Asiatic Society* (1928), 349–376.

123 Nansen, Fridtjof. *In Northern Mists: Arctic Exploration in Early Times.* Tr. by A. G. Chater. New York: Stokes, 1911. 2 vols.

124 Neilson, George. *Trial by Combat.* Glasgow: Hodge, 1890.

125 Newman, F. X. "St. Augustine's Three Visions and the Structure of the Commedia," *Modern Language Notes,* LXXXII (1967), 56–78.

126 Newman, W. M. *The Kings, the Court and the Royal Power in France in the Eleventh Century.* Toulouse: Cléder, 1929.

127 Nitze, W. A. "The Exhumation of King Arthur at Glastonbury," *Speculum,* IX (1934), 355–361.

128 Noonan, John T., Jr. *Contraception. A History of its Treatment by the Catholic Theologians and Canonists.* Cambridge, Mass.: Harvard University Press, 1966.

129 ———. *The Morality of Abortion.* Cambridge, Mass.: Harvard University Press, 1970.

130 Olins, Peter Z. *The Teutonic Knights in Latvia.* Riga: no publisher indicated, 1925.

131 Oman, C. C. "The Jewels of Saint Alban's Abbey," *The Burlington Magazine,* LVII (1930), 81–82.

132 Owst, G. R. "*Sortilegium* in English Homiletic Literature of the Fourteenth Century," in James C. Davies, ed., *Studies Presented to Sir Hilary Jenkinson.* London: Oxford University Press, 1957.

133 Painter, Sidney. "The Family and the Feudal System in Twelfth-Century England," *Speculum,* XXXV (1960), 1–16.

134 Parks, George B. *The English Traveller in Italy.* Storia e Letteratura, XLVI. Rome: Edizioni di Storie e Letteratura, 1954.

135 Patch, H. *The Other World According to Descriptions in Medieval Literature.* Cambridge, Mass.: Harvard University Press, 1950.

136 Patetta, Frederico. *Le Ordalia, studio di storia del diritto e scienza del diritto comparato.* Turin: Università di Torino, 1890.

137 Petit-Dutaillis, Charles. *The Feudal Monarchy of France and England*

101 ———. "Violence and the Devotion to St. Benedict," *The Downside Review*, LXXXVIII (1970), 344–360.

102 Lecoy de la Marche, Albert. *La Chaire française au moyen âge*. 2nd ed. Paris: Renouard et Laurens, 1886.

103 Lee, F. G. "Episcopal Staves," *Archaeologia*, LI (1888), 351–382.

104 Leslie, Shane. *Saint Patrick's Purgatory*. London: Burns Oates, 1932.

105 Lewis, C. S. *The Discarded Image: An Introduction to Medieval and Renaissance Literature*. Cambridge, England: University Press, 1964.

106 Lindberg, David C. "Alhazen's Theory of Vision and its Reception in the West," *Isis*, LVIII (1967), 321–341.

107 ———. "Lines of Influence in Thirteenth-Century Optics: Bacon, Witelo and Pecham," *Speculum*, XLVI:1 (Jan., 1971), 66–83.

108 Lot, Ferdinand. "La Frontière de la France et de l'empire sur le cours inférieur de l'Escaut," *Bibliothèque de l'École des Chartes*, LXXI (1910), 5–32.

109 Lottin, O. *Psychologie et morale aux XIIème et XIIIème siècles*. Louvain: Abbaye du Mont César, 1942. 6 vols.

110 Luchaire, A. *Social France at the Time of Philip Augustus*. Tr. by Edward Krehbiel. New York: Ungar, 1957.

111 Lunt, William. *Papal Revenues in the Middle Ages*. New York: Columbia University Press, 1934.

112 Macalister, R. A. "The Vision of Merlino," *Zeitschrift für celtische Philologie*, IV (1902–1903), 394–455.

113 McGinn, Bernard. "The Abbot and the Doctors: Scholastic Reaction to the Radical Eschatology of Joachim of Fiori," *Church History*, XL (1971), 30–47.

114 Magoun, F. P. "The Pilgrim Diary of Nikulas of Munkatherva: The Road to Rome," *Mediaeval Studies*, VI (1944), 314–354.

115 Mâle, Emile. "L'Art français de la fin du moyen âge: l'idée de la mort et la danse macabre," *Revue des deux mondes*, XXXII (1906), 647–679.

116 Mandonnet, R. P. "Les Idées cosmographiques d'Albert le Grand et de S. Thomas d'Aquin et la découverte de l'Amérique," *Revue Thomiste*, I (1893), 46–64.

117 Manning, Bernard Lord. *The People's Faith in the Time of Wyclif*. Cambridge, England: Cambridge University Press, 1919.

118 Matthews, T. *Welsh Records in Paris*. Carmarthen: no publisher indicated, 1910.

SUGGESTIONS FOR FURTHER READING

84 King, Charles W. *Antique Gems; Their Origin, Uses and Value as Interpreters of Ancient History.* London: Murray, 1860.

85 King, Georgiana G. *The Way of Saint James.* Hispanic Society of America. New York and London: Putnam, 1920. 3 vols.

86 Koch, Gottfried. *Frauenfrage und Ketzertum im Mittelalter.* Forschungen zur Mittelalterlichen Geschichte, IX. Berlin: Akademie Verlag, 1962.

87 Kunz, G. F. *The Curious Lore of Precious Stones.* Philadelphia and London: Lippincott, 1913.

88 ———. *The Magic of Jewels and Charms.* Philadelphia and London: Lippincott, 1915.

89 Labitte, Charles. *Etude sur "La Divine Comédie" avant Dante.* Paris: no publisher indicated, 1853.

90 Labriolle, P. de. "Le 'Mariage spirituel' dans l'antiquité chrétienne," *Revue historique*, CXXXVI (1921), 204–225.

91 Lagarde, Georges de. *La Naissance de l'esprit laïque au déclin du moyen âge.* Vol. 1, 3rd ed. Louvain: Nauwelaerts, 1956.

92 Langlois, C. V. *La Société française au XIIIème siècle, d'après dix romans d'aventure.* 3rd ed. Paris: Hachette, 1911.

93 ———. *La Vie en France au moyen âge d'après quelques moralistes du temps.* Paris: Hachette, 1908.

94 Law, Robert Adger. "In Principio," *Publications of the Modern Language Society of America*, XXXVII (1922), 208–215.

95 Leach, Henry G. *Angevin Britain and Scandinavia.* Harvard Studies in Comparative Literature, VI. Cambridge, Mass.: Harvard University Press, 1921.

96 LeBras, Gabriel. *Études de sociologie religieuse.* Vol. I: *Sociologie de la pratique religieuse dans les campagnes françaises.* Paris. Presses Universitaires de France, 1955.

97 ———. *Institutions ecclésiastiques de la chrétienté médiévale.* Histoire de l'Église, XII. Paris: Bloud & Gay, 1959.

98 ———. "Le Mariage dans la théologie et le droit de l'église du XIème au XIIIème siècle," *Cahiers de civilisation médiévale,* XI:2 (1968), 191–202.

99 Lehmann, Andrée. *Le Rôle de la femme dans l'histoire de France au moyen âge.* Paris: Berger-Lovrault, 1952.

100 Leclercq, Jean. "Documents sur les fugitifs," *Studia Anselmiana,* LIV (1965), 87–145.

l'avènement d'Innocent III. Histoire de l'Église, IX. Paris: Bloud & Gay, 1946.

66 ———, Christine Thouzellier and Yvonne Azais. *La Chrétienté romaine.* Histoire de l'Église, X. Paris: Bloud & Gay, 1950.

67 Forest, André and F. Van Steenberghen. *Le Mouvement doctrinal du XIème siècle.* Histoire de l'Église, XIII. Paris: Bloud & Gay, 1951.

68 Giraud, René. "Marriage in Avignon in the Second Half of the Fifteenth Century," *Speculum,* XXVIII (1953), 485–498.

69 Gillispie, Charles C. *The Edge of Objectivity.* Princeton: Princeton University Press, 1960.

70 Gougaud, L., O.S.B. "La Danse dans les églises," *Revue d'histoire ecclesiastique,* XV (1914), 5–22, 229–245.

71 Génicot, Leopold. *La Spiritualité mediévale.* Paris: Fayard, 1958.

72 Graf, Arturo. *La Leggenda del Paradiso Terrestre.* Torino: Löscher, 1878.

73 Gregorovius, F. A. *History of Rome in the Middle Ages.* Tr. by Annie Hamilton. London: Bell, 1894–1902. 8 vols.

74 Gwynn, Aubrey, S.J. "Archbishop Fitzralph and George of Hungary," *Studies, An Irish Quarterly Review,* XXIV (1935), 558–572.

75 Harding, Alan. *A Social History of English Law.* Baltimore: Penguin, 1966.

76 Heinrich, Mary Pia. *The Canonesses and Education in the Early Middle Ages.* Washington: Catholic University of America, 1924.

77 Herlihy, David. "Family Solidarity in Medieval Italian History," *Explorations in Economic History,* VII (1969–70), 173–184.

78 ———. "Land, Family and Women in Continental Europe, 701–1200," *Traditio,* XVIII (1962), 89–120.

79 Hewitt, H. J. *The Black Prince's Expedition of 1355–1357.* Manchester, England: Manchester University Press, 1958.

80 Hopper, V. F. *Medieval Number Symbolism, Its Sources, Meaning and Influence on Thought and Expression.* New York: Columbia University Press, 1938.

81 Jamison, Ellen. *Admiral Eugenius of Sicily, His Life and Work.* The British Academy. London: Oxford University Press, 1957.

82 Jenkins, Claude. *The Monastic Chronicler and the Early School of St. Albans.* London: Society for Promoting Christian Knowledge, 1922.

83 Keen, M. H. *The Outlaws of Medieval Legend.* London: Routledge & Kegan Paul, 1961.

SUGGESTIONS FOR FURTHER READING

50 Dimier, A. "Violences, rixes et homicides chez les cisterciens," *Revue des Sciences Religieuses*, XLVI (1972), 38–57.

51 Dobiache-Rojdestvensky, Olga. *La Vie paroissiale en France au XIIIeme siècle d'après les actes episcopaux.* Paris: Picard, 1911.

52 Doherty, J. J. "Bells, their origin, uses and inscriptions," *Archaeological Journal*, XLVIII (1891), 45–64.

53 Dondaine, Antoine, O.P. "Les Actes du concile albigeois de Saint Félix de Caraman," *Miscellanea Giovanni Mercati*, V. Studi e Testi, 125. Città del Vaticana: Biblioteca Apostolica Vaticana, 1946.

54 ———. "La Hiérarchie cathare en Italie," *Archivum Fratrum Praedicatorum*, XX (1950).

55 ———. *Un Traité néo-manicheen du douzième siècle: Le Liber de duo principiis, suivi d'un fragment de rituel cathare.* Rome: Istituto Storico Domenicano, 1939.

56 Dubois, Philippe, *Les Asseurements au XIIIème siècle dans nos villes du Nord; recherches sur le droit de vengeance.* Paris: A. Rousseau, 1900.

57 Duby, Georges. "Dans la France du nordouest au XIIème siècle: les 'jeunes,' dans la société aristocratique," *Annales: Economies, Sociétés, Civilisations*, XIX (1964), 835–846.

58 Dufour, Charles. "Situation financière des villes de Picardie sous Saint Louis," *Mémoires de la Société des Antiquaires de Picardie*, 2nd Series, V (1858), 583–692.

59 Eckenstein, Lina. *Woman under Monasticism.* Cambridge, England: Cambridge University Press, 1896.

60 Eisler, Robert. "Danse Macabre," *Traditio*, VI (1948), 187–225.

61 Engdahl, David E. "English Marriage Conflicts; Law Before the Time of Bracton," *The American Journal of Comparative Law*, XV (1966–67), 109–135.

62 Evans, Joan. *Magical Jewels in the Middle Ages and Renaissance.* Oxford: Clarendon Press, 1922.

63 Eyton, R. W. *Court, Household and Itinerary of King Henry II, Instancing also the Chief Agents and Adversaries of the King in His Governments, Diplomacy and Strategies.* London: Taylor, 1878.

64 Fliche, Augustin. *La Réforme grégorienne et la reconquête chrétienne.* Histoire de l'Église, VIII. Paris: Bloud & Gay, 1950.

65 ———, R. Foreville and J. Rousset. *Du Premier Concile du Latran à*

34 Constable, Giles. "The Second Crusade as Seen by Contemporaries," *Traditio*, 9 (1953).
35 Coulton, G. G. "A Visitation of the Archdeaconry of Totnes in 1342," *English Historical Review*, 26 (1911), 108–123.
36 Cox, J. C. *The Sanctuaries and Sanctuary Seekers of Medieval England.* London: Allen, 1911.
37 David, Charles W. *Robert Curthose, Duke of Normandy.* Harvard Historical Studies, XXV. Cambridge, Mass.: Harvard University Press, 1920.
38 Dawson, Christopher. *The Mongol Mission.* London and New York: Sheed and Ward, 1955.
39 Dejob, Charles. *La Foi religieuse en Italie au XIVème siècle.* Paris: Albert Fontemoing, 1906.
40 Delaruelle, Étienne, E.-R. Labande, and Paul Ourliac. *L'Église au temps du Grand Schisme et de la crise conciliaire.* Histoire de l'Église, XIV. Paris: Bloud & Gay, 1962–64.
41 Delhaye, Philippe. "Le Dossier anti-matrimonial de l'*Adversus Jovinianum* et son influence sur quelques écrits latins du XII siècle," *Mediaeval Studies*, XIII (1951), 65–86.
42 Delisle, Leopold. "Des Revenus publics en Normandie au XIIème siècle," *Bibliothèque de l'École des Chartes*, 3rd Series, I (1849), 400–451.
43 Denis, Ferdinand. *Le Monde enchanté; cosmographie et histoire naturelle fantastique du moyen âge.* Paris: A. Fournier, 1843.
44 Denomy, A. J. "An Inquiry into the Origin of Courtly Love," *Mediaeval Studies*, VI (1944), 175–260.
45 ———. "Fin'Amors: the Pure Love of the Troubadours, Its Amorality, and Possible Source," *Mediaeval Studies*, VII (1945), 139–207.
46 Dept, G. G. *Les Influences angloises et françaises dans le comté de Flandre au début du XIIème siècle.* Université de Gand. Recueil de travaux, Faculté de philosophie et lettres, fasc. 59. Gand: Van Rysselberghe et Rombaut, 1928.
47 ———. "Les Marchands flamands et le roi d'Angleterre," *Revue du Nord*, XII (1926).
48 Despois, L. *Histoire de l'autorité royale dans le comté de Nivernais.* Paris: Université de Paris, 1912.
49 Dickinson, John. "The Medieval Conception of Kingship and Some of its Limitations, as Developed in the Policraticus," *Speculum*, (1926), 308–337.

la fin des guerres de religion jusqu'à nos jours. Paris: Bloud & Gay, 1916–36. 11 vols.

20 Brentano, Robert. *The Two Churches: England and Italy in the Thirteenth Century.* Princeton: Princeton University Press, 1968.

21 Bretschneider, E. *Notes on Chinese Medieval Travellers to the West.* Shanghai: American Presbyterian Mission Press; London: Trübner, 1875.

22 ———. *On the Knowledge Possessed by the Ancient Chinese of the Arab and Arabian Colonies, and Other Western Countries, Mentioned in Chinese Books.* London: Trübner, 1871.

23 Brooke, C. N. L. "Gregorian Reform in Action: Clerical Marriage in England, 1050–1200," *The Cambridge Historical Journal,* XII (1956), 1–21.

24 Browe, Peter, S. J. *Beiträge zur Sexualethik des Mittelalters.* Breslau: Müller & Seiffert, 1932.

25 ———. *De ordaliis.* Pontifical Gregorian University. Textes et Documents, Series Theologica, IV and XI. Rome: Gregorian University Press, 1932, 1933.

26 Brown, William. "Trial by Combat," *Yorkshire Archaeological Journal,* 23 (1915), 300–312.

27 Brundage, J. "The Crusader's Wife: A Canonistic Quandary," *Studia Gratiana. Collectanea Stephen Kuttner,* XII (1967), 425–441.

28 ———. "The Crusader's Wife Revisited," *Studia Gratiana. Collectanea Stephen Kuttner,* XIV (1967), 240–251.

29 Bryce, James. *The Holy Roman Empire.* 3rd ed., rev. London: Macmillan, 1871.

30 Byrne, E. H. "Easterners in Genoa," *Journal of the American Oriental Society,* 38 (1918), 176–187.

31 Castro, Philip de. "Travelling expenses in the thirteenth century," tr. by Joseph Hunter, in *Retrospective Review and Historical and Antiquarian Magazine,* 2nd Series, I (1827), 269–276, 465–469.

32 Cauwenbergh, Étienne van. *Les Pèlerinages expiatoires et judiciaires dans le droit communal de la Belgique au moyen âge.* Recueil de Travaux, Conférence d'histoire et de philologie, XLVIII. Louvain: Université de Louvain, 1922.

33 Clagett, Marshall, Gaines Post, and Robert Reynolds, eds. *Twelfth-Century Europe and the Foundations of Modern Society.* Madison: University of Wisconsin Press, 1966.

3 Arnheim, Rudolf. *Visual Thinking.* Berkeley: University of California Press, 1969.

4 Atiya, A. S. *Egypt and Aragon: Embassies and Diplomatic Correspondence between 1300 and 1330.* Abhandlungen für die Kunde des Morgenlandes, 23:7. Leipzig: Brockhaus, 1938.

5 Ault, W. O. "Village By-laws by Common Consent," *Speculum,* XXIX (1954), 378–394.

6 Baltrušaitis, Jurgis. *Le Moyen Age fantastique.* Paris: Armand Colin, 1955.

7 Barraclough, Geoffrey. *Papal Provisions.* Oxford: Basil Blackwell, 1935.

8 Becker, Ernest J. *Contributions to the Comparative Study of Medieval Visions of Heaven and Hell.* Baltimore: J. Murphy, 1899.

9 Bellamy, J. G. "The Coterel Gang: An Anatomy of a Band of Fourteenth-Century Criminals," *English Historical Review,* LXXIX (1964), 698–717.

10 ———. *Crime and Public Order in England in the Late Middle Ages.* Toronto: University of Toronto Press, 1973.

11 Beresford, M. W. *The Lost Villages of Medieval England.* New York: Philosophical Library, 1954.

12 Berkeley, George. *A New Theory of Vision and Other Writings.* London: Dent; New York: Dutton, 1954.

13 Berry, Henry F. "Of the use of signs in the ancient monasteries," *Journal of the Royal Society of Antiquaries of Ireland,* 5th Series, II (1892), 107–125.

14 Beuzart, P. *Les Hérésies pendant le moyen âge et la réforme dans la région de Douai, d'Arras et du pays d'Alleu.* Paris: H. Champion, 1912.

15 Bloch, Marc L. *The Ile de France; the Country around Paris.* Tr. by J. E. Anderson. Ithaca, New York: Cornell University Press, 1971.

16 ———. *Rois et serfs; un chapitre d'histoire capetienne.* Paris: Champion, 1920.

17 ———. *Les Rois thaumaturges; étude sur le caractère surnaturel attribué à la puissance royale, particulièrement en France et en Angleterre.* Paris: A. Colin, 1961.

18 Boswell, C. S. *An Irish Precursor to Dante; a Study on the Vision of Heaven and Hell Ascribed to the Eighth Century Irish Saint Adamnán.* Grimm Library, XVIII. London: Nutt, 1908.

19 Brémond, H. *Histoire littéraire du sentiment religieux en France depuis*

SUGGESTIONS FOR FURTHER READING

84 Schade, Oskar, ed. *Visio Tnudali.* Halle: Libreria Orphanotrophei, 1869.

85 Stevenson, Joseph, ed. and tr. "Chronicle of the Isle of Man," *Church Historians of England,* V (1858), 383–405.

86 Stokes, Whitley. "Adamnán's Second Vision," *Revue celtique,* XII (1891), 420–443.

87 Thomas Aquinas. *De occultis operibus naturae.* Ed. and tr. by Joseph McAllister. Catholic University of America Philosophical Studies, XLII. Washington, D.C.: Catholic University Press, 1939.

88 Vielliard, J., ed. *Codex Calixtinus. Liber Quintus. Le Guide du pèlerin du S. Jacques de Compostelle.* Tr. into French by J. Vielliard. Bibliothèque de l'École des Hautes Études Hispaniques. Mâcon: Protat, 1963.

89 Walter of Guisborough. *The Chronicle of Walter of Guisborough.* Ed. by Harry Rothwell. Camden Society, 3rd Series, LXXXIX. London: Offices of the Royal Historical Society, 1957.

90 Walter Map. *De nugis curialium.* Tr. by M. R. James. Cymmrodorion Record Series, no. IX. London: Honorable Society of Cymmrodorion, 1923.

91 William Durand of Mende. *Rationale divinorum officiorum.* Tr. by John Neale and Benjamin Webb. 3rd ed. London: Gibbings, 1906.

92 ———. *The Sacred Vestments.* Tr. by T. H. Passmore. London: Sampson Law, 1899.

93 William of Malmesbury. *The Marvels of Rome.* Tr. by Francis M. Nichols. London: no publisher indicated, 1889.

94 Worcester, John of. *The Chronicle of John of Worcester.* Ed. by J. R. H. Weaver. Anecdota Oxoniensa. Medieval and Modern Series, 4th Series, part 13. Oxford: Clarendon Press, 1908.

95 Zurara, G. E. de. *Conquests and Discoveries of Henry the Navigator.* Ed. by Virginia de Castro e Alameda. Tr. by Bernard Miall. London: Allen & Unwin, 1936.

二次的参考文献

1 Adler, Elkan N., ed. *Jewish Travellers.* In *The Broadway Travellers,* XXIV. Ed. by Sir E. D. Ross and Eileen Power. London: Routledge, 1930.

2 Allworthy, T. B. *Women in the Apostolic Church: A Critical Study of the Evidence in the New Testament for the Prominence of Women in Early Christianity.* Cambridge, England: W. Heffer & Sons, 1917.

68 Myrc, John. *Instruction for Parish Priests.* Ed. by Edward Peacock. Early English Text Society, XXXI. London: Trübner, 1868.
69 Napier, Arthur S., ed. *History of the Holy Rood-tree.* Early English Text Society, 1st Series, CIII. London: Trübner, 1894.
70 Nicholas of Cusa. *Vision of God.* Tr. by Emma Gurney Salter. London and Toronto: Dent, 1928.
71 Otto of Freising. *The Deeds of Frederick Barbarossa.* Tr. by Charles Mierow. Records of Civilization, XLIX. New York: Columbia University Press, 1953.
72 Paget, Valerian, ed. *The Revelations to the Monk of Evesham Abbey.* New York: McBride, 1909.
73 Peter the Venerable. *Contra Petrobrusianos haereticos.* In *Patrologia Latina,* 189. Ed. by J.-P. Migne. Paris: Garnier Frères, 1890.
74 ———. *De miraculis.* In *Patrologia Latina,* 189. Ed. by J.-P. Migne. Paris: Garnier Frères, 1890. cols. 851–952.
75 Pierre d'Ailly. *Imago mundi.* Tr. by Edwin Keever. Wilmington, North Carolina: Imprint Co., 1948.
76 Raine, James, ed. *Historians of the Church of York and Its Archbishops.* Rolls Series, LXXI. London: Longmans, 1879–94.
77 Ralph of Diceto. *Ymagines historiarum.* Ed. by William Stubbs. London: Longmans, 1876. 2 vols.
78 Richard of Devizes. *The Chronicle of Richard of Devizes of the Time of King Richard I.* Ed. and tr. by J. T. Appleby. Nelson's Medieval Texts. London and New York: Nelson, 1963.
79 Rigord, Eudes. *Œuvres de Rigord et de Guillaume le Breton, historiens de Philippe Auguste.* Société de l'Histoire de France. Paris: Nogent, 1882–85. 2 vols.
80 Riley, H. T., ed. *Memorials of London and London Life in the Thirteenth, Fourteenth and Fifteenth Centuries.* London: Longmans, Green, 1868.
81 Robert of Clari. *The Conquest of Constantinople.* Tr. by E. H. McNeal. Records of Civilization, XXIII. New York: Columbia University Press, 1936.
82 Roger of Hoveden. *Annals of Roger of Hoveden.* Tr. by H. T. Riley. London: Bohn, 1853. 2 vols.
83 Sanuto, Marino, called "Torsello." *Secrets for True Crusaders to Help Them Recover the Holy Land.* Tr. by Aubrey Stewart. Palestine Pilgrims' Text Society Library, XII, no. 2. London: Palestine Pilgrims' Text Society, 1896.

SUGGESTIONS FOR FURTHER READING

in 1173 and 1174. Tr. by Francisque Michel. Surtees Society Publications, II. London: Nichols, 1840.

54 Khitrovo, Sofia, ed. and tr. *Itinéraries russes en Orient.* Société de l'Orient Latin, 1889. Reprint, Osnabrück: Zeller, 1966.

55 Knox, Ronald, ed. and tr. *The Miracles of King Henry VI.* Introduction by Shane Leslie. Cambridge, England: Cambridge University Press, 1923.

56 Krey, A. C., ed. and tr. *The First Crusade: The Accounts of Eye-Witnesses.* Princeton: Princeton University Press, 1921.

57 Latini, Brunetto. *Le Livre du Tresor.* Ed. by Francis J. Carmody. University of California Publications in Modern Philology, XXII. Berkeley: University of California Press, 1948.

58 *The Letters of Abelard and Heloise.* Tr. by C. K. Scott Moncrieff. New York: Alfred A. Knopf, 1926.

59 Macrobius. *Commentary on the Dream of Scipio.* Tr. by William H. Stahl. Records of Civilization, XLVIII. New York: Columbia University Press, 1952.

60 Major, Richard Henry. *Life of Prince Henry of Portugal, Surnamed the Navigator; and Its Results: Comprising the Discovery, Within a Century, of Half the World.* London: Asher, 1868.

61 Marbod of Rennes. In *Anglo-Norman Lapidaries.* Ed. by Paul Studer and Joan Evans. Paris: Champion, 1924.

62 Matthew Paris. *Matthew Paris' English History.* Tr. by J. A. Giles. 3 vols. London: Bohn, 1852–54.

63 Markham, Sir Clements, ed. and tr. *Book of the Knowledge of All the Kingdoms, Lands and Lordships that Are in the World. . . . Written by a Spanish Franciscan in the Mid-Fourteenth Century.* Hakluyt Society Publications, 2nd Series, XXIX. London: 1912.

64 Meyer, Kuno, ed. *The Vision of MacCongline.* London, 1892.

65 ———, ed. and tr. *The Voyage of Bran, Son of Febal.* London: Grimm, 1895.

66 *The Monks of Kublai Khan, Emperor of China, or The History of the Life and Travels of Rabban Sawma, Envoy and Plenipotentiary of the Mongol Khans . . . and Markos Who as Mar Yahbhallaha III Became Patriarch of the Nestorian Church in Asia.* Tr. by Sir E. A. Wallis Budge. London: The Religious Tract Society, 1928.

67 Morris, Richard, ed. *Legends of the Holy Rood.* Early English Text Society, 1st Series, XLVI. London: Trübner, 1871.

Antiquities of the Collegiate Church of Middleham. Camden Society, 1st Series, XXXVIII. London: Nichols, 1846.

8 Augustine of Hippo. *De Genesi ad litteram.* Vienna: Tempsky, 1894.

9 Bacon, Roger. *Communium naturalium.* In *Opera hactenus inedita,* fasc. 4–5. Ed. by Robert Steele. Oxford: Clarendon Press, 1909.

10 ———. *De multiplicatione specierum.* In *Opus majus.* Ed. by Henry Bridges. London: Williams and Norgate, 1900.

11 ———. *Opus majus.* Ed. and tr. by Robert Belle Burke. Philadelphia: University of Pennsylvania Press, 1928.

12 ———. *Opus minus.* In *Opera quaedam hactenus inedita,* II. Ed. by J. S. Brewer. London: Longman, 1859.

13 ———. *Opus tertium.* Ed. by A. J. Little. British Society of Franciscan Studies, IV. Aberdeen: The University Press, 1912.

14 Bartholomeus Anglicus. *De proprietatibus rerum.* Tr. by John of Trevisa, 1601. Reprinted, Frankfurt: M. Minerva, 1964.

15 Bernard of Clairvaux. *Epistolae.* In *Patrologia Latina,* 182. Ed. by J.-P. Migne. Paris: Garnier Frères, 1879. cols. 67–720.

16 ———. *Vita S. Malachiae.* In *Patrologia Latina,* 182. Ed. by J.-P. Migne. Paris: Garnier Frères, 1879. cols. 1073–1118.

17 Blaauw, W. H. "Letters of Edward, Prince of Wales, Written in Sussex in the Year 1305," *Sussex Archaeological Collections,* II (1849), 80–98.

18 Catalani, Jordanes. *The Wonders of the East.* Tr. by Henry Yule. Hakluyt Society, 1st Series, XXXI. London: Richards, 1863.

19 Caterina of Genoa. *Treatise on Purgatory.* Tr. by Charlotte Balfour and Helen Irvine. London: Sheed and Ward, 1946.

20 Chaytor, H. J., ed. *Six Vaudois Poems.* Cambridge, England: Cambridge University Press, 1930.

21 *The Chronicle of Muntaner.* Tr. by Lady Goodeneough. Hakluyt Society, 2nd Series, XLVII. London: 1920.

22 *Chronicle of Novgorod.* Tr. by Neville Forbes and Robert Mitchell. Camden Society, 3rd Series, XXV. London: Offices of the Royal Historical Society, 1914.

23 *Chronicles of the Crusades, Being Contemporary Narratives of Richard of Devizes and Geoffrey de Vinsauf.* Tr. by J. A. Giles. London: Bohn, 1848.

24 Conrad of Eberbach. *Exordium magnum Cisterciense sive narratio de initio Cisterciensis Ordinis. Series scriptorum S. Ordinis Cisterciensis.* Rome: Editiones Cistercienses, 1961.

参考文献一覧

（アミカケの太字の番号は邦訳のあるもの。末尾に掲載）

以下の文献一覧には二つの目的がある。本書の執筆に当って一次史料や引用・参考文献として中心的に使用したテクストや著作を明記すること。二番目は、本書で扱ったテーマをもっと深く研究したいと思う方々のための文献案内としての目的である。したがって、確認可能な限り、一次史料の英訳版のタイトルを載せてある。また、二次的な参考文献のリストに関しては、英語以外の言語で書かれたタイトルは省いたものが多いことをお断りしておく。

一次史料

1　Alan of Lille. *The Anticlaudian.* Tr. by William H. Cornog. Philadelphia: University of Pennsylvania Press, 1930.

2　———. *The Complaint of Nature.* Tr. by Douglas Moffat. Yale Studies in English, XXXVI. New York: Holt, 1908.

3　Alexander III. *Epistolae.* In *Patrologia Latina,* 200. Ed. by J.-P. Migne. Paris: Garnier Frères, 1855. cols. 70–151.

4　Anderson, M. O. *A Scottish Chronicle Known as the "Chronicle of Holyrood."* Scottish History Society, 3rd Series, XXX. Edinburgh: University Press, 1938.

5　Angela of Foligno. *Le Livre des visions et instructions.* Tr. by Ernest Hello. Paris: A. Tralin, 1914.

6　Arnulf of Lisieux. *Letters of Arnulf of Lisieux.* Ed. by Frank Barlow. Camden Society, 3rd Series, XLI. London: Offices of the Royal Society, 1939.

7　Atthill, William, ed. *Documents Relating to the Foundation and*

THE MEDIEVAL VISION

第8章

1. *Dissuasio*, ed. Wright, p. 151.
2. Quoted in A. J. Denomy, "Fin'Amors: The Pure Love of the Troubadours, Its Amorality, and Possible Source," *Mediaeval Studies*, VII (1945), 144.
3. Quoted in Léon Gautier, *La Chevalerie* (Paris, 1884), p. 350.
4. Rather of Verona, *Praeloquia*, ed. J.-P. Migne, *Patrologia Latina*, 136, 191.
5. *The Letters of Abelard and Heloise*, tr. C. K. Scott Moncrieff (New York, 1926), pp. 159–160.
6. LaMarche, *La Chaire française*, 2nd ed. (Paris, 1886), p. 429.
7. Guibert de Nogent, *De laude S. Mariae*, ed. J.-P. Migne, *Patrologia Latina*, 156 (Paris, 1880), 1001–1002.
8. Hildegard of Bingen, *Liber divinorum operibus simplicis hominis*, ed. J.-P. Migne, *Patrologia Latina*, 197 (Paris, 1882), 885.

第9章

1. *Epistolae Hugonis Metelli*, p. 403.
2. *Visio Tnudali*, ed. Oskar Schade (Halle, 1869), p. 23.

NOTES

4. Emile Mâle, "L'Art français de la fin du moyen âge: l'idée de la mort et la danse macabre," *Revue des deux mondes,* XXXII (1906), 658.
5. Matthew Paris, I, 66.
6. Georges de Lagarde, *La Naissance de l'esprit laïque au déclin du moyen âge,* 3rd ed. (Louvain, 1956), I, 202.
7. Bernard Gui, *Practica inquisitionis heretice pravitatis,* trans. in Carolly Erickson, *The Records of Medieval Europe* (Garden City, 1971), pp. 278–279.

第5章

1. Matthew Paris, III, 347.
2. James Bryce, *The Holy Roman Empire,* 3rd ed. (London, 1871), 305–306.
3. Matthew Paris, II, 110–112.

第6章

1. Léon Gautier, "L'idée politique dans les chansons de geste," *Revue des questions historiques,* VII (1869), 101.
2. *Ibid.,* p. 88.
3. Charles W. David, *Robert Curthose, Duke of Normandy,* Harvard Historical Studies, XXV (Cambridge, Mass., 1920), 188.
4. *Annals of Roger of Hoveden,* tr. H. T. Riley, 2 vols. (London, 1853), I, 218.

第7章

1. E. L. G. Stones, "The Folvilles of Ashby-Folville, Leicestershire, and Their Associates in Crime, 1326–1341," *Transactions of the Royal Historical Society,* 5th Series, VII (1957), 135.
2. *Chronicle of Novgorod,* tr. Neville Forbes and Robert Mitchell, Camden Society, 3rd Series, XXV (London, 1914), 134.
3. Quoted in M. H. Keen, *The Outlaws of Medieval Legend* (London, 1961), pp. 55–56.
4. J. A. Raftis, *Tenure and Mobility: Studies in the Social History of the Medieval English Village,* Studies and Texts, VIII (Toronto, 1964), 96 n.

4. *The Conquest of Lisbon*, ed. and tr. Charles W. David, Records of Civilization, XXIV (New York, 1936), 89–91.
5. Peter the Venerable, *De miraculis*, ed. J.-P. Migne, *Patrologia Latina*, 189 (Paris, 1890), col. 939.
6. Macrobius, *op. cit.*, p. 118.
7. George B. Parks, *The English Traveller in Italy*, Storie e Letteratura, XLVI (Rome, 1954), 210.
8. *Selected Letters of Pope Innocent III concerning England*, ed. C. R. Cheney and W. H. Semple (London and New York, 1953), p. 29.
9. H. L. Ward, *Catalogue of Romances in the Department of Manuscripts in the British Museum* (London, 1893), II, 493.
10. Eadmer, *Vita sancti Anselmi*, ed. and tr. Richard Southern (London and New York, 1962), pp. 12–13.
11. Roger Bacon, *Opus majus*, tr. Burke, II, 580.
12. Nicholas of Cusa, *Vision of God*, tr. Emma Gurney Salter (London & Toronto, 1928), pp. 106 ff.
13. Angela of Foligno, *Le Livre des visions et instructions*, tr. Ernest Hello (Paris, 1914), pp. 148–149.

第3章

1. *Epistolae Hugonis Metelli*, ed. C. Hugo, *Sacra antiquitatis monumenta* (Saint Dié, 1731), II, 312.
2. *The Letters of Arnulf of Lisieux*, ed. Frank Barlow, Camden Society, 3rd Series, XLI (London, 1939), 21–22.
3. Matthew Paris, I, 143.
4. *Selected Letters of Pope Innocent III*, pp. 17 ff.
5. Aubrey Gwynn, S. J., "Archbishop Fitzralph and George of Hungary," *Studies, An Irish Quarterly Review*, XXIV (1935), 569.

第4章

1. Jacques de Vitry, *Exempla*, ed. F. Crane (London, 1890), p. 112.
2. C. R. Owst, *Literature and Pulpit in Medieval England* (New York, 1933), pp. 29–30.
3. *Itinéraires russes en Orient*, ed. and tr. Sofia Khitrovo (Paris, 1889; reprint Osnabrück, 1966), pp. 11–12.

引用出典一覧

第1章

1. Macrobius, *Commentary on the Dream of Scipio*, tr. William H. Stahl, Records of Civilization, XLVIII (New York, 1952), 143.
2. *Ibid.*, p. 145, citing *Iliad* 8,19.
3. A. J. Grant, "Twelve Medieval Ghost Stories," *Yorkshire Archaeological Journal*, XXVII (1923–24), 365–366.
4. *In Isiam*, Lib. xi, ch. 40.
5. *Differentiae*, 2,41.
6. William Durand of Mende, *Rationale divinorum officiorum*, tr. John Neale and Benjamin Webb, 3rd ed. (London, 1906), p. 17.
7. Roger Bacon, *Opus majus*, tr. Robert Belle Burke (Philadelphia, 1928), I, 410, 418.

第2章

1. *Matthew Paris' English History*, tr. J. A. Giles, 3 vols. (London, 1852–54), III, 61.
2. Giraldus Cambrensis, *The Itinerary of Archbishop Baldwin through Wales*, tr. Sir Richard Moore (London, 1806), pp. 32–33.
3. *The Chronicle of John of Worcester*, ed. J. R. H. Weaver, Anecdota Oxoniensa, Medieval and Modern Series, 4th Series, part 13 (Oxford, 1908), p. 31.

【ラ】

【ワ】

【マ】

【ヤ】

【ハ】

【タ】

【ナ】

【サ】

【カ】

索　引

【ア】

訳者紹介

武内　信一（たけうち・しんいち）

1951年，宮城県白石市生まれ。現在，青山学院大学文学部英米文学科教授。

専攻：（イングランド）中世言語文化史。

訳書として『天使のような修道士たち』（新評論，2001年），『異教的中世』（新評論，2002年）がある。

多ヶ谷　有子（たがや・ゆうこ）

1947年，栃木県生まれ。現在，関東学院大学文学部英語英米文学科教授。

専攻：中世英文学。比較文学。比較文化学。

著書として『星を求むる蛾の想い―中世英文学における至福願望』（八千代出版，1996年），訳書として『母の死と祈り』（聖公会出版，2003年）がある。

石黒　太郎（いしぐろ・たろう）

1969年，東京都世田谷区生まれ。現在，明治大学商学部助教授。

専攻：中世英語・英文学。

訳書として『新・大英図書館への招待』（ミュージアム図書，1998年）がある。

中世びとの万華鏡
――ヨーロッパ中世の心象世界――

（検印廃止）

2004年11月20日　初版第1刷発行

訳　者　武　内　信　一
　　　　多ヶ谷　有　子
　　　　石　黒　太　郎

発行者　武　市　一　幸

発行所　株式会社　新　評　論

〒169-0051
東京都新宿区西早稲田 3-16-28
http://www.shinhyoron.co.jp

電話　03(3202)7391
FAX　03(3202)5832
振替・00160-1-113487

落丁・乱丁はお取り替えします。

定価はカバーに表示してあります。

印刷　フォレスト
製本　清水製本プラス紙工
装丁　山田英春＋根本貴美江

Printed in Japan
ISBN4-7948-0647-7 C0022